문화유산과 국제개발협력

문화유산과 국제개발협력
Heritage & ODA

금기형, 박원모, 이나연, 장지순, 전봉수, 한창희

학고재

추천사

　우리나라가 세계 강국이 된 것을 가장 실감할 수 있는 일이 다른 나라의 문화유산을 보존하고 활용할 수 있게 원조하는 일입니다. 우리가 초등학교 교과서를 국제적으로 지원받아 제작하여 공부하던 50년대를 생각하면 꿈같은 일입니다.『문화유산과 국제개발협력』, 이 책의 출간은 이 분야의 학자들이나 일반 대중할 것 없이 모든 한국인들에게 문화적 자부심을 가져다 줄 것으로 기대됩니다.

　대한민국은 한국전쟁 이후 오랫동안 외국의 원조를 받았지만, 가난을 극복하고 경제적 발전을 이루며 20여 년 만에 공여국으로 전환하여 세계를 놀라게 하였습니다. 2011년부터 본격적으로 시작된 우리 정부의 문화유산 공적개발원조ODA 사업은 각국의 핵심적 경제자원이라고 할 수 있는 문화유산의 보존과 관련 프로그램 개발에 기여함으로써 크게 환영받는 국제적 사례가 되고 있습니다. 국가 간 빈부의 격차, 인종적인 갈등과 전쟁, 팬데믹 등은 인류가 공동으로 극복하여야 할 현안들입니다. 지속가능한 미래를 위해서 이루어내야 할 일 중에서 가장 선도적으로 해야 하는 일이 바로 문화유산의 보존과 활용을 위한 공동의 노력일 것입니다. 바로 인류의 특성, 즉 휴머니즘을 회복하는 가장 효율적인 방안일 것입니다.

『문화유산과 국제개발협력』은 다양한 문화현장에서 활동하고 있는 대한민국의 젊은 전문가들의 국제개발협력 경험담을 담고 있습니다. 이 책에 참여한 저자 6인은 현재도 문화유산창의공간, 상명대학교, 세계유산 국제해석설명센터, 아태무형유산센터, 국제무예센터, 국립아시아문화전당 등 국제개발협력 현장에서 활발히 활동하고 있습니다.

이들은 각자의 전문성과 경험을 바탕으로 문화유산 국제개발협력의 현황뿐 아니라, 실제 사례를 통해 한국이 타국의 유산을 보존하는 데 미친 실질적인 영향을 생생하게 전달합니다. 우리나라의 각 기관에서 정부의 지원으로 실시한 문화유산 ODA 현장의 흥미로운 이야기들을 전할 것입니다. 독자 여러분은 새로운 세계를 발견할 것입니다.

문화유산 ODA 분야에는 여전히 전해지지 않은 경험담이 많고, 현재도 많은 젊은 전문가들이 활발히 활동하고 있습니다. 지속가능한 세상을 만들기 위한 우리 젊은 전문가들의 노력이 널리 잘 알려져, 많은 이들이 '아! 진짜 더불어 살 만한 세상이구나!'라고 깨닫기를 기원합니다.

무엇보다 이 책을 기획한 문화유산창의공간 금기형 대표의 열정을 높게 평가하고 현장에서 열정으로 일한 필자들에게도 출간을 축하드립니다. 우리의 선한 노력의 역사적 기록이 될 것을 믿습니다.

2024년 12월

배기동 (前 국립중앙박물관장)

들어가는 말

　문화유산은 한 국가나 지역의 문화적 정체성을 상징하는 유무형의 자산이며, 이를 보존하고 계승하는 것은 국가의 정체성을 지키고 강화하는 중요한 요소입니다. 20세기 들어서 많은 국가들은 식민 지배나 내전을 거치며 적절한 문화적 회복력을 갖추지 못한 채 독립 국가로서 새로운 정체성을 구축하려 했습니다. 그 과정에서 많은 문화유산이 파괴되거나 훼손되었고, 이로 인해 국가의 정체성이 약화되거나 상실되는 상황이 발생했습니다. 최근에는 글로벌화로 인한 급격한 변화와 내부의 다양한 문화적 갈등이 새로운 이슈로 떠오르고 있습니다. 특히 문화적 다양성이 중요해진 현대사회에서, 문화 회복력은 국가나 지역의 정체성을 유지하면서 세계적인 변화에 적응하는 데 필수적인 요소로 자리 잡았습니다.

　전 세계는 개발도상국의 빈곤 문제를 해결하고 모든 사람의 인권을 지키기 위해 국제개발협력하에 공적개발원조ODA를 시행해왔습니다. 그러나 무엇보다 시급한 것은 지구촌의 문화유산을 보전하고 이를 통해 국가나 지역의 정체성과 문화 회복력을 굳건히 하는 것입니다. 이를 위한 중요한 행보는 문화유산에 대한 ODA를 다양하게 실행하여 세계문화를 구축해나가는 것임을 세계 곳곳에서 확인할 수 있습니다.

한국은 식민지와 내전을 경험하고, 국제사회로부터 도움을 받은 대표적인 국가입니다. 한때 가장 가난한 국가였고 희망이 없는 국가였습니다. 그렇지만 대외 원조와 경제개발에 힘입어 세계에서 유례없는 경제성장을 기록한 국가로 거듭났습니다. 도움을 받았던 수원국에서 도움을 주는 공여국으로 전환한 국가의 상징으로 한국의 사례를 얘기합니다. 그래서 많은 개발도상국들이 한국의 성공 경험을 배우기 위해 교류 협력을 원하고 있습니다. 이에 발맞추어 한국 정부도 공적개발원조ODA에 대한 기본 정책을 수립하고 예산을 꾸준히 확대하고 있습니다. 2023년 기준으로 한국의 ODA 규모는 4조 7,771억 원으로 경제협력개발기구OECD의 개발원조위원회DAC 31개 회원국 중 16위, 국민총소득GNI 대비 ODA 비율은 0.17%입니다. 2024년도는 지원 규모가 6조 2,629억 원으로 대폭 늘어나 공여액 증가율이 가장 빠른 나라에 속합니다.

이제는 개발도상국을 수원국이라는 수동적 의미보다 협력국이라는 능동적 의미로 부르고 있습니다. 경제적, 기술적 지원을 넘어 공여국과 협력국 간의 좀 더 세심한 협력과 상호이해가 필요한 시대가 되었습니다. 더구나 2030년까지 지속가능발전목표SDGs를 달성하려면 더욱 그러합니다. 각국의 문화적 특성, 특히 문화적 회복력을 지원하는 것이 중요해졌습니다. 문화유산 ODA는 협력국과 공여국 간의 상호 이해를 증진시키고, 전 세계적으로 문화적 다양성과 유산 보존에 기여하는 중요한 수단입니다. 문화유산 보존과 복원을 위한 ODA는 단순한 지원을 넘어, 해당 국가가 문화적 자립과 정체성을 회복하고 지속가능한 발전을 도모할 수 있도록 돕는 중요한 역할을 합니다. 한국도 빈곤을 극복하고 경제성장을 이룩한 측면에 더해서 식민지 경험을 극복하고 문화적 정체성을 회복하고 사회적 안정성을 증진시킨 모범사례의 국가로서 국제사회와의 약속을 펼칠 시점입니다.

특히 대부분의 공여국이 공적개발원조 중 문화 분야 지원을 줄이고 있는 추세와 달리, 한국은 일본, 프랑스, 독일과 함께 이 분야에 대한 재정지원을 꾸준하게 확대하고 있습니다. 대표적인 문화유산 ODA 주관기관인 국가유산청의 예산 규모는 매년 증가하고 있습니다. 2023년에는 전체 ODA의 0.1%인 47억 원이었지만, 2024년도에는 0.21%에 달하는 130억 원을 확보하였습니다. 전체 예산에 비해 매우 적지만, 그래도 꾸준하게 증가하고 있다는 것은 긍정적입니다. 국가유산청 문화유산 ODA 사업의 추진 방향은 정부 대외정책 및 국제개발협력 종합기본계획 등에 맞추어 신규 사업 발굴, 문화유산 디지털 사업과 같은 혁신적 ODA, 문화유산 보존·활용으로 일자리 창출 및 경제성장 기반 조성 등 상생의 ODA, 중점 협력국 및 역사적으로 친연성이 있는 국가를 중심으로 한 ODA 사업을 통해 국익증진은 물론, 유네스코 등 국제기구와 협력을 강화하고 있습니다.

이에 더해 한국의 문화유산 ODA 사업은 많은 기관이 참여하고 있습니다. 한국에 소재한 아태무형유산센터, 국제무예센터, 세계유산 국제해석설명센터 등 유네스코 카테고리 II 센터의 사업, 한국국제협력단 및 문화체육관광부 국립아시아문화전당의 협업 사업 등을 볼 수 있으며, 유네스코 분담금과 자발적 기여금 중 문화유산 관련 예산을 고려하면 우리나라 문화유산 ODA 사업 규모는 상당한 수준이 되었습니다. 문화유산 ODA 사업을 국가유산청과 국제협력단이 지난 10여 년 동안 발주한 박물관 건축, 세계유산 복원 및 보존, 문화재 관리 역량, 디지털 기술 지원 사업에 한정한 시각도 벗어나야 할 시점입니다. 문화체육관광부를 포함하여 여타 시행기관 사업들을 대상으로 문화유산과 접목할 수 있는 분야를 찾아내고, 유네스코 등 유관 국제기구에서 행하는 사업들과 연계성을 확보해야 합니다. 지속가능한 사회, 함께하는 세계를 위한 문화유산 ODA 사업의 중요성, 그리고 그 역할과 기능을 널리 알리고 시행하는 적극적인 노력이 필요합니다.

이 책은 문화유산 ODA 분야에서 사업을 수행하는 전문가들이 이런 문제의식을 공유하며 앞으로의 방향을 모색하는 첫 프로젝트입니다. 문화유산의 발굴, 복원과 개발을 통해 협력국의 신뢰를 얻고, 관광산업과 지역 개발을 연계하여 빈곤퇴치에 기여하며, 문화 콘텐츠 원천 자원으로서 창조산업의 발전에 기여해 온 사업을 소개하고 지속가능한발전목표SDGs 달성 방안을 모색했습니다. 모두 여섯 개의 장으로, 1장에서는 문화유산과 공적개발원조ODA에 대한 개론을, 2장부터 6장까지는 문화유산 ODA 사업의 구체적인 사례를 소개합니다.

제1장에서는 문화유산 ODA의 개념과 그 발전과정을 살펴보았습니다. 특히, 문화유산 범주와 개념, 대표적인 문화유산 관련 국제기구인 유네스코의 개념 논의를 비교 검토했습니다. 또한 OECD, 유네스코 등 국제기구의 동향과 프랑스, 스페인, 독일, 일본, 중국 등 주요 국가의 문화유산 ODA 사례를 살펴보고, 그 시사점을 도출했습니다. 한국이

추진하고 있는 문화유산 ODA, 즉 정책 및 예산, 주요 사업 수행 기관과 관련 내용을 살펴보았습니다. 마지막으로 지속가능발전시대의 문화유산 ODA에 대한 발전 방안을 제안합니다.

제2장은 모두를 위한 세계유산World Heritage for all, 유네스코의 세계유산협약과 그에 따른 국제원조Internationl Assistance 제도를 살펴봅니다. 세계유산협약 체결의 계기가 되었던 '이집트 누비아 유적군 구조를 위한 국제원조' 사례를 시작으로 지금까지 이뤄진 다양한 국제원조 사례를 소개합니다. 특히 세계유산의 국제원조 제도를 통해 진정한 의미의 '세계' 유산, 즉 모두를 위한 세계유산을 이룰 수 있다고 강조합니다. 또한, 이러한 국제원조 제도가 문화유산의 국제개발협력 분야로서 더욱 활성화되어야 하는 이유에 대해 숙고합니다. 마지막으로 2022년 신설된 세계유산 국제해석설명센터가 세계유산 국제원조 제도에 기여할 수 있는 역할과 발전 방향을 살펴보았습니다.

제3장은 한국 정부가 추진한 세계문화유산을 대상으로 한 대표적인 문화유산 ODA의 사례입니다. 국제개발협력과 공적개발원조에 대한 개념, 한국 정부의 ODA 기본 방향, 그리고 문화유산을 복원하고 발굴하기 위한 재원으로서 공적개발원조를 어떻게 활용했는지를 보여줍니다. 이 장에서 소개한 사례는 동남아시아 세계문화유산 지역 복원 사업입니다. 하나는 '라오스 왓푸 유적 홍낭시다 사원 복원 사업'으로 한국 정부가 최초로 착수한 문화유산 ODA 사업입니다. 다른 하나는 '캄보디아 앙코르 유적 프레아피투 사원 복원 사업'입니다. 한국의 문화유산 ODA 사업 사례를 통해서 향후 문화유산 ODA의 미래와 나아가야 할 방향을 모색했습니다.

제4장은 한국에 소재한 '유네스코아태무형유산센터'의 무형문화유산 사업 사례입니다. 유네스코무형유산협약(2003) 덕분에 많은 나라가 무형문화유산 국가목록을 작성하기 시작했고, 한국은 반세기 동안의 경험을 바탕으로 여러 나라의 무형문화유산 목록 작성 작업에 직간접으로 상당한 영향을 끼쳐 왔습니다. 유네스코와 함께 '인간문화재 제도 구축 지원 사업'을 전개해 왔던 한국은 '유네스코아태무형유산센터'를 설립하여 아시아 태평양 지역 국가들의 무형문화유산 보호 활동을 지원하고 있습니다. 구체적으로 아태무형유산센터가 수행한 아시아 태평양 지역 국가들의 무형유산 제도 구축 및 목록 작성 지원 사업 중 대표적인 '한·몽골 및 중앙아시아 사례'를 소개합니다. 무형문화유산을 인류의 유산으로 자리매김하는 과정을 살펴볼 수 있습니다.

제5장은 무형문화유산 중 전통무예 사례입니다. 전통무예는 문화유산으로 한 나라의 역사와 혼이 깃든 문화의 본질이자 정수로 문화다양성의 보전, 평화와 비폭력 문화의 확산, 그리고 청소년과 여성의 참여 확대에 중요한 역할을 합니다. 무예교육은 저소득 국가의 청소년과 여성들의 신체 및 정서 발달을 촉진하며, 활기찬 학교생활과 지역사회의 활성화에 기여하기도 합니다. 이 장에서는 한국에 소재한 유네스코 국제무예센터에서 하는 일을 중심으로 전통무예의 힘과 잠재력에 주목하여, 무예가 세계적으로 지니는 다원적인 가치를 탐구함으로써 전통무예교육의 중요성과 ODA 사업의 도구로서의 기능을 재조명했습니다.

제6장은 문화자원의 디지털 연계에 대한 국립아시아문화전당의 사례입니다. 아시아 개발도상국 대부분의 국립박물관·미술관·도서관은

소장하고 있는 문화자원, 즉, 유물, 미술품, 고문서에 관한 정보를 대체로 아날로그 형식으로 보관하고 있습니다. 국립아시아문화전당은 미얀마, 라오스, 키르기스스탄과 협력하여 해당 정보를 디지털 데이터베이스로 구축하는 '디지털 아카이브'를 기반으로 디지털 큐레이팅이 가능한 ODA 사업을 추진했습니다. 박물관, 미술관, 도서관 종사자들만이 취급하던 문화자원 데이터를 디지털 큐레이팅을 통해 세계 시민이 이용할 수 있게 했습니다. 국립아시아문화전당 ODA 사업은 협력 국가들의 문화 기반 지속가능한 발전과 문화 분야 국제개발협력에서 동반성장의 선례를 남겼습니다.

우리는 그동안의 문화유산 ODA 사업을 소개하면서 문화유산 ODA에 대한 의의와 가치를 공유하고, 지속가능발전을 위한 국제개발협력을 위해 문화유산 ODA의 가능성을 함께 모색하고 실현하고자 합니다. 문화강국으로서 한국이 국제사회에서의 역할과 책임을 다하기 위해서도 문화유산 ODA에 대한 관심을 모아야 할 시점입니다. 앞으로 이 책을 시작으로 문화유산과 ODA를 주제로 시리즈물을 정기적으로 출간할 계획입니다. 이론과 현장 경험을 갖춘 국내외 전문가의 기고를 환영합니다.

2024년 12월
저자 일동

차례

추천사 ··· 4
들어가는 말 ··· 6

1
지속가능한 발전과 문화유산

문화유산과 공적개발원조 ··· 19
    문화유산 범주와 개념의 변화 | 유네스코와 문화유산 사업 | 문화유산과 공적개발원조

문화유산 공적개발원조 발전 과정 ··· 27
    국제개발협력에서 문화유산 공적개발원조의 중요성 | 문화유산 공적개발원조와 지속가능한 발전

국제기구 및 주요 국가 문화유산 공적개발원조 동향 ··························· 31
    국제기구 공적개발원조 사례 | 주요 국가 문화유산 공적개발원조 현황 | 공적개발원조 사업 특징과 시사점

우리나라 문화유산 공적개발원조 ·· 53
    문화유산 공적개발원조 경과와 현황 | 주요 사업기관 및 내용

문화유산 공적개발원조 발전 방안 ·· 73
    문화유산과 관광산업 | 문화유산과 창조산업 | 문화유산 공적개발원조 발전 방향

2

세계유산 보존을 위한
유네스코의 국제원조

모두를 위한 세계유산 ··· 89
유네스코 〈세계유산협약〉과 국제원조 ·· 94
국제원조를 통한 세계유산 보존 및 관리 ····································· 99
    국제원조 제도 개요 | 국제원조 현황
세계유산 국제해석설명센터의 역할 ·· 118
국제원조 사업의 향후 발전 방향 ·· 123

3

세계유산에서의
공적개발원조

문화유산의 가치와 공적개발원조 ·· 129
    세계유산 | 문화유산 ODA와 SDGs, ESSs | 한국 ODA와 문화유산 ODA
라오스 왓푸-홍낭시다 유적 보존 사업 ······································· 139
    라오스 개요 | 홍낭시다 복원 사업 사례
캄보디아 프레아피투 사원 복원 사업 ·· 151
    캄보디아 개요 | 캄보디아 프레아피투 복원 사업 사례
문화유산 공적개발원조의 미래 ·· 160
    연계와 협력을 통한 시너지 효과 | 문화유산 ODA와 지역 개발의 연계사업 제안

4

무형유산 제도 보급을 통한 국제개발협력

우리나라의 무형유산 보호 제도 보급 활동 ································· **169**

유네스코 2003 협약 체제하의 국제협력 ································· **173**

몽골 인간문화재 제도 구축을 위한 협력 사업 ························· **179**
　한·몽 무형유산 협력 사업 개발을 위한 전략회의 | 몽골의 인간문화재 제도 구축을 위한 지원 사업 | 몽골 무형유산 현지 조사 및 국가목록 작성 | 가이드북 「몽골의 무형문화유산」 발간 | 무형유산 정보 기반 조성 지원 사업

국가목록 작성을 위한 중앙아시아 다자협력 사업 ····················· **207**
　중앙아시아 무형유산 보호를 위한 협력 네트워크 회의 | 무형유산 목록 작성 전문가 회의와 3개년 협력 사업 | 무형유산 목록 작성 다자협력 사업 성과

무형유산 가시성 제고를 위한 다자협력 사업 ··························· **223**
　2차 3개년 사업을 위한 협력 네트워크 회의 | 무형유산 가시성 제고를 위한 2차 3개년 사업 | 중앙아시아 무형유산 영상 제작 2개년 사업 | 중앙아시아 무형유산 영상 목록 | 무형유산 다큐멘터리 제작 컨소시엄 | 중앙아시아 무형유산 영상제 및 사진전 개최 | 국가별 무형유산 홍보 도서 발간 및 보급

무형유산 국제개발협력의 성과와 과제 ····································· **240**

5

무형문화유산으로서의 전통무예와 국제개발협력

전통무예의 가치와 세계무예 ··· **249**
　유네스코 등재 세계무예 현황 | 유네스코 인류무형문화유산의 가치와 활용

무예를 통한 국제개발협력의 증진 ···································· 259
    유네스코 국제무예센터의 역할과 활동
무예 열린학교 사업의 성과 ··· 263
아프리카 무예회의 사업의 성과 ·· 271
전통무예 사업의 향후 과제 ··· 279

6

디지털 문화자원 관리와 공적개발원조

아시아문화중심도시 조성과 문화 공적개발원조 ··················· 283
아시아문화중심도시 조성과 공적개발원조의 확장 가능성 ········ 288
    국립아시아문화전당 내 주요 프로그램 확장 가능성 | 광주 소재 문화예술 기관 및
    대학과의 협력
미얀마 디지털 문화자원 관리 공적개발원조 사업의 성과 ········ 299
    미얀마 디지털 문화자원 관리 시스템 구축 | 문화 분야 중장기 발전계획(마스터플랜)
    공동개발 및 정책 수립 | 문화 발전 역량 강화 프로그램 운영
키르기스스탄 디지털 문화자원 관리 시스템 공적개발원조 사업의 성과 ········· 318
    실크로드 유목국가 키르기스스탄의 문화 정체성 | 키르기스스탄 디지털 문화자원
    관리 시스템 구축과 문화 발전
국립아시아문화전당 공적개발원조 모델 과제 ······················ 323

참고문헌 ··· 326
찾아보기 ··· 338

지속가능한 발전과 문화유산

금기형[1]

문화유산과 공적개발원조

문화유산 범주와 개념의 변화

1962년 제정된 「문화재보호법」은 제2조 1항에서 '문화재'를 인위적

---

[1] 지식공동체를 지향하는 비영리 사단법인 문화유산 창의공간을 설립·운영하고 있다. 한국전통문화대학교 겸임교수로 정부 및 한국국제교류재단 등 공공기관에서 자문 등을 한다. 개발연대를 살아온 세대의 일원으로서 개발도상국 사람들의 삶의 질 향상에 관심이 많다. 문화체육관광부에서 문화, 관광, 정책 홍보, 국제 협력 분야에서 근무했으며, 유네스코에서 공적개발원조(ODA)를 통한 유·무형 세계유산의 보호와 활용 사업을 진행했다. 또한 베트남 한국문화원과 유네스코 아태지역 본부 등 아세안 지역에서의 활동 경험과 지식이 필요한 분야에 유용하게 쓰이기를 바란다. seedspouch@outlook.com

이거나 자연적으로 형성된 국가적·민족적 또는 세계적 유산으로서 역사적·예술적·학술적 또는 경관적 가치가 큰 것으로 정의하였다. 유형별로는 유형문화재, 무형문화재, 기념물, 민속문화재로 대별하였다.[2]

이후 문화재청은 문화재 정책의 변화된 환경을 법체계에 반영하고 유네스코 등 국제기준에 부합하는 국가유산체계로 전환을 목표로 「문화재보호법」을 대체하는 「국가유산기본법」[3] 제정을 추진하였다. 2024년 5월부터 시행된 「국가유산기본법」은 국가유산 보호정책의 최상위 기본법으로, 그 아래에 문화유산법, 자연유산법, 무형유산법 등 3개의 유산법이 있다.

기존 「문화재보호법」은 유형적 문화유산에 한정하여 「문화유산의 보존 및 활용에 관한 법률」로 법 제명 및 문화재 명칭 등이 변경·개정되었다. 자연유산에 관해서는 「자연유산의 보존 및 활용에 관한 법률」이 제정되었다. 기존 「무형문화재 보전 및 진흥에 관한 법률」은 「무형유산의 보전 및 진흥에 관한 법률」로 법 제명 및 문화재 명칭 등이 변경·개정되었다.

법률 제정 및 개정과 별도로, 1999년 문화재관리국에서 개편·신설된 문화재청은 2004년에 이미 기관의 영문 명칭을 기존의 'Cultural Property Administration'에서 'Cultural Heritage Administration'으로 변경하여 사용하였다. 그리고 2024년 「국가유산기본법」 시행에 맞추어 국민에게 서비스한다는 취지를 강조하기 위해 영문 명칭을

---

2 문화재보호법 제2조제1항, 국가법령정보센터(2024.4.20. 검색).
3 국가유산기본법 제정 사유, 국가법령정보센터(2024.6.15. 검색).

'Korea Heritage Service'로 변경하였다. 일련의 과정을 볼 때 현재 우리나라는 문화재와 문화유산에 대한 합의된 개념이 도출되지 않은 채, 각각의 입장과 필요에 따라 용어를 혼용하고 있다.[4] 그러나 국가 주도 하에 보호 중심으로 재화·사물·과거 등을 연상케 하는 문화'재財'에서 동시대 사람들이 합의하고 계승·활용·미래를 지향하는 문화'유산遺産'으로 범주와 역할이 동적으로 확대되고 있음을 알 수 있다.[5]

유네스코와 문화유산 사업

문화유산의 범주와 개념에 대하여, 국제적으로 통용되는 단일화된 기준은 없다. 차선으로 유엔 전문기구이자 문화유산 분야의 세계적 권위를 지닌 유네스코의 분류기준과 개념을 상황에 맞게 차용하는 것이 합리적이다. 이는 내적으로 「국가유산기본법」 제정 필요성 중 하나로 우리나라 문화유산 분류체계를 유네스코 분류체계에 부합토록 한다는 맥락과 일치하고, 외적으로 뒤에서 거론되겠지만 공적개발원조 사업을 대표하는 국제기구인 경제협력개발기구 개발원조위원회의 기준을 범용적으로 적용할 수 있다는 점에서 그러하다.

그간 유네스코가 문화유산 보호와 관련하여 수행한 내용들은 다음

---

4 이현경·손오달·이나연(2019), '문화재에서 문화유산으로: 한국의 문화재 개념 및 역할에 대한 역사적 고찰 및 비판', 「문화정책논총」 제33집 3호.
5 국가유산청, 미래가치 품은 국가유산 시대 개막, '국가유산청' 출범(5.17.), 국가유산청 보도자료, 2024.5.16. (https://www.khs.go.kr/newsBbz/selectNewsBbzView.do;jsessionid=QsaVoHLhfXF8Uir2yfv181fNcVZAP/bzNqqB3ZatvkKLETu7vcb9vOPkHGK3X3GS.cha-was01_servlet_engine1?newsItemId=155704794&sectionId=b_sec_1&pageIndex=15&mn=NS_01_02&strWhere=&strValue=&sdate=&edate=)

유네스코 문화유산 세부 분류와 주요 내용*

세계유산	무형유산	기록유산
문화유산 • 기념물, 건축물, 기념 조각 및 회화, 고고 유물, 금석문, 혈거 유적지 등 • 구조물 군 • 인공, 인공과 자연의 결합, 고고 유적 구역 등 **자연유산** • 자연 기념물, 지질학적 생성물, 동물/생물 생식지, 자연 유적지 **복합유산** • 문화유산과 자연유산의 특징을 동시에 충족하는 유산	**세 분류** • 긴급보호 목록 • 인류무형문화유산 대표목록 • 모범사례 목록 **범주** • 무형문화유산 전달체인 언어를 포함한 구전전통 및 표현 • 공연예술 • 사회 관습, 의례, 축제 행사 • 자연 및 우주에 관한 지식 및 실천 • 전통공예 기술	**대상** • 필사본, 도서, 신문, 포스터 등 기록이 담긴 자료와 플라스틱, 파피루스, 양피지, 야자 잎, 나무껍질, 섬유, 돌 또는 기타 기록이 남아 있는 자료 • 그림, 프린트, 지도, 음악 등 비문자 자료 • 전통적인 움직임과 현재의 영상 이미지 • 오디오, 비디오, 원문과 아닐로그 또는 디지털 형태의 정지된 이미지 등을 포함한 모든 종류의 전자 데이터 등

* 유네스코유산소개, 유네스코한국위원회 홈페이지(2024.7.30. 검색).

과 같이 요약할 수 있다. 우선 세계유산 분야에서 유네스코는 1959년 이집트의 아스완하이댐 건설로 인하여 수몰 위기에 놓인 고대 누비아 유적들을 보호하기 위한 캠페인을 계기로, 1972년 〈세계 문화 및 자연 유산 보호협약〉을 채택하였다. 유네스코 세계유산은 이 협약에 따라 문화유산, 자연유산 그리고 복합유산으로 분류된다.[6]

무형유산 분야에서, 유네스코는 1989년 '전통문화 및 민속 보호에 관한 유네스코의 권고'를 시작으로, 2003년 제32차 총회에서 〈무형문화유산 보호 국제협약〉을 채택하였다. 유네스코 무형문화유산에는 인

---

[6] UNESCO(1972), Recommendation concerning the Protection, at National Level, of the Cultural and Natural Heritage.

류무형문화유산 대표목록, 긴급보호가 필요한 무형문화유산 목록, 유산보호 우수사례 목록 등이 있다.[7]

유네스코 세계기록유산의 경우, 1992년 '세계의 기억' 사업을 시작으로 전쟁과 사회적 변동, 그리고 자원의 부족으로 소멸 위기에 놓인 인류의 중요한 기록들을 보호하고 보존하는 일을 수행하고 있다. 이와 관련하여 2015년 〈디지털 형태를 포함한 기록유산의 보존과 접근에 관한 권고안〉이 채택되었다. 유네스코는 세계기록유산 국제목록, 세계기록유산 지역목록, 세계기록유산 국가목록 작성 사업을 진행하고 있다.[8]

문화유산과 공적개발원조

경제협력개발기구 개발원조위원회와 문화유산 공적개발원조

경제협력개발기구OECD, Organization for Economic Cooperation and Development 개발원조위원회DAC, Development Assistance Committee 보고서에는 문화 분야 공적개발원조ODA, Official Development Assistance에 대한 별도의 정의가 없다. 대신 '문화 인프라 지원, 미래세대 문화 역량 강화, 인류문화유산 보존 등 개발협력국의 문화 역량 강화를 목적으로 추진되는 사업' 또는 '수원국의 문화자원을 활용하여 지속가능한 사회·경제 발전을 성취할 수 있도록 지원하는 활동' 등을 문화 관련 공적개발원조로 간주한다고 명

---

7   UNESCO(2003), Convention for the Safeguarding of the Intangible Cultural Heritage.
8   UNESCO(2015), Recommendation Concerning the Preservation of, and Access to, Documentary Heritage Including in Digital Form.

경제협력개발기구 개발원조위원회 문화유산 관련 코드표*

코드목차 code list	부모코드 parent code	본코드 code	하위코드 subcode	코드 이름 code name	주요 내용 description
목적코드 purpose code	160	16061		문화다양성 culture and cultural diversity	…다양한 가치를 지닌 유형(공예품, 기념물, 유적, 박물관) 및 무형(예술, 사회적 실천, 지식과 기술, 공유된 가치, 전통, 공연) 문화유산의 보존…
목적코드 purpose code	160	16061	16066	문화 culture	…다양한 가치를 지닌 유형(공예품, 기념물, 유적, 박물관) 및 무형(예술, 사회적 실천, 지식과 기술, 공유된 가치, 전통, 공연) 문화유산의 보존… *16061 문화다양성 코드와 같은 내용이지만, 원조공여국의 자발적(voluntary) 원조 경우에 적용
목적코드 purpose code	410	41040		자연문화유산 보전 site preservation	자연의 미, 탁월한 생물다양성, 생태계 및 지질학적 가치(독특한 문화경관 포함)를 특징으로 하는 자연유산의 현장에 적용 및 코드 16061과 코드 16066과 연관된 유형·무형 문화유산 보존에 기여.

* OECD 공여국 통계보고체계(CRS)상 목적코드(purpose code) 검색창에 '문화유산(cultural heritage)'을 키워드로 입력하여 검색된 결과를 번역하여 표로 재구성, 2024

시한 정도에 그친다.[9]

    2024년 기준으로 경제협력개발기구 개발원조위원회가 운영하는 공여국 통계 보고체계CRS, Common Reporting Standard에서 문화유산을 키워드로 탐색한 결과, 독립적인 원조 목적코드는 없으나, '문화다양성(Culture and diversity, 16061)' 항목과 연결된 하위항목인 '문화(Culture, 16066)'

---

[9] 이성우·이영우(2021), 「한국 국제개발협력과 문화ODA」, 「문화정책논총」, 제35집 1호.

그리고 '자연문화유산 보전(Site preservation, 41040)' 항목 내의 구성요소로 관련된 내용이 기술되어 있다.[10] 그간 경제협력개발기구에 보고된 문화유산 공적개발원조 사업은 '문화재 관리 지원', '문화유산 유네스코 등재 지원', '문화재 복원 및 복구 지원', '고대 공예품 보존 지원', '박물관·미술관 지원 및 자문', '기념비 복구 지원', '역사 기록보관소 지원', '학자 연구 투어 지원', '민족 연구 지원', '문화인류학 교육 지원', '전시 지원', '다큐멘터리 제작 지원' 등이 있다. 이 중 많은 수가 유네스코 유형유산, 무형유산, 기록유산 목록에 등재되었거나 등재 절차가 진행 또는 준비 중인 것들이다. 이는 경제협력개발기구에서 진행하는 문화유산 공적개발원조 사업과 유네스코 문화유산 보호 프로그램이 서로 밀접한 관계를 지니고 있음을 보여준다.

우리나라 문화유산 관련 공적개발원조

제3차 국제개발협력 종합기본계획(2021~2025년) 및 2024년 국제개발협력 종합시행계획 등에서 문화유산을 포함한 문화 영역은 교육, 농업, 보건, 정보통신기술 영역과 달리 독립 분야로 구분되어 있지 않고, 젠더, 환경, 인권 등 기타분야 내 범분야 이슈로 분류되어 있다.[11]

이런 구조하에 문화유산 공적개발원조 역시 프로젝트, 연수 사업, 인프라 구축, 기술 공유, 역량 강화 등 개발협력 사업 일반적인 형태와 차이가 없고, 단지 사업 내용이 수원국의 유형, 무형, 기록 등 문화유

---

10 Development Finance Classifications, OECD 홈페이지(2024.7.30. 검색).
11 국제개발협력위원회(2024), 『2024년 국제개발협력 종합시행계획』.

산을 중심으로 구성되어 있을 뿐이다. 초기에는 문화유산 발굴, 복원에 집중하여 사업 계획이 작성되었다. 그러나 점차 경험이 쌓이고 현지와 소통이 많아지면서 관광산업, 문화산업 등 지역주민 삶의 질을 개선하는 지역 개발과 연계성을 중시한다. 즉 지속가능발전목표를 달성하는 수단으로서 그 가치와 효과성에 대한 인식이 점차 높아졌다.

우리나라 정부조직 중 문화유산 공적개발원조 사업을 추진하는 대표적인 시행기관으로 국가유산청을 꼽을 수 있으며 문화체육관광부, 외교부도 일부 사업에서 시행기관 역할을 하고 있다. 그간 국가유산청 사업은 산하기관인 국가유산진흥원이 대부분의 사업을 진행하였고, 최근 들어 한국전통문화대학교, 유네스코아태무형유산센터 등이 참여하기 시작하였다. 그 외 문화체육관광부 소속 국립아시아문화전당, 국립국악원, 유네스코한국위원회 등이 전문영역에서 간헐적으로 국가유산청 사업에 참여하였다. 문화유산 공적개발원조 사업의 대표 사례로 '라오스 왓푸-홍낭시다 복원 및 자립 역량 강화 사업', '파키스탄 간다라 문화 육성과 관광개발 사업', '우즈베키스탄 사마르칸트 문화관광 역량 개발 사업', '이집트 룩소르 문화관광 역량 개발 사업', '이집트 디지털 헤리티지 센터 구축 사업', '키르기스스탄 전통공예 기술 및 디지털 마케팅 사업', '캄보디아 프레아피투 사원 및 코끼리 테라스 복원 사업', '미얀마 바간지역 지진 피해 복구 지원 사업', '방글라데시 문화재 보존 역량 개발 사업', '콩고민주공화국 국립박물관 운영 역량 강화 사업', '라오스·캄보디아·카자흐스탄·우즈베키스탄 무형유산 목록 작성' 그 외 영상 기록 작업, 역량 강화 워크숍 개최, 파키스탄·캄보디아·스리랑카·라오스·부탄·미얀마·몽골 문화재 보존처리 장비 지원, 기

술교육 전수 사업 등이 있다.[12]

국제개발협력기본법상 공적개발원조 사업 시행기관 및 수행기관

국제개발협력기본법 13조 의거 공적개발원조 시행기관은 중앙행정기관, 지방자치단체 및 공공기관으로서 2024년기준 46개 기관이 있음. 공적개발원조 실시기관은 각 시행기관 산하에서 사업 추진을 담당하는 사업 수행기관을 지칭. 일부 시행기관은 직접 원조 사업을 추진하기도 하지만, 대부분은 산하기관 및 공모기관이 사업 실시기관(사업 수행기관)의 역할을 담당하면서 사업 집행을 대행하거나 위탁관리하고 있음.

문화유산 공적개발원조 발전 과정

국제개발협력에서 문화유산 공적개발원조의 중요성

「국제개발협력기본법」 제3조는 국제개발협력의 기본정신과 목표를 다음과 같이 설정하고 있다. '국제개발협력은 개발도상국의 빈곤 감소, 여성·아동·장애인·청소년 인권 향상, 성평등 실현, 지속가능한 발전 및 인도주의를 실현하고 개발도상국과 경제협력 관계를 증진하며 국제사회의 평화와 번영을 추구하는 것을 기본정신으로 한다.' 따라서

---

12 문화유산 ODA(공적개발원조), 국가유산진흥원 홈페이지(2024.7.31. 검색).

문화유산 공적개발원조도 이러한 기본정신과 목표 위에서 문화유산의 가치와 특성이 잘 반영될 수 있도록 핵심가치를 설정해야 한다.[13]

유네스코는 1972년 〈세계유산협약〉을 통해 세계의 유산은 인류 공동의 것이며, 그 보존 책임 또한 인류 모두에 있다고 선언하였다. 또한 문화적 맥락과 결별한 개발은 영혼 없는 성장이라며 2001년 '문화다양성 선언'을 통해 인류공동유산으로 문화다양성을 이해하고, 창의성 원천으로서 문화유산을 미래세대에 전해주어야 함을 강조하였다. 유엔은 이러한 연장선상에서 2013년 총회에서 '문화와 지속가능한 발전'을 강조한 결의안을 채택하였고, 이는 2015년 유엔 지속가능발전목표SDGs에 그대로 반영되었다.[14]

하지만 빠르게 진행되는 도시화, 산업화, 기후변화는 경제적 기술적 여건이 취약한 개도국에서 문화유산의 급격한 훼손을 초래하고 있다. 이를 해결하는 방안의 하나로 유네스코는 〈무형문화유산 보호협약〉 등을 통하여 공적개발원조 사업의 중요성을 강조하였다. 하지만 공여국의 일방적 시각에서 사업을 추진하는 것은 수원국의 전통을 훼손하고 고유문화를 약화시키며 문화침투라는 반감을 야기할 수 있다. 따라서 문화유산 분야의 공적개발원조는 수원국의 역사와 문화에 대한 자부심과 가치를 존중하는 바탕 위에 공여국의 기술·지식·자금 등이 조달되는 쌍방향적 협력이 이루어질 수 있도록 노력해야 한다.

---

13 국제개발협력기본법, 국가법령정보센터(2024.7.31. 검색).
14 장지순(2021), 「지속가능발전시대의 문화유산 ODA 활용 연구」, 『문화정책논총』, 제34집 2호.

문화유산 공적개발원조와 지속가능발전목표 연관 분야

교육	SDG 4.7	문화다양성/지속가능발전을 위한 문화기여에 대한 교육
일자리/경제성장	SDG 8.9	지역문화와 특산품 알리고 관광진흥정책 개발
도시/사회	SDG 11.4	세계문화유산과 자연유산 보호 노력
소비/생산	SDG 12.b	지속가능한 관광과 모니터링
국제 파트너십	SDG 17.16	지식, 전문성, 기술, 재원 동원, 글로벌 파트너십 강화

문화유산 공적개발원조와 지속가능한 발전

문화유산 공적개발원조는 문화유산의 발굴, 복원과 개발을 통해 수원국의 신뢰를 얻고, 관광산업을 지역 개발과 연계하여 빈곤퇴치에 기여하며, 문화 콘텐츠를 원천자원으로 창조산업의 발전에 기여하는 등 지속가능발전목표SDGs 달성에 중요한 역할을 할 수 있다. 문화유산 공적개발원조는 지속가능발전목표 17개 영역 가운데 특히 '교육 분야'(SDG 4.7), '일자리와 경제성장 분야'(SDG 8.9), '지속가능한 도시와 사회 분야'(SDG 11.4), '소비와 생산 분야'(SDG 12.b), '국제적 파트너십'(SDG 17.16) 등과 연계성이 높다.[15]

문화유산은 훼손, 멸실 되면 재생과 대체가 어려운 비가역적 자원이다. 따라서 수원국의 기술적·인적·자본적 한계를 극복할 수 있는 지원이 필요하며, 지원 시 수원국 역량을 강화하여 문화유산의 단순 보전을 넘어 지역주민 삶의 질을 개선하는 지속가능발전 방향으로 진행해

---

15 환경부(2018), 「유엔 지속가능발전목표」.

이집트 누비아 유적 1950년대 이집트는 나일강 유역에 아스완하이댐을 건설하면서 고대 누비아 유적(고대 이집트 문명으로서 람세스 2세가 세운 아부심벨 대신전과 소신전, 프톨레마이오스 왕조 시대에 세운 필레 신전 등)이 물에 잠길 운명이었다. 1959년 이집트와 수단 정부는 유적 보호를 위하여 유네스코에 지원을 요청하였다. 유네스코는 곧바로 전 세계를 대상으로 누비아 수몰 유적 구제 캠페인을 벌여 50여 나라에서 약 8,000만 달러를 모금하였다. 이는 유네스코 〈세계 문화 및 자연 유산 보호 협약〉 탄생의 결정적인 계기가 되었다.

* 유네스코한국위원회, https://heritage.unesco.or.kr/.../세계유산협약, 2024.7.31. 검색

캄보디아 앙코르와트 1982년 앙코르와트는 70%가 복원 불능 상태였고, 주요 유물 30점 이상 소실되었다. 1993년부터 미국, 프랑스, 독일, 일본, 인도, 중국 등 총 17개국이 참가한 복원 사업이 진행되었고, 그 결과 유네스코는 2004년 앙코르와트를 위험에 처한 세계유산목록에서 제외하였다. 현재 유적을 기반으로 한 관광업은 캄보디아 경제를 지탱하는 주요 산업으로 자리 잡았다. 2019년 외국인 관광객은 661만 명에 이르렀고, 49억 2,000만 달러의 관광 수입을 거두었다.

* 유네스코, https://whc.unesco.org/en/sustainable-tourism-covid-Cambodia, 2024.7.31. 검색

베트남 후에 대한민국 국가유산청은 2007~2008년 베트남 후에시의 응웬왕조의 황성과 호권에 관련된 디지털 문화유산 공적개발원조를 시행하였다. 황성, 호권 경기장 및 호랑이와 코끼리 격투 장면 등을 3D로 구현하고, 문화유산 인식 제고와 기술교육 등 역량 제고 사업을 진행하였다. 이후 후에시는 지역 활성화 방안의 하나로 '역사문화유적 관광도시'를 표명했다. 또한 한국국제협력단은 2021~2025년 157억 원이 투입되는 '후에시 문화관광 스마트시티 조성 사업'을 진행하고 있다.

* 한국국제협력단, https://www.koica.go.kr/koica_kr/8274/subview.do, 2024.7.31. 검색

야 한다. '문화는 개발의 원동력이자 견인차'라고 하듯, 문화유산 공적 개발원조는 지속성과 파급력이 매우 크다. 현지에서 문화유산의 복원과 발굴은 그 자체의 가치뿐만 아니라, 현지인의 삶의 질 향상에 결정적 영향을 미친다.[16] 이집트 누비아 유적, 캄보디아 앙코르와트처럼 유네스코 문화유산 지역이 국제개발원조를 통해 복원되어 세계적 관광지가 된 다수의 사례를 찾아볼 수 있다.

국제기구 및 주요 국가 문화유산 공적개발원조 동향

국제사회의 공적개발원조는 경제협력개발기구OECD 공여국 모임인 개발원조위원회DAC가 주관하며, 매년 회원국으로부터 자료를 수집하여 관련 통계를 제공하고 있다. 앞에서 살펴보았듯 문화유산 분야는 별도의 원조목적코드로 분리되어 있지 않다. 따라서 문화 분야에서 유·무형 문화유산과 관련된 부분을 추정치로 산출해야 하는 한계가 있다. 이러한 조건에서 개발원조위원회 국가들의 문화유산 분야 공적개발원조 지원액을 국가별로 산출한 결과, 프랑스, 스페인, 독일, 일본, 스웨덴, 한국 등이 기여도 상위 국가군에 속했으며, 동시에 유네스코를 지원하는 기여금 규모에서도 2022년 기준 상위 10위권에 속했다.[17]

---

16   장지순(2021), 앞의 논문.
17   현황, 대유네스코 자발적 기여 홈페이지(2024.7.31. 검색).

국제기구 공적개발원조 사례

경제협력개발기구 개발원조위원회

2023년 기준 경제협력개발기구 개발원조위원회 통계에 의하면 개발원조위원회 30개 회원 국가의 공적개발원조금 총액은 2,237억 달러로, 나라별로는 미국 660억 달러, 독일 366억 달러, 일본 196억 달러, 영국 191억 달러, 프랑스 154억 달러 순이다. 회원 국가들은 평균적으로 국민총소득GNI의 0.37%를 공적개발원조에 사용하고 있다. 우리나라의 경우, 공적개발원조 규모는 33.1억 달러로 총액 규모에서는 15위이나 국민총소득 대비 0.18%에 그치고 있다.[18]

한편 공적개발원조에서 문화유산과 직접적으로 연관된 원조목적코드인 '문화와 레크리에이션(culture and recreation, 16061)'과 '자연문화유산 보전(site preservation, 41040)'에 사용된 재원은 2.1억 달러로 전체 공적개발 원조금의 0.1%에 불과하다. 이 원조목적코드 구성요소를 자세히 살펴보면 문화유산과 직접적 연관성이 없어 보이는 항목도 있으나, 이를 별도로 구분해내는 것이 쉽지 않다. 따라서 위 두 코드를 중심으로 문화유산 공적개발원조의 변화와 추세를 살펴보는 것이 현실적 접근이다.[19] 이러한 전제하에 2011~2022년간 주요 공여국들의

---

18 Official Development Assistance(ODA) in 2023, by Members of the Development Assistance Committee, OECD 홈페이지(2024.7.31. 검색).

19 통계보고체계(CRS)내 문화유산을 키워드로 검색할 때, 표출되는 원조목적코드는 '문화와 문화다양성(culture and cultural diversity, 16061)', '문화(culture, 16066)', '자연문화유산 보전(site preservation, 41040)'이 있다. 그러나 2024.7월 현재 작동되는 OECD 데이터에는 여전히 그간 사용된 원조목적코드인 '문화 및 레크리에이션(culture and recreation, 1601)', '자연문화유산 보전(site preservation, 41040)' 항목에서 관련내용이 처리되고 있는 바, 이를 기준으로 통계 해석한다.

주요 공여국 문화유산 공적개발원조 규모(단위 : 백만 달러)*

공여국	분류	2011	2012	..	2020	2021	2022
일본	문화&레크리에이션	33.61	19.02		96.87	17.77	38.25
	자연문화유산 보호	6.11	4.42		4.08	3.39	2.19
	합계	39.72	23.44		100.95	21.16	40.44
프랑스	문화&레크리에이션	170.25	112.94		42.48	44.29	46.67
	자연문화유산 보호	2.49	5.64		25.82	23.86	11.38
	합계	172.74	118.58		68.30	68.15	58.05
독일	문화&레크리에이션	47.39	75.99		24.05	12.13	11.19
	자연문화유산 보호	1.46	4.41		4.02	4.58	10.07
	합계	48.85	80.40		28.07	16.71	21.26
한국	문화&레크리에이션	5.64	7.05		10.86	4.85	8.47
	자연문화유산 보호	-	1.42		1.43	1.20	1.18
	합계	5.64	8.47		12.29	6.05	9.65
스페인	문화&레크리에이션	67.12	19.81		11.12	13.72	15.96
	자연문화유산 보호	6.45	2.85		0.73	1.38	1.35
	합계	73.57	22.67		11.85	15.10	17.31
스웨덴	문화&레크리에이션	18.09	21.02		2.42	4.79	4.84
	자연문화유산 보호	-	-		0.003	-	1.30
	합계	18.09	21.02		2.42	4.79	6.14

* OECD Data Explorer, OECD 홈페이지(2024.7.31. 검색).

문화유산 공적개발원조 규모와 변화 추이를 보면, 전체적으로 문화유산 공적개발원조 규모가 10년 전에 비하여 감소하는 추세다. 이런 가

운데 한국과 일본은 문화유산 분야 공적개발원조 규모가 상대적으로 증가했다

유네스코

유네스코는 교육, 과학, 문화 및 정보 커뮤니케이션 분야를 담당하는 유엔 전문기구로서 현재 194개 회원국과 준회원 12개 지역을 두고 있다. 파리 본부와 대륙별 클러스터 사무소, 지역 사무소, 국가 단위 현장사무소, 카테고리Ⅰ센터, 카테고리Ⅱ센터, 직업교육센터, NGO 단체 등이 활동하고 있다. 유네스코 문화유산부 Division for heritage가 유형·무형·자연유산의 보호, 증진, 전승 및 활용과 관련된 업무를 총괄한다. 문화유산부는 세계유산센터, 문화유산보호, 이동유산박물관, 무형유산팀 등이 있고 문화유산의 보호 및 관리에 대한 규정 등을 검토하고 권고하는 역할을 한다. 주요 사업으로는 유형유산 지정·보존·관리, 문화재 불법 반출입 방지, 문화재 보호, 수중문화재 지정·보존·관리, 긴급 상황에서의 문화 보호 및 문화다양성 촉진, 무형유산 지정·보호, 다양성과 문화적 표현 관련 정책 실현, 2030 어젠다의 효과적 이행을 위한 국가·지역 수준 정책에 문화 통합 등이 있다. 이에 더불어 정보 커뮤니케이션 분야에서는 세계기록유산의 보존과 활용을 촉진하는 활동을 한다.[20]

2022~2023년도 유네스코 정규 예산은 14억 5,000만 달러이며, 이중 문화 사업 및 관련 서비스 예산으로 2억 4,000만 달러가 책정되었

---

20   World Heritage Centre, UNESCO World Heritage Centre 홈페이지(2024.7.31. 검색).

유네스코 세계유산신탁기금 현황

개념	신탁기금은 공여주체가 유네스코와 합의하에 선택한 특정 사업을 이행하기 위한 기금으로 공여주체가 사용처 지정, 기금사용, 잔액처분 등의 결정권을 보유
대한민국 신탁기금 (Korean FIT)	아시아태평양지역 세계유산 보호를 위한 신탁기금 설립(2011~현재, 400만 달러) 북한, 우즈베키스탄 등 중앙아시아, 파키스탄 등 서아시아를 포함한 아태지역 유네스코 세계유산 등재 및 보존연구, 역량 강화 정기보고, 지속가능발전과 주민참여 사업 등 지원
플랑드르 신탁기금 (Flemish FIT)	2000년 세계유산위원회 이후, 플랑드르 공사(公社)가 아랍지역 세계유산 관리 역량 강화를 목적으로 조성한 기금
프랑스 신탁기금 (France FIT)	프랑스가 유네스코 세계유산 보존과 발전에 필요한 기술 및 재정 분야의 지원을 목적으로 설립한 기금
일본 신탁기금 (Japanese FIT)	문화유산 조사, 보호, 복구, 연구 활동에 필요한 기금으로 누비아의 아부심벨 사원, 인도네시아 보로부두르 사원, 파키스탄의 모헨조다로 유적지 보호 사업 등 지원
네덜란드 신탁기금 (Netherlands FIT)	세계유산센터를 지원하기 위해 2001년 네덜란드가 조성한 기금. 2001~2004년간 180만 유로 지원. 아프리카, 아랍지역, 아시아–태평양, 동유럽, 라틴아메리카, 카리브해 지역 사업 지원
스페인 신탁기금 (Spanish FIT)	스페인이 1982년 5월 세계유산협약에 가입한 후, 2002 세계유산 관련 활동 지원을 목적으로 재원을 신탁

다. 따라서 연간 평균 1억 2,000만 달러가 문화 분야 예산으로 배정된다. 국가별 분담금 규모는 중국 2,700만 달러, 일본 1,400만 달러, 독일 1,100만 달러, 영국 800만 달러, 프랑스 790만 달러 순이며, 한국은 470만 달러로 규모 순으로 여덟 번째다. 이 외에도 신탁기금 등 회원국 자발적 기여금과 국제기구 또는 글로벌 기업의 공여금 등이 유네스코의 주요 재원이 된다.[21]

유네스코는 조직 규모에 비해 재원이 부족한 상황에서 2023년 7월, 6년 만에 미국이 회원국으로 복귀하였다. 미국의 재가입은 유네스코

---

21 예산 및 분담금, 유네스코한국위원회 홈페이지(2024.7.31. 검색).

가 보편성을 강화하고 국제사회에서 영향력을 확대하는 데 도움이 될 뿐만 아니라, 2011~2018년 동안 미납된 미국의 분담금 6억 2,000만 달러가 납부되면 유네스코의 재정 운영에도 큰 도움이 될 것이다. 또한, 그동안 대규모 분담금 납부 등으로 조직 운영에 영향력을 키워 온 중국을 견제하는 역할도 할 것으로 예상된다. 그러나 미국이 두 번이나 유네스코를 탈퇴하고 재가입한 전력이 있는 만큼, 앞으로 상호 관계 형성을 위해 많은 노력이 필요할 것이다.[22]

주요 국가 문화유산 공적개발원조 현황

프랑스

프랑스는 경제협력개발기구 개발원조위원회 회원국 가운데 문화 및 문화유산 분야에 많은 지원을 하는 국가 중 하나다. 프랑스는 식민지 지배 역사를 배경으로, 프랑스어권 아프리카를 중심으로 언어교육, 문화유산 보존 및 관리 지원 활동을 해왔다. 또한 동남아시아의 캄보디아와 라오스 등에 오랫동안 집중적으로 지원했다. 문화유산 공적개발원조 사업 유형은 프로젝트 지원, 전문가 및 봉사단 파견, 기타 기술원조 위주로 이루어지며, 프랑스어와 프랑스 문화를 교육하는 알리앙스 프랑세즈 활동에 많은 공을 들이고 있다.

대표적인 공적개발원조 사업 시행기관으로는 개발협력청AFD, Agence

---

[22] 정우탁, 미국의 유네스코 재가입 의미: 상호존중 통한 '합의의 리더십' 기대, 유네스코뉴스, 2023.7.25. (https://unescokor.cafe24.com/data/unesco_news/view/806/1574/page/0)

Française de Développement, 국립극동연구원, 우선적 연대기금, 프랑스문화센터 등이 있다. 개발협력청은 주요 목표의 하나로 '문화 및 창의산업 육성'을 내세우고, 지식과 문화 교류를 개발협력의 비전으로 채택했다. 지속가능한 발전을 위해 문화의 역할을 중시하고, 문화 및 창의적 산업 지원을 핵심 정책으로 삼았다. 이를 위해 공공기관이 공적개발원조 사업을 주도적으로 수행하고, NGO 및 시민단체가 이를 지원하는 형태를 띤다. 특히 프랑스 외교부는 '협력과 문화행동 네트워크'와 프랑스문화센터와 통합체계를 구축하고 개발협력청 산하기관 및 해외 프랑스 연구소 등을 통하여 문화 분야 공적개발원조 사업을 수행하고 있다. 문화행동 네트워크에는 1만 3,000명의 자원봉사자가 활동한다. '문화산업 전문가를 위한 포럼', '예술 협력 및 교류' 등의 프로그램을 통해 현지 문화 행사 지원, 시청각 기자재 구매 지원, 언어 및 교육용 기자재 구매 지원, 영화 전문가 초청 지원, 문화 행사 구성을 위한 보조금 지원 등 다양한 분야에서 프랑스와의 문화 협력·교류를 진행하고 있다. 또한, 문화유산 보호 및 관리 운영 사업, 문화유산 인벤토리 작업, 기술적 지원 등은 물론, 식민지 시대 약탈했던 수원국 고유의 문화재를 반환하는 사업도 진행한다.[23] 프랑스는 유물 보존 분야의 경험이 풍부하고, 특화된 교육 및 연수 프로그램을 가지고 있다 현재 전 세계 50여 개국에서 100여 개의 프로젝트를 진행하고 있다. 문화유산 공적개발원조 사업의 구체적 사례로는 '문화와 레크리에이션(16061)' 영역에서 알제리 문화유산 방송 제작 지원, 튀니지 문화유산과 IT 기술의

---

23   문화체육관광부(2020), 『개도국 지속가능한 발전을 위한 문화 ODA의 역할과 신규사업 발굴연구』.

결합 및 전시, 마다가스카르 NGO와 시민사회 역량 개발 사업 등 현지 문화예술 작품 해외 진출 지원 및 홍보 역량 강화 교육, 창업 인큐베이팅 프로젝트가 있다. '자연문화유산 보호(41040)' 영역에서는 이집트 카르낙 사원 복원 사업, 세네갈 세계유산 등재 유적 발굴 조사, 라오스 루앙프라방 보존 및 개발, 캄보디아 앙코르와트 사원 복원 및 발굴 사업 등이 있다.[24]

프랑스는 1997년 유네스코와 〈프랑스-유네스코 문화·자연유산 협약〉을 체결하였다. 이는 유네스코가 문화유산과 관련하여 최초로 개별 국가와 맺은 양자 협약이다. 이 협약은 1972년 〈유네스코 세계 문화 및 자연 유산 보호 협약〉을 보완한 것으로, 문화유산과 자연유산을 구분하지 않고 문화와 자연의 상호의존성을 강조하며 포괄적인 보호 체계를 제공한다. 이 협약은 문화와 자연유산의 보호, 지속가능한 발전을 지향하며 지역사회와 현지 주민의 참여, 다양한 국가 및 지역 간의 협력 촉진 등 공동의 책임을 강조한다. 아울러 협약에 의거, 신탁기금을 조성해 문화 및 자연유산의 보호에 필요한 다양한 사업을 추진하고 있다.[25]

스페인

스페인은 경제협력개발기구 개발원조위원회 회원국 가운데 문화 및 문화유산 분야에 많은 지원을 하는 대표적인 국가로, '문화유산과 개

24　OECD Data Explorer, 앞의 홈페이지.
25　UNESCO(1997), France-UNESCO Co-operation Agreement: Putting French Expertise to Work for the World's Heritage.

발협력 분야의 개척자'라는 자부심을 가지고 있다. 스페인은 구 식민지였던 라틴아메리카 지역 문화와 제도에 대한 높은 이해도를 바탕으로 이 지역 국가들을 대상으로 한 문화와 개발 분야에서 비교우위를 가지고 있다. 같은 언어권인 중남미 지역을 중심으로 사업을 집중하며, 이외에도 아프리카 및 아시아 일부 지역에서 협력 사업을 하고 있다.

공적개발원조 사업 주무 부처는 외교부 및 개발협력청AECID이며, 이를 중심으로 다수의 중앙 부처와 자치 정부가 공적개발원조 사업을 수행하고 있다. 문화유산 공적개발원조 사업의 주요 채널은 공공기관이지만, 시민단체, NGO, 싱크탱크, 공공-민간 파트너십 등을 통한 지원액이 증가하는 추세다. 스페인은 문화 훈련을 통한 인적자원 양성과 문화 발전 프로그램을 우선시한다. 개발협력에서 '문화와 개발'이라는 범분야 섹터를 설정하여 문화를 사회적, 경제적, 환경적 차원에서 개발의 한 요소이자 사회적 결속력을 강화하는 요소로 활용하고, 개발과 관련된 문화 정책을 수립하여 수원국의 문화적 정체성을 확립하고 문화유산을 보존하는 것을 목표로 한다. 다른 나라와 차별성을 보이는 점이다. 이러한 틀 안에서 에이전트와 전문가 등 문화 분야 인적자원 양성, 국제사회 공유 가치와 콘텐츠를 보급하는 프로그램ACERCA, 그리고 남미 지역 영화, 미디어, 아카이브, 박물관 지원 등 스페인어권 문화를 연계하는 이베로-아메리칸 프로그램 등을 추진하고 있다.[26]

스페인은 다른 나라와 비교했을 때 2018~2022년간 문화유산 공적개발원조 규모가 감소하지 않고 상대적으로 비중이 증가하는 특징을

---

26 문화체육관광부(2020), 앞의 도서.

보인다. '문화와 레크리에이션(16061)' 영역에서 보면, 2022년도 공적개발원조 사업 공여액의 48%가 라틴아메리카 지역에, 28%가 아프리카 지역에 사용되었다. '자연문화유산 보호(41040)' 영역에서는 공여액의 92%가 라틴아메리카 지역에, 8%가 아프리카 지역에 집중되었다. 대표적인 문화유산 공적개발원조 사업으로는 '페루 차난크 유적 보존 사업', '볼리비아 수쿠레 역사공원 유적 복원 사업' 같은 프로젝트 사업과 도서관·박물관 운영 역량 강화 전문가 및 봉사단 파견 사업, '파나마 십자가의 길 세계유산 개선 사업' 같은 기술원조 사업 등이 있다.[27]

스페인은 1982년 〈세계유산협약〉에 가입하고, 2002년 세계유산 보호 및 활용과 관련된 사업을 지원하기 위해 유네스코와 〈신탁기금 협력 협정〉을 체결했다. 신탁기금은 일정한 목표와 대상에 국한된 특정 활동을 지원하기 위해 회원국에서 유네스코에 기부하는 기금으로, 스페인 신탁기금은 특히 과거 스페인 식민지였던 라틴아메리카, 카리브해 및 아프리카를 중심으로 세계유산 보호와 증진 활동을 지원하고 있다.[28]

독일

2023년 기준으로 독일의 공적개발원조 예산 규모는 366억 달러로, 미국 다음으로 크며 국민총소득 대비 0.81%를 차지한다. 공적개발원조 사업 주무 부처는 연방경제협력개발부로 그 산하에 독일국제교류

---

[27] OECD Data Explorer, 앞의 홈페이지.
[28] Government of Spain, UNESCO 홈페이지(2024.7.31. 검색).

협력단GIZ이 있다. 독일국제교류협력단에는 전 세계 120여 사무소에서 2만 4,000명이 근무한다. 독일은 빈곤 감축을 공적개발원조 사업의 기조로 삼고, 지속가능한 개발전략 수립을 중시한다. 독일 공적개발원조 사업은 아프리카와 아시아 지역을 중심으로 지역민들의 역량 개발에 필요한 기술원조에 치중하여 재원의 25.7%를 할당한다. 또한 양자형 원조를 줄이고 유엔 등 국제기구를 통한 다자형 원조 활동을 늘리고 있다.[29] 문화 영역에서는 독일문화원을 국제 문화 교류의 허브 채널로 문화, 교육, 예술, 미디어, 청소년 등 다양한 문화 프로젝트를 수행한다. 또한 교육 분야에서 독일-프랑스 합동 프로젝트도 추진한다. 민간 경제부문 및 다양한 기관의 참여를 중요시해 NGO, 다자기구, 공공민간협력프로그램 등 원조 전달 기관의 다양성을 유지하고 민간 분야 역량 강화에도 힘을 쏟는다.[30]

문화유산 공적개발원조ODA 예산은 2018년 1,140만 달러에서 2022년 2,130만 달러로 증가하는 추세를 보이고 있다. '문화와 레크리에이션(16061)' 영역에서도 아프리카와 아시아 지역을 중심으로 다수의 사업이 진행되었다. 예외적으로 2021년과 2022년에는 벨라루스 유대인 거주지 복원, 우크라이나 내 러시아어 사용자 정체성 다큐 제작, 독일계 튀르키예 음악인 교류 지원 사업 등 유럽 지역 국가에 대한 지원이 크게 늘어났다. '자연문화유산 보호(41040)' 영역에서는 통상적으로 아프리카, 아시아 지역을 중심으로 원조 사업을 진행했으나, 2022년에

---

29   OECD(2024), Development Co-operation Profiles, Paris: OECD Publishing.
30   문화체육관광부(2020), 앞의 도서.

는 처음으로 오세아니아 지역 프로그램에 41만 달러를 지원하였다. 전체 예산 1,007만 달러 중 3분의 2에 달하는 645만 달러가 대륙별 구분 없이 개발도상국에 배정되었다.[31]

대표적인 문화유산 ODA 사업으로는 독일문화원이 소재한 지역의 '시민사회 문화·예술·미디어 역량 개발 사업', '시리아 문화유산 디지털 보존 사업', '레바논 카미드 엘로즈 문화유산 및 역사에 관한 전시 및 박물관 지원 사업', '코소보 노보브르도 성당 보존 사업', '이라크 네비유니스 모스크 피해 측량 및 모술 조나 무덤 지역 보존 지원 사업', '수단 아문 리온 사원 보수 사업', '인도 스리나가 운트 카달 다리 보수 사업', '이란 탁테솔레이만 유적지 보전 사업' 등이 있다.

일본

일본은 제2차 세계대전 이후 아시아 국가들과 우호적 관계를 형성하고 국제사회에서 영향력을 키우기 위한 전략의 하나로 공적개발원조 사업을 적극적으로 활용해왔다. 2015년에 수립한 개발협력강령을 통해, 공적개발원조 사업의 방향성을 유엔의 지속가능발전목표와 연결시키며, 평화와 안보를 통한 상호 이익 추구를 명시하였다. 이를 반영하듯, 일본 국제개발협력단의 중기계획(2022~2026년)에는 인프라 시설 및 경제 성장, 인간 중심 개발, 보편적 가치, 글로벌 이슈 중시 등이 강조되었다. 그러나 일본 원조 전략의 근저에는 외교·경제 정책 달성을 지원하는 수단이라는 인식이 깔려 있어, 정부 등 공공기관을 통한 양

---

31   OECD Data Explorer, 앞의 홈페이지.

자 원조 사업이 다수를 차지하고 있다. 일본 공적개발원조 사업의 조직 구조상 특징은 다른 나라들과 달리 외무성 산하의 일본국제협력기구JICA가 무상원조, 유상원조, 기술협력을 통합적으로 관리·운영한다는 점이다. 2022년 기준 일본의 공적개발원조 규모는 세계 3위인 210억 달러로, 국민총소득의 0.39%에 달한다. 그러나 그 내용을 살펴보면 양자성 국가 프로그램 원조 사업 비중이 79.8%, 교역과 연계한 구속성 원조 비중이 50.6%로, 경제협력개발기구 개발원조위원회 회원국 가운데 이러한 비중이 매우 높은 편이다.[32]

일본은 문화유산 ODA 사업의 최대 공여국이다. 외무성을 중심으로 국제협력 계획이 수립되고 산하 조직에서 수행하는 체제로, 문화유산 기반 개발전략이 문화 분야 공적개발원조 외교의 주요 정책으로 수립되어 있다. 따라서 문화유산 ODA 사업 역시 국가 홍보와 자국 문화의 우수성을 알리는 것이 주된 목적이다. 외무성은 특히 유네스코 사업을 주관하며, 세계유산 등재, 복원, 개도국 무상원조 등을 시행한다.[33] 문화유산 ODA와 관련해 '문화와 레크리에이션(16061)' 영역 원조의 90% 이상이 아프리카에, 나머지의 절반 정도가 남미 지역에 지원되었다. '자연문화유산 보호(41040)' 영역은 상대적으로 원조 규모가 크지 않으나, 절반 이상이 아시아에 집중되었다. 일본은 2006년에 문화유산 국제협력사업의 협력 및 정보 공유를 위한 컨트롤타워로 문화유산국제협력 컨소시엄을 발족하여 운영하고 있다. 이 컨소시엄에는

32　OECD(2024), 앞의 도서.
33　유재은(2016), 「아시아 문화유산의 지속가능성을 위한 ODA현황과 과제」, 『헤리티지: 역사와 과학』, 제49집 3호.

문화재청, 외무성, 일본국제협력기구JICA, 일본국제교류기금, 도쿄문화재연구소, 나라문화재연구소, 스미모토재단, 미츠비시재단, 도요타재단, 유네스코 세계유산센터, 국제문화재보존복구연구센터, 국제기념물유적협의회 등 공공기관, 대학, 연구소, 민간 협력단체, 국제기구 등이 참여한다.[34]

일본국제협력기구와 일본국제교류기금은 일본의 문화유산 ODA 사업의 대표적 수행기관으로, 국제기구인 경제개발협력기구와 유네스코를 적극적으로 활용하고 있다. 일본은 1989년 세계유산보호기금과 1993년 무형유산기금 설치를 주도하면서 유네스코 기여금 규모에서 1~2위를 유지해왔다. 재정적 지원을 바탕으로 세계무대에서 발언권을 강화하였고 유네스코 8대 사무총장(1999~2009년)을 배출한 바 있다. 일본이 진행한 대표적 문화유산 ODA 사업으로는 '이집트 대이집트박물관 건립 사업', '온두라스 문화센터 시설개선 사업', '미얀마 국립교향악단 악기 개선 사업' 등 다수의 문화 인프라 지원 사업이 있다. 이와 함께 유네스코 세계유산 일본신탁기금 등을 통해 이집트 누비아 아부심벨 사원, 인도네시아 보로부두르 사원, 파키스탄 모헨조다로 유적지 보호 사업 등을 추진해왔다.[35]

스웨덴

스웨덴은 2022년 기준 공적개발원조 지원 규모가 55억 달러, 국민

---

34 장지순(2021), 앞의 논문.
35 문화체육관광부(2020), 앞의 도서.

총소득 대비 0.9%이다. 공여 비율 기준으로 세계 최상급이다. 스웨덴은 빈곤퇴치를 공적개발원조의 목표로 명시하고, 민주주의, 시민사회, 성평등, 최빈국 및 사하라사막 남부 아프리카 지원을 강조하며, 평화와 분쟁 방지, 환경적 지속가능성 등 글로벌 이슈에 적극 개입해 왔다.[36] 스웨덴은 정례적 평가로 분산되고 효율성이 낮아진 사업과 군부독재 및 부패한 국가에 대한 지원을 중단하고, 선택과 집중 원칙에 따라 예산과 인력을 집중하는 방식으로 핵심 사업을 선정하였다. 2023년 발표된 '새로운 시대를 위한 개발원조-자유, 역량 강화, 지속가능한 성장'은 이러한 개발원조 정책 방향을 잘 담고 있다. 주요 내용은 중점 분야 집중 지원, 시민사회를 통한 공여 확대, 투명성·효율성·유연성 제고 등이다. 또한 빈곤 문제 해결을 위해 개발원조와 무역정책 연계 강화로 수원국 경제 성장과 무역 촉진, 부패 및 민주주의 위협 국가 원조 중단, 우크라이나 및 인접 국가들의 유럽연합EU 통합을 위한 우선순위 부여를 강조하였다.[37]

개발원조 총괄책임 및 조정 기능은 외교부가 주관하며, 산하에 다수의 개발협력 사업 수행기관이 있다. 그중 스웨덴국제개발협력청SIDA이 개발협력 예산의 절반 정도를 집행한다.[38] 문화 분야 공적개발원조 사업은 주로 스웨덴협회가 담당하고, 문화유산 ODA 사업 선정에는 문화예술위원회가 적극 간여한다. 스웨덴은 원조 사업에 시민사회 조직

---

36   OECD(2024), 앞의 도서.
37   주 스웨덴 대사관, 스웨덴 정부 신규 개발원조 정책 방향 발표, 스웨덴 정치, 2023.12.14.(https://overseas.mofa.go.kr/se-ko/brd/m_7987/view.do?seq=1345564&page=1)
38   국제개발협력센터(2023), ODA 전주기 기후주류화 선진사례 조사 국외출장 결과보고서.

을 가장 많이 활용하는 국가 중 하나로, 문화유산 ODA 사업을 현지의 NGO, 학교, 극단 등 민간 조직을 통해 추진하는 사례가 많다.[39] 그러나 문화유산 ODA의 규모는 크지 않다. 2022년 기준으로 '문화와 레크리에이션(16061)' 영역에서는 짐바브웨, 우간다, 에티오피아 등 아프리카 지역 국가의 민속음악 복원, 언론과 표현의 자유, 문화다양성 역량 개발 사업이 지원되었다. 하지만 사하라 이남 아프리카 중시 원칙과 달리 코소보, 몰도바, 알바니아, 보스니아 헤르체고비나 등 발칸 지역 국가와 캄보디아, 라오스, 인도네시아, 아르메니아 등 아시아 지역 국가의 언론 및 표현의 자유, 문화다양성 프로그램에 대한 원조 규모가 더 컸다. '자연문화유산 보호(41040)' 영역에서는 알바니아에 지원한 소규모 원조 외 전액이 콩고 세계자연기금WWF 프로그램 지역인 루키 생물권보전지역을 대상으로 생물다양성 서식지 보호, 숲 자연 재생, 지역 개발위원회 창설 등에 지원되었다.[40]

중국

중국은 경제협력개발기구 개발원조위원회 회원국은 아니지만, 경제 발전에 힘입어 문화유산 국제협력에 중요한 국가로 부상하고 있다. 일례로 유네스코 세계유산, 무형유산, 기록유산 등 분야별 등재 건수에서 세계 수위[41]이며 유네스코, 국제문화재복원복구연구센터ICCROM, 국

---

39 정환문·정다전(2014), 「한국문화유산 ODA문제와 나아가야 할 방향」, 『문화산업연구』 제14권 1호.
40 OECD(2024), 앞의 도서.
41 UNESCO Multisectoral Regional Office for East Asia(2023), CHINA: UNESCO Country Strategy 2022~2025.

제기념물유적협의회ICOMOS 등 문화유산 국제기구에 적극적인 재정 지원 및 고위직 진출을 통해 국제사회에 지속적으로 영향력을 확대하고 있다. 2022년 기준, 중국은 유네스코 분담금 1위 국가로 회원국 분담금 총액의 19.7%인 2.7억 달러를 납부하였고 조직 서열 2위인 부사무총장 자리를 차지하고 있다. 그러나 2023년 7월 미국이 유네스코에 복귀함에 따라 앞으로 양국 간 유네스코 내 주도권 다툼이 치열할 것으로 예상된다.[42]

앞서 언급하였듯이 중국은 경제협력개발기구 비회원국이고 개발도상국으로 분류되기에 경제협력개발기구 개발원조위원회에서 정의하는 공적개발원조 사업에 해당하지 않지만, 1950년대부터 아시아와 아프리카를 중심으로 다수의 개발협력 사업을 진행해 왔다. 특히 2000년대 전후로 '일대일로' 사업을 진행하면서, 개발협력에 투입되는 재원 규모와 대상 국가 수가 크게 증가하였다. 그러나 원조 과정에서 자국 이익을 지나치게 중시하여 상대방을 과도하게 구속하는 조건을 요구하고, 현지의 거버넌스 체계를 고려하지 않는 일방통행적 방식으로 인하여 개도국을 부채 함정에 빠트린다는 비난을 받고 있다. 이를 의식한 듯 중국 정부는 2021년 새로운 국제개발협력 모델로 '글로벌 발전 이니셔티브GDI'를 발표하였다. 이는 중국이 국제사회에서 유엔 지속가능발전목표 달성에 기여하고 개도국의 발전과 글로벌 이슈 해결에 초점을 맞추고 있다는 점에서, 그리고 사업 주체가 국제개발협력청이라는 점에서 기존 상무부 중심의 일대일로 사업과 차별화했다. 중국은 글로

---

[42] 예산 및 분담금, 유네스코한국위원회 홈페이지(2024.7.31. 검색).

벌 발전 이니셔티브를 통해 개발협력 분야에서 국제 리더십을 확대하고 개도국에게 경제협력개발기구의 개발협력 모델에 대한 대안을 제시하고자 한다. 그러나 거버넌스, 책무성, 민주주의, 자유, 인권, 성평등 등과 관련하여 개발협력이 추구하는 가치 및 원칙과 근본적인 차이가 있다는 한계를 갖고 있다.[43]

중국은 문화유산 ODA 영역에서 국제협력을 강화하고 있다. 그간 역사적 경제적으로 밀접한 관계를 지닌 동남아 지역과, 일대일로 사업과 연관되어 경제개발 협력이 진행되는 아프리카 등에서 세계문화유산 등재 교육, 보호역량 개발 사업을 진행해 왔다. 유네스코와 관련하여, 2013년 항저우에서 유네스코 국제회의를 개최하여 지속가능한 발전의 핵심 동력으로서 문화의 역할과 가치를 논하였고, 여기서 도출된 내용이 2015년 유엔 지속가능발전목표에 반영되기도 하였다. 또한 2019년 '세계유산 역량 강화 및 협력에 관한 유네스코-아프리카-중국 포럼'을 개최하여 아프리카 세계유산 보호를 위한 장기적인 역량 강화 프로젝트를 진행하고 있다. 이와 연계하여 2021년에는 다자주의 틀 안에서 긴밀한 문화유산 보호를 위한 국제협력을 강조하는 〈유네스코 푸저우 선언〉 채택에 기여하였다.[44] 문화유산 ODA의 대표 사례로는 나이지리아 세계유산목록 등재를 위한 수레임 문화경관 지역의 타당성 조사, 차드 자쿠마 국립공원의 세계유산 등재 신청에 필요한 데이

---

43   송지선, 중국 개발협력과 글로벌 발전 이니셔티브(GDI), 중국전문가포럼 칼럼, 2023.8.16. (https://csf.kiep.go.kr/issueInfoView.es?article_id=51239&mid=a20200000000&board_id=4).
44   Xinhua, China demonstrates great commitment in world heritage protection: UNESCO, 2021.7.18.(HYPERLINK "http://www.xinhuanet.com/english/2021-07/18/c_1310068788.htm"http://www.xinhuanet.com/english/2021-07/18/c_1310068788.htm).

국제기구/주요국 문화유산 ODA 사업 주요 내용

국제기구/공여국	주요 내용
경제협력개발기구 (OECD/DAC)	• 문화유산 ODA 대한 정의 규정과 독립된 원조목적코드 없음. • '문화/문화다양성(16061)', '문화(16066)', '자연문화유산보호(41040)' 코드에 포함 * 통계는 '문화/레크리에이션(16061)', '자연문화유산 보호(41040)' 코드로 처리
유네스코 (UNESCO)	• 다자형 문화유산 ODA 대표 국제기구로 세계유산, 무형유산, 기록유산 등 유무형유산 지정, 보존, 관리 • 회원국 분담금, 신탁기금이 주된 재원
프랑스	• OECD 회원국 중 문화유산 ODA 역사 깊고 최상위 지원 국가 • 1997년 프랑스-유네스코 문화자연유산 협약 체결, 구식민지 등 프랑스어권 지원
스페인	• 문화와 개발을 연계한 전략 수립 및 추진 • 라틴아메리카, 카리브해 중심으로 세계유산 증진과 보호 활동
독일	• 개발협력 정책에서 민간 영역의 참여를 중시, 문화유산 ODA 규모 확대 • 빈곤퇴치를 강조하고 지속가능한 개발전략 수립을 중시
일본	• 소프트파워로 문화유산 기반 외교전략 수립, 문화유산 ODA 최상위권 지원국 • 유네스코 활용에 적극, 민·관·학·국제기구 망라한 문화유산 국제협력 컨소시엄
스웨덴	• 자유, 역량 강화, 지속가능한 성장 등을 개발원조 정책 방향으로 제시 • 사하라 이남 아프리카 집중 등 빈곤퇴치, 역량 있는 분야 중심 선택과 집중
중국	• OECD 비회원국, 일대일로 정책 일환 ODA 활용, 서아시아, 아프리카 집중 • 유네스코-아프리카-중국 포럼, 항저우 선언, 푸저우 선언 등 유네스코 활용

터 및 매핑 등 관리 계획 지원, 가봉 문화유산 목록화 지원, 베냉과 토고의 쿠타마코우 접경지역 세계유산 등재를 위한 목록 작성 지원, 우간다, 베냉, 토고, 코트디부아르, 세네갈, 탄자니아의 위험 관리 및 보호 시스템 역량 강화, 에티오피아의 세계자연유산 협약 이행 역량 강화, 콩고공화국 세계유산국가위원회 설립 지원 등이 있다.[45]

---

45 Government of China Capacity Building and cooperation for World Heritage in Africa, UNESCO 홈페이지(2024.8.1. 검색).

공적개발원조 사업 특징과 시사점

경제개발협력기구OECD 회원국인 프랑스, 스페인, 독일, 일본, 스웨덴의 문화유산 ODA 사업은 각각의 특성과 철학을 가지고 진행되고 있다. 프랑스는 지식과 문화의 교류를 비전으로 채택하고 지속가능한 발전을 위해 문화의 역할을 강조하며 창의산업을 지원하는 방식을 중시한다. 지속가능한 발전을 위한 최우선 목표로 문화와 문화유산 ODA 사업을 진행하고 있으며, '협력과 문화행동 네트워크' 같은 문화센터, 공공기관, 프랑스 연구소 등의 협력을 기반으로 한 사업 플랫폼을 구축했다. 독일은 독일문화원을 적극적으로 활용하여 문화유산 ODA 사업을 진행하지만, 그 규모는 매년 줄어들고 있다. 그러나 민간 부문 경제 주체 및 다양한 기관의 개발협력 활동 참여를 중요하게 고려하여, 공적 자원을 마중물로 민간의 투자와 원조를 촉진하는 지속가능한 공적개발원조 모델을 만들어가고 있다. 스페인은 '문화와 개발'이라는 새로운 공적개발원조 분야를 만들어 질적 차별화를 모색하며 문화유산 ODA 사업을 지원한다. 최근 총 재원 규모는 다소 감소했지만, 시민사회단체, 연구소, 싱크탱크 등에 대한 지원액은 증가하고 있다. 개발협력청은 해당 분야에 전문성을 가진 민간 및 연구기관의 참여를 적극 독려하여 효과적이고 영향력 있는 사업 추진을 지원하고 있다. 일본은 개발협력강령에 기초하여 NGO 및 시민사회단체에 대한 지원을 증가하고 있으며, 기술협력 프로젝트 등 다양한 채널을 통해 문화유산 ODA 사업을 전개하고 있다. 공적 지원이라는 기반 위에 민간 지원을 촉진하는 방식으로서 정부·연구소·공공·민간·국제기구가 망라하여 참여하는 '문화유산 국제협력 컨소시엄'을 구성하여 문화유산 ODA 체계를 구축하고 있다. 스웨덴은 문화유산 ODA 사업에서 전문기관인 문화예술위원회의 사업 적절성 평가 등 의사결정 과정에 적극적인 참여를 보장한다. 수원국의 문화를 존중하고 정체성을 표현하도록 유도하는 형태로 사업을 전개하되, 자국이 중시하는 가치에 부합하고 역량에 맞는 분야에 예산과 인력을 집중시킨다. 궁극적으로 지속가능한 발전이라는 공적개발원조의 본질적인 목표를 달성하기 위해 노력하고 있다.

각 국가의 문화유산 ODA 사업 철학과 방향은 각각의 입장에 따라 차이가 있지만, 다음과 같은 몇 가지 공통점이 있다.

첫째, 문화유산 ODA를 중요한 대외 전략의 하나로 활용하고 있다. 프랑스, 스페인, 일본 등은 식민지 시대부터 문화유산 분야 협력을 해왔으며, 이를 통해 공여국과 수원국의 관계를 개선하고 긍정적인 이미지를 창출하고 자국의 언어와 문화를 전파하는 등 다양한 효과를 거두고 있다. 이러한 접근은 문화유산을 보호하고 증진하는 동시에, 외교적 영향력을 강화하는 데에도 중요한 역할을 한다. 문화유산 ODA는 단순한 원조를 넘어서 외교적 도구로서의 기능을 발휘한다.

둘째, 유네스코와의 협약 체결이나 현지 네트워크 발굴을 통해 문화유산 발굴 및 관리에 중점을 두고 있다. 이는 인류 유산을 영구히 보존하는 데 가치를 두고 있으며, 공여국들은 이러한 활동을 통해 국제적인 협력을 강화한다. 프랑스와 일본은 유네스코와의 긴밀한 협력을 통해 세계유산 보호와 관련된 다양한 활동을 전개한다. 이러한 협력은 문화유산의 국제적 보호와 증진을 위해서도 중요하지만, 문화유산 보호의 범위를 넘어 국제사회에서의 영향력을 확대하는 수단으로도 작용한다.

셋째, 민간과의 협력을 통해 재원을 마련하는 데 적극적인 자세를 취하고 있다. 프랑스는 민간과 연대 기금을 마련하여 지원하는 방식으로, 공적 자원의 투입을 줄이면서도 공여국과 수원국 간의 자연스러운 민간 교류를 통해 네트워크를 형성한다. 이러한 접근은 공적 자원의 한계를 극복하고, 민간 참여를 유도하여 지속가능한 발전을 이루는 데 중요한 역할을 한다. 민간 협력은 재정적 지원뿐만 아니라, 기술적 지원과 인적자원 개발에도 큰 기여를 한다.

넷째, 프랑스 국립극동연구원, 일본 문화유산 국제컨소시엄처럼 별도의 관련 기구와 조직을 만들어 프로그램을 정비하여 추진하고 있다. 이는 사업 초기 단계부터 문화유산 보호와 활용, 학술 연구, 주민 참여 등의 고도의 전문성을 확보하는 효과적인 방식이다. 이러한 기구와 조직은 문화유산 ODA 사업의 체계적인 추진을 가능하게 하며, 전문성을 바탕으로 한 협력과 연구가 지속가능한 발전을 이루는 데 기여한다.

이를 종합해 볼 때, 각국의 문화유산 ODA는 문화유산을 보호하고 증진하는 동시에 외교적 영향력을 강화하고, 지속가능한 발전을 이루기 위한 중요한 도구로 작용한다. 공여국과 수원국 모두에게 긍정적인 영향을 미치며, 국제사회에서 협력과 발전을 촉진하는 데 중요한 역할을 한다.

우리나라 문화유산 공적개발원조

문화유산 공적개발원조 경과와 현황

패러다임 변화

제2차 세계대전 후 유럽경제 재건과 냉전 상황에서 체제우위 경쟁이라는 시대적 상황하에 수원국 경제성장에 초점을 두는 한편으로 공여국의 이익을 중심으로 진행된 국제개발협력 패러다임이 21세기 들어 수원국과 공여국의 상호 책임성을 강화하고 글로벌 차원의 지속가능한 발전을 목표로 새롭게 변화하고 있다. 변화 배경에는 1948년 〈유엔 세계 인권 선언〉, 2001년 〈유네스코 세계 문화다양성 선언〉, 2005년 〈문화적 표현의 다양성 보호와 증진 협약〉, 2013년 〈유네스코 항저우 선언〉, 2015년 〈유엔 지속가능발전목표 SDGs〉 등 문화와 문화다양성에 관한 지속적인 국제 담론이 있다. 이에 개도국 개발전략도 경제적 차원의 양적 성장을 넘어 문화적, 정신적 차원에서 지속가능성 및 질적 성장과 균형을 추구해야 한다는 공감대를 갖게 되었다.[46] 이처럼 지속가능한 발전의 동인이자 조력자로서 문화의 역할이 폭넓게 인정되면서 유엔 지속가능발전목표 11번의 세부목표 11.4에는 '세계 문화 및 자연유산을 보호하고 보존하기 위한 노력을 강화한다'고 명시되었다. 유네스코는 이를 구체화하는 노력의 일환으로 '문화지표 2030 2030 Indicator'를 개발하여 국가 및 지역의 유엔 지속가능발전목표 이행에 문화의 기

---

46 한국국제협력단(2019), 「사회적 경제를 통한 국제개발협력 프로젝트 성과지표 활용 방안」.

국제개발협력 주요 담론과 원조 형태 등 변화 과정*

시기 구분	국제환경	국제개발 관련 주요 이론 및 이데올로기	ODA의 주요 목표	주요 원조 기관과 관련 제도	주요 원조 형태
전후 개발주의 형성기 1940-1950년대	• 제2차 세계대전 이후 • 파괴된 경제 재건 • 미소 냉전체제 • 신생국 독립	• 케인지안 경제개발이론 • 근대화 이론, 성장개발 이론 • 신생국, 개도국의 수입 대체 산업화	• 안보/반공산주의 • 파괴된 서구경제 재건 • 신생국의 빈민, 난민 등의 긴급구호	• 미국, UN • 브레튼 우즈 시스템	• 마샬 플랜, 기술지원 및 협력 인프라 건설, 필요한 외환 공급
개발주의 성장기 1960-1970년대	• 서구경제의 호황 (Golden Age) • Embedded liberalism • 제3세계의 등장 • 냉전체제의 가속회/베트남전	• 신마르크스주의 • 종속이론/세계체제이론 • 인도적 국제주의 • 다자주의	• 빈곤 감소/재분배 • 인간의 기본필요 (basic human needs) • 환경, 건강, 교육 등 개도국의 기본 사회적 수요 해결	• UN이 국제개발 주도의 중심 • 1961년 OECD DAC 창설 • 주요 공여국으로서 유럽국가 부상 • 다자 공여기관 확대 World Bank, IMF	• 인프라 지원에서 농촌개발, 주거, 교육, 의료 등 기본 사회적 필요 해결
개발주의 정체와 위기 1970-1990년대 말	• 1, 2차 석유위기 • 멕시코 금융위기 • 개도국 부채위기 • 공산권 붕괴/냉전 종식 • 신자유주의적 시장 중심의 구조조정	• 신자유주의 성장과 자유무역 • 워싱턴 컨센서스 • 대처리즘/레이거니즘 • IMF/World Bank 주도 SAP • 신자유주의 비판과 원조피로	• 국제수지균형과 예산균형, 경제안정화 • 개발 잃어버린 10년 • 신자유주의적 good governance • 신자유주의적 경제개발과 빈곤 감소가 개발원조 주요 목표로 재부상	• IMF/World Bank 선진국 DAC 중심 • 시장의 역할 • 시민사회의 개발 NGOs	• IMF/World Bank 주도 구조조정 프로그램(SAP)
포스트 개발주의 1990년대 말 이후-현재	• 1990년대 말 아시아 금융위기 • 아프리카 빈곤문제 부상 • 냉전 종식 후 내전 등 국가 내 분쟁증가 • 국제테러리즘 • 기후변화와 환경문제	• 신자유주의 처방 비판 • 2005년 파리 HLF회의 선언으로 원조 효과성 논의 본격화 • 2011년 부산 HLF회의에서 개발 효과성 의제 등장	• MDGs로 사회개발 중요성 강조/Big Push • 민주주의, 젠더, 환경, 기후변화 등 경제개발 이외의 다양한 아젠다 • 2015년 SDG's 선언 • 시민사회의 역할과 정부와 시민사회 파트너십 강조	• 개발 NGO • 비DAC 공여국 등장 • 남남협력 등장 • 시민사회, 사회적 경제 강조 • 정부-시장-시민사회 파트너십	• 부채경감/채무변제/무상원조 • 인도주의 지원 급등 • Sector-wide approach, 예산지원 등 원조 효과성 제고를 위한 다양한 원조 지원 방식 • 지역단위에서 SSE를 강조하기 시작

* 한국국제협력단(2019), 앞의 보고서.

여도를 평가하는 측정 틀을 마련하였다.[47] 이에 보조를 맞추어 경제협력개발기구, 세계은행 등 많은 국제기구들이 유엔 지속가능발전목표 달성을 위한 각각의 지표를 설정하고 그 안에 '문화유산 보호', '문화유산 이해관계자 협의', '문화유산 공정 이용' 관련 조항을 담고 있다.

문화유산 공적개발원조ODA 사업은 문화유산 보존과 지원을 통해 문화다양성 확보에 기여하고, 개도국 주민들에게 자신들의 문화유산에 대한 자부심을 높임으로써 문화적 자아와 정체성을 강화한다. 관광산업과 창조산업 등으로 연결되어 빈곤퇴치, 지역발전에 크게 기여함과 동시에 외부인과 교류를 통한 교육 기회를 제공하는 등 그 성과가 확대되면서 문화유산 ODA 수요 또한 증가하고 있다. 또한 공여국 입장에서도 문화유산은 그 자체만으로도 가치가 있지만, 여러 분야를 연결하는 매개체로서 수원국 국민들이 공여국을 바라보고 이해하는 시각을 변화시킬 수 있는 원천 콘텐츠라는 점에서 문화유산 ODA를 새롭게 인식하고 있다.[48]

그간 발전과 성과

우리나라는 1991년 정부의 무상원조 전담기관으로 한국국제협력단KOICA, Korea International Cooperation Agency을 설립하여 공적개발원조 사업을 시작했고, 2010년 경제협력개발기구 개발원조위원회에 가입하여 공적개발원조 지원을 확대하고, 국제사회의 지속가능한 발전을 달성하

---

47 유네스코(2019), 『문화: 2030 지표』, 유네스코한국위원회 역.
48 장지순(2021), 앞의 논문.

기 위한 공동 노력에 동참해오고 있다.⁴⁹ 정부는 이를 위하여 국제개발협력기본법을 기반으로 장기, 중기, 연간 계획을 수립하고 집행한다. 국제개발협력 종합기본계획은 기본법에 의거 5년마다 수립하는 우리나라 국제개발협력 분야 최상위 국가종합전략이다. 그 아랫단에 우리나라 공적개발원조가 지향하는 비전과 목표 그리고 이를 달성하기 위한 정책 방향이 5년 단위 중기계획으로 수립되어 있다. 제3차 종합계획(2021~2025년)은 협력과 연대를 통한 글로벌 가치 및 상생의 국익 실현을 비전으로 설정하고, 그 이행 방안으로 지속가능개발의제 5P(사람, 평화, 번영, 지구, 파트너십)를 구체화해 글로벌 가치 실현, 수원국과 공여국의 공동번영을 위한 상생의 국익 창출, 초국경 이슈에 효과적 대응을 위한 공적개발원조 주체간 협력과 연대를 강조한다. 이를 실현하기 위한 연차별 시행계획인 '2024년 국제개발협력 종합시행계획'은 인도주의적 가치 실현, 개도국 혁신과 개발 지원, 지구촌 공존과 상호 번영, 파트너십 고도화 등을 중점 추진사항으로 설정하고 집행 점검과 현지사업 내실화 등 공적개발원조 성과 관리를 강화한다. 이러한 기반 위에 일련의 절차를 거쳐 문화유산 공적개발원조ODA 사업과 재원 규모가 결정된다.⁵⁰

문화유산 ODA 사업 역사는 길지 않다. 2013년 국가유산청이 '라오스 홍낭시다 사원 보존 복원 사업'을 시작하면서 본격화되었다.⁵¹ 물론 그 이전에 유네스코에 분담금 제공, 신탁기금 설립, 유네스코 카테

49   연혁, 한국국제협력단 홈페이지(2024.8.1.).
50   국제개발협력위원회(2024), 앞의 보고서.
51   문화유산 ODA(공적개발원조), 국가유산진흥원 홈페이지(2024.7.31. 검색).

고리Ⅱ 센터 설립·지원 등 다자성 국제개발협력 사업이 있었으나 이는 따로 구분하여 기술할 필요가 있다. 그간 우리나라 문화유산 ODA 사업은 주로 정부기관을 중심으로 한 양자 사업 방식으로 진행되었다. 국가유산청이 대표적인 시행기관 역할을 하였고, 일부 사업에 한하여 한국국제협력단이 시행기관 역할을 맡았다. 국가유산청이 발주한 대부분의 사업은 산하 조직인 국가유산진흥원이 실시기관으로 선정되었고, 일부 기록유산 보호 활동과 관련된 사업은 유네스코한국위원회가 실시기관이 되어 수행하였다. 2023년에 한국전통문화대학교가 이집트 문화유산 ODA 사업 실시기관으로 선정되고, 유네스코 카테고리Ⅱ 조직인 아태무형유산센터ICHCAP가 키르기스스탄 문화유산 ODA 사업 실시기관으로 선정되는 등 국가유산청 공적개발원조 사업에 참여하는 실시기관이 다변화되고 있다.[52] 한편 문화체육관광부는 국립아시아문화전당을 시행기관으로 하여 라오스와 키르기스스탄의 디지털 문화자원 관리 시스템 구축 사업을 수행하고 있으며, 한국국제문화교류진흥원을 문화동반자 사업 실시기관으로 선정하여 문화유산 ODA와 관련된 사업을 지원하고 있다.[53]

   이와 더불어 한국은 유네스코와 긴밀한 협력체계를 구축하고 다양한 분야에서 그 활동을 적극 지원하고 있다. 한국 정부와 유네스코 간 협약 체결로 설립된 유네스코 카테고리Ⅱ 조직을 다수 유치하고 있으며, 아태무형유산센터, 세계유산 국제해석설명센터WHIPIC, 국제기록유

---

52 국제개발협력위원회(2024), 앞의 보고서.
53 한국문화관광연구원(2023), 『2022 문화예술정책백서』.

산센터ICDH, 국제무예센터ICM 등 무형, 유형, 기록, 무예 등 전문 분야별 다자성 문화유산 ODA 사업을 수행하고 있다. 이 조직들의 예산 총액은 연간 100억 원 규모로 세계 유네스코 회원국을 대상으로 문화유산의 보호와 발전 사업을 활발하게 펼치고 있다.[54] 한국은 2024년 기준으로 유네스코에 세계 8위 수준인 480만 달러의 정규 분담금을 지불한다. 이에 더하여 중앙정부, 지자체, 공공기관 등이 신탁기금, 다자공여특별회계, 정규예산 추가 지원, 전문가 파견 및 직원 대여 등 현금 또는 현물 형식으로 지원하는 자발적 기여 역시 규모면에서 최상위 그룹 국가군에 속한다.[55] 문화유산 분야의 자발적 기여금으로 '고구려 고분군 보존 지원 사업', '미얀마 바간 사진 아카이브 보존 및 디지털화 사업', '아태지역 세계유산 보호 신탁기금', '아태지역 세계유산 담당자 정기보고 역량 강화 사업' 들이 완료되거나 진행되고 있다.[56]

경제협력개발기구 공적개발원조 규모가 늘어나는 것에 비례하여 우리나라의 공여액도 매년 증가하고 있다. 2023년도 우리나라 공적개발원조 지원 규모는 4조 7,771억 원으로, 30개 회원국 중 15위이다. 그러나 국민총소득 대비 공적개발원조 비율은 0.18%로 공여국 평균치의 절반에 그치고 있는 실정이다. 하지만 2024년도 지원 규모가 6조 2,629억 원으로 대폭 늘어났듯 최근 들어 공여액 증가율이 높아지고

---

54 문화유산 관련 유네스코 카테고리 2기관인 아태무형유산센터(ICHCP), 세계유산 국제해석설명센터(WHIPIC), 국제기록유산센터(ICDH), 국제무예센터(ICM)가 각각 소관부처인 문화재청, 행안부, 문화체육관광부·충청북도·충주시에서 교부받은 2023년 정규프로그램 예산을 합하였다.
55 UNESCO(2024), Member States' assessed contributions to UNESCO's regular budget for 2024.
56 유네스코한국위원회(2022),『대유네스코 자발적 기여 사례조사』.

연도별 공적개발원조 총액 및 국가유산청 공적개발원조 규모*

구분	2020년	2021년	2022년	2023년	2024년
ODA 예산 총액	2조 7,000억 원	3조 3,000억 원	3조 9,383억 원	4조 7,771억 원	6조 2,629억 원
유산청 ODA 예산	20.1억 원	28억 원	37억 원	49억 원	130억 원
유산청 ODA 비율	0.07%	0.08%	0.09%	0.10%	0.21%

* 국제개발협력위원회(2024), 앞의 보고서.

있다. 특히 문화 분야 공적개발원조는 대부분의 공여국가가 지원을 줄이고 있는 추세와 달리, 우리나라는 일본, 프랑스와 함께 재정지원을 꾸준히 늘리고 있다. 국가유산청의 문화유산 ODA 규모는 매년 증가하여 공적개발원조 총액 중 문화유산 분야의 규모가 2023년 전체의 0.1%인 47억 원, 2024년도 전체의 0.21%인 130억 원에 달하였다. 사업 추진 방향은 정부의 대외정책 기조 및 국제개발협력 종합기본계획 등과 부합하는 신규 사업 개발, 문화유산 디지털 사업 등 혁신적 공적개발원조, 그리고 문화유산 보존·활용으로 일자리 창출 및 경제성장 기반 조성 등 상생의 공적개발원조를 지향한다. 아울러 중점협력국 및 역사적으로 친연성이 있는 국가를 중심으로 공적개발원조 사업을 추진해 연구 성과 확보 및 역량 강화로 국익 증진과 유네스코 등 국제기구와 협력 강화를 강조하고 있다.

국가유산청이 확보한 130억 원에 더하여 유네스코 카테고리 Ⅱ 센터, 유네스코 분담금 및 자발적 기여금 중 문화유산 관련 예산 그리고 한국국제협력단 및 문화체육관광부 아시아문화전당에서 진행하는 협업 사업 예산을 포함하면, 우리나라 문화유산 ODA 사업 예산 규모는 국

2024년도 문화유산 ODA 시행/수행기관, 사업 및 예산*

기관		금액 (억, 원)	주요내용	비고
문화체육관광부		14.4		
	국립아시아문화전당	14.4	키르키스/라오스 디지털 문화자원 관리 시스템 구축	국가유산청 협업 (키르키스/라오스)
국가유산청		130		
	국가유산진흥원	58.0	우즈베크 사마르칸트권 문화관광자원개발/라오스 왓푸-홍낭시다 복원보존 자립 역량 강화 사업/파키스탄 간다라 관광자원 개발/캄보디아 앙코르와트 바칸기단부 보수정비 등	아시아문화전당 협업 (라오스 왓푸-홍낭시다)
	한국전통문화대학교	52.0	이집트 룩소르 문화유산 관광자원 개발 / 디지털 헤리티지 센터 구축	
	아태무형유산센터	16.43	키르키스 전통공예 기술 및 디지털 마케팅 역량 강화, 문화관광산업 활성화	아시아문화전당 협업 (키르키스 디지털 문화자원)
	유네스코 등 분담금	1.53	유네스코 세계유산협약 및 무형유산 협약 등 분담금	다자성 양자
	수행기관 미정	1.04	신규사업 개발 및 예비타당성 조사	
	유네스코한국위원회	1.0	유네스코 세계기록유산 과소등재국 대상 등재 지원 워크숍 개최	

제사회에서도 손꼽히는 수준이다. 따라서 지난 10여 년 동안 문화유산 ODA 사업의 범주를 박물관 건축, 세계유산 보존·복원, 문화재 관리 역량, 기술 지원 등 국가유산청과 국제협력단이 발주한 직접 사업에 한정하여 보는 시각에서 벗어나야 할 시점이다. 그 일환으로써 국가유산청을 중심으로 문화체육관광부, 외교부, 한국국제협력단 등 주요 시행기관에서 진행하는 프로젝트와 문화유산 분야 간 접점을 확대하고

기관		금액 (억, 원)	주요내용	비고
유네스코 카테고리 II 센터**		87.7		
	아태무형유산센터	27.8	아태지역 무형유산 인식 제고 및 정보 네트워킹 사업 추진	국가유산청
	국제기록유산센터	14	기록유산에 대한 인식 제고 및 역량 강화 등 사업 추진	국가기록원
	국제해석설명센터	23.8	세계유산 해석과 설명에 관한 사업 추진	국가유산청
	국제무예센터	22.1	무예 연구와 지식 공유, 세계전통무예 보존과 진흥	문체부/충북도/충주시
외교부		10.66		
	한국국제협력단 (KOICA)	7.2	캄보디아 앙코르유적 프레아피투사원, 코끼리 테라스 복원	국가유산청 협업(앙코르 바칸기단 보수)
		3.46	우즈베키스탄 디지털 문화자원 관리 시스템 구축 및 문화 콘텐츠 개발 역량 강화	국가유산청 협업(사마르칸트권 사업)
합계***		241.7		

* 국제개발협력위원회(2024), 앞의 보고서.
** 문화유산 관련분야 국내 소재 4개 유네스코 카테고리 II 기관 2023년 정규사업 예산
*** 241.7억원 + α(유네스코 분담금/자발적 기여금/코이카 연관 사업, 여타 관련 사업 예산 등)

유네스코 등 국제기구와 연계성 강화에 적극 노력할 필요가 있다

주요 사업기관 및 내용

우리나라 문화유산 공적개발원조ODA 사업의 대표적 시행기관은 예산 규모와 전문성 측면에서 국가유산청이며, 외교부 산하 한국국제협

력단 및 문화체육관광부 아시아문화전당 등이 일부 사업에서 시행기관 역할을 한다. 이를 실질적으로 이행하는 실시기관으로 국가유산진흥원, 한국전통문화대학교, 유네스코아태무형유산센터, 국립국악원, 유네스코한국위원회 및 문화유산 NGO 등이 있다. 현재까지는 문화유산 ODA 사업을 총괄하는 조직구조나 중장기 종합계획이 없으며 시행기관별로 각각의 영역에서 산발적으로 진행한다. 이러한 제약 속에서 주요 사업 기관별 관련 예산을 합산하니, 연간 240억 원 이상이 문화유산 ODA 재원으로 사용되는 것으로 나타났다.

국가유산청

국가유산청은 2024년도 주요 업무계획 중 하나를 '국가유산 분야에서 글로벌 협력 선도 및 브랜드 가치 제고'로 정하고 이를 달성하기 위한 방안으로 이집트 라메세움 신전 탑문 복원과 디지털 헤리티지 센터 구축, 세계에서 다섯 번째로 캄보디아 앙코르와트 보수 정비 사업에 한국 참여 등 ODA 확대를 부각하였다. 또한 아프리카·중남미·태평양 도서국가로 협력국 확대, 국내 민간기업 혁신기술과 재원을 활용한 시범사업, ICT·기후변화 대응 등 지원 분야를 다양화하며 문화유산 외교지평 확대를 강조했다.[57]

국가유산청은 2011년 라오스와 문화유산 분야 양국협력 협약서 체결을 시작으로, 유네스코와 아태지역 세계유산 보호 협약서, 국제문화재보존복원연구센터ICCROM와 교류약정 협약서, 미얀마 문화유산 교류

---

57 국가유산청(2024), 2024년 주요업무추진계획.

국가유산청 2024년도 ODA 예산 계획*

세부사업	내역사업	사업 유형	총 예산	24예산(억)	신규 계속	사업 기간	구분
유네스코협약 의무분담금	유네스코 세계유산 보호협약 의무분담금	기타		0.7	계속	1988-	다자성양자 (무상)
유네스코협약 의무분담금	유네스코 무형유산 보호협약 의무분담금	기타		0.7	계속	2005-	다자성양자 (무상)
세계자연보전연맹 (IUCN) 의무분담금	세계자연보전연맹 (IUCN) 의무분담금	기타		0.13	계속	2009-	다자성양자 (무상)
협력국 세계유산 보존관리	파키스탄 간다라 문화 관광자원화	프로젝트	48.0	13.0	계속	2021-2025	양자무상
협력국 세계유산 보존관리	라오스 왓푸-흥낭시다 복원/자립역량	프로젝트	59.5	19.00	계속	2021-2025	양자무상
중앙아 문화유산 보존관리	우즈베크 사마르칸트권 문화유산 관광자원화	프로젝트	47.05	14.0	계속	2022-2026	양자무상
아프리카 문화유산 보존관리	이집트 룩소르 문화 유산 관광자원화	프로젝트	92.4	28.0	계속	2023-2027	양자무상
아프리카 문화유산 보존관리	이집트 디지털헤리티지 센터 구축	프로젝트	84.0	24.0	계속	2023-2027	양자무상
중앙아시아 무형유산 보존관리	키르기스 공예 디지털 마케팅 관광 활성화	기술협력	36.0	16.43	계속	2023-2026	양자무상
협력국 세계유산 보존관리지원	캄보디아 앙코르와트 바칸 기단부 보수정비 사업	프로젝트	32.25	12.00	신규	2024-2026	양자무상
세계 기록유산 분야 역량 강화 지원	세계기록유산 과소등재국 등재 지원 워크숍	기타기술협력	1.0	1.0	신규	2024	양자무상
협력국 다각화 및 다변화 지원	신규사업 개발	기타기술협력	1.0	1.0	신규	2024	양자무상

* 국제개발협력위원회(2024), 앞의 보고서.

협력 협약서, 라오스 왓푸사원과 고대거주유적 보존 협력 협약서, 우즈베키스탄 문화유산 협력 협약서, 파키스탄 문화유산 교류 협약서, 이집트 문화유산 교류 협약서 등 매년 국제 네트워크를 확장하고 있다. 국가유산청은 문화유산 ODA 총괄기관으로서 통상 협약서 체결 이후 시행기관을 선정하고 프로젝트, 기술협력, 기타 분야별 양자무상사업 또는 다자성 양자무상원조 방식으로 사업을 진행하고 있다. 현재 '라오스, 파키스탄, 우즈베키스탄 세계유산 보존관리 지원 사업'은 국가유산진흥원, '이집트 문화유산 보존관리 지원 사업'은 한국전통문화대학교, '세계기록유산 역량 강화 사업'은 유네스코한국위원회, '키르기스스탄 무형유산 콘텐츠 개발 역량 사업'은 아태무형유산센터가 각각의 시행기관으로 선정되었다.

이 가운데 라오스 왓푸-홍낭시다 복원/자립 역량 지원 사업과 키르기스스탄 전통공예 기술 및 디지털 마케팅 역량 강화 사업은 문화체육관광부 디지털 문화자원 관리 시스템 구축 및 문화 콘텐츠 개발역량 강화 사업과 연계되어 있다. 또한 우즈베키스탄 사마르칸트권 문화유산 관광자원 개발 사업은 한국국제협력단 문화유산 디지털 통합관리 역량 강화 사업과 연계되었고, 캄보디아 앙코르와트 바칸 기단부 보수정비 사업은 한국국제협력단 앙코르유적 프레아피투 사원 및 코끼리 테라스 복원 사업과 연계되어 진행되고 있다.

국가유산진흥원

1980년 설립된 국가유산청 산하 공공기관인 국가유산진흥원의 국제협력센터는 문화유산 ODA 사업에 특화된 전문가 집단이다. 진흥원은 2010년 유네스코로부터 인가받은 무형문화유산 자문기구NGO로서 유네스코 무형유산심사기구 의장 역할을 수행한 바 있으며, 국내 유네

국가유산진흥원 문화유산 ODA 현황

사업명	대상국	기간	주요활동
라오스 왓푸-홍낭시다 유적 보존복원(국가유산청)	라오스	2014-2020 2021-2025	융복합조사연구, 진입로 구축, 초청연수, 현지인 역량 강화
캄보디아 프레아피투 사원 복원정비(Koica)	캄보디아	2015-2018	까오석 사원 테라스 보수 정비, 역량 강화, 실험실 구축
캄보디아 프레아피투/ 코끼리 테라스 복원(Koica)	캄보디아	2019-2025	정밀실측조사, 석재 상태 진단, 발굴해체조사, 복원공사
미얀마 바간 지진 피해 복구 지원 사업(Koica)	미얀마	2013-현재	박물관 인프라, 고고물리탐사팀 신설, 수장고 준공
우즈베크 박물관 역량 강화/ 환경개선(국가유산청)	우즈베키스탄	2022-2026	국가유적종합관리센터, 유적발굴/조사, 인벤토리/관광자원화
파키스탄 간다라 문화 관광자원 개발(국가유산청)	파키스탄	2021-2025	간다라문화유산연구센터, 보존처리기술교육, 디지털 기록화 교육
방글라데시 문화재 보존 관리 역량 강화(Koica)	방글라데시	2016-2018 (종료)	초청연수, 전문가 파견, 기자재 지원, 매뉴얼 제작
DR 콩고 국립박물관 운영 역량 강화 사업(Koica)	DR콩고	2017-2019 (종료)	3주 초청연수/액션플랜 전시/보관/보존전문가파견

스코 인가 NGO 협의회 운영, 무형유산 보호가치 확산을 위한 학술회의 개최 등 문화유산 ODA와 관련된 다양한 활동을 하고 있다.[58]

국가유산진흥원은 2013년 우리나라 첫 번째 문화유산 ODA 사업인 라오스 '세계유산 왓푸-홍낭시다 유적 보존 사업'을 시작으로, 캄보디아, 미얀마, 우즈베키스탄, 파키스탄, 방글라데시, DR콩고 등에서 유적 보존 및 복원, 인프라 구축, 인벤토리 작성, 기록 보존, 데이터 공유

58   문화유산 ODA(공적개발조), 국가유산진흥원 홈페이지(2024.8.1. 검색).

시스템 구축, 시설 운영, 역량 강화, 환경 개선, 관광자원 개발 등 다양한 사업을 지속적으로 수행하고 있다. 무형문화유산 영역에서도 캄보디아, 라오스, 우즈베키스탄 등에서 무형문화유산 목록 작성과 영상 기록화를 추진하여 유네스코 인류무형유산 등재 기반을 구축하고 있다.

2019년부터는 파키스탄, 캄보디아, 스리랑카, 라오스, 부탄, 몽골 등 매년 1~2개 국가의 문화유산 전문기관을 선정하여 문화재 보존처리 장비 지원, 역량 강화 프로그램 등을 실시하고 있다. 또한, 2008년부터 문화체육관광부의 문화동반자 초청 사업에 참여하여 라오스, 미얀마, 베트남, 캄보디아, 필리핀, 인도네시아, 네팔, 부탄, 방글라데시, 스리랑카, 인도, 몽골, 가나, 탄자니아, 에티오피아, 케냐, 우간다, 콜롬비아, 페루, 불가리아 등 21개국 51명의 문화유산 전문가를 초청 연수하고 국제 네트워크를 지속적으로 구축하고 있다.[59]

유네스코아태무형유산센터

유네스코아태무형유산센터ICHCAP는 아시아 태평양 48개 유네스코 회원국을 대상으로 무형문화유산의 보호와 지속가능한 발전을 지원하기 위해 유네스코와 한국 정부 간 협약에 의해 2011년 설립된 국제기구이다. 유네스코 카테고리Ⅱ 기관이자 국내법상 국가유산청 산하 특수법인이다.[60] 국내에는 여러 유네스코 카테고리Ⅱ 기관이 있으며, 그중 문화체육관광부 산하 국제무예센터ICM(2016년 설립), 국가기록원

---

59 한국문화관광연구원(2023), 『2022 문화예술정책백서』.
60 유네스코아태무형유산센터 홈페이지(www.unesco-ichcap.org)(2024.8.1. 검색).

산하 국제기록유산센터ICDH(2020년 설립), 국가유산청 산하 세계유산 국제해석설명센터WHIPIC(2021년 설립) 등이 유네스코 문화유산(세계, 무형, 기록유산) 사업을 직접 수행하는 조직으로 볼 수 있다.

아태무형유산센터는 아시아 태평양 지역에서 유네스코 무형문화유산의 보호를 위한 협약을 장려하고 이행하며, 무형문화유산 존중과 인식 제고, 무형유산 보호 역량 강화, 무형문화유산 보호를 위한 지역적·국제적 협력 촉진 등을 주목적으로 한다. 주요 업무로는 무형문화유산 데이터베이스 구축, 정보와 데이터 활용 생산 및 출판, 지적재산권 보호 촉진, 네트워크 구축 등이 있다.

아태무형유산센터는 유네스코를 통한 다자성 문화유산 ODA 사업의 대표적 기구로, 2011~2021년 동안 310억 원을 아태지역 무형문화유산의 보호와 발전에 사용하였다. 이 기간 동안 문서, 사진, 음원, 영상 등 13만 건의 무형문화유산 정보를 수집하고, 전문가, NGO, 공동체, 정부기관, 학계 등 2,000명의 이해관계자 네트워크를 구성하였다. 주요 사업으로는 정보공유체계 활성화 영역에서 무형유산 영상 제작, 시청각 자료 보존을 위한 무형문화유산 디지털화 지원, 국가별 무형문화유산 현황 조사, 정보공유플랫폼IchLinks 구축 사업이 있다. 네트워크 다변화 및 강화 영역에서는 중앙아시아, 동남아시아, 동북아시아, 남아시아, 태평양 소지역 네트워크, 교육기관, 고등교육기관, 무형유산학교, 공동체 및 NGO 네트워크, 문화동반자 사업 등이 있다. 가시성 증진 및 인식 제고를 위해 ICH꾸리에, ICH Plus, 도서 제작, 리빙헤리티지 시리즈, 영상전, 전시회, 공모전, 협약 해설집, 역량 강화, 협력 종합성과 평가체제 등이 있다.

문화유산 공적개발원조 관련 국내 유네스코 카테고리 II 기관

국제기록유산센터(ICDH, 청주) 기록유산 모니터링 지원, 보존·활용 역량 강화, 정보 허브 네트워크 구축, 교육 및 활용 콘텐츠 개발 등. 국가기록원 예산 2023년 14억원

세계유산 국제해석설명센터(WHIPIC, 세종) 세계유산의 다양한 가치와 의미를 발굴, 대중과 공유, 문화간 화해를 도모, 지속가능한 발전에 기여 등. 문화재청 예산 2023년 23.8억 원

국제무예센터(ICM, 충주) 무예 연구와 지식 공유, 선진국-개도국 협력 증진, 무예 정보 처리, 세계전통무예 보존과 진흥 등. 문체부-충북도-충주시 예산 2023년 23.3억 원

아태무형유산센터의 연간 평균 30억 원 규모의 재원은 국가유산청이 유네스코와 협약을 맺고 한국 정부의 예산으로 유네스코 사업을 수행하기 때문에 유네스코 신탁기금 또는 자발적 기여금과 같이 우리나라 문화유산 ODA 사업 예산 통계에 반영할 필요가 있다.

2023년 국가유산청 ODA 사업인 '키르기스스탄 전통공예 기술 디지털 마케팅 및 문화관광 활성화 사업'을 아태무형유산센터가 수탁받아 진행 중인데, 해당 사업 예산은 국가유산진흥원, 한국전통문화대학교 등이 국가유산청에서 수탁받은 사업 예산과 동일한 성격의 재원이라는 점에서 이중 계산을 막기 위해 국가유산청 ODA 사업 예산으로 산정하면 된다. 세계유산 국제해석설명센터(23억 원), 국제기록유산센터(14억 원), 국제무예센터(23.3억 원) 모두 아태무형유산센터와 마찬가

지로 유형, 무형, 기록 등 문화유산 분야에 전문화된 유네스코 카테고리Ⅱ기관이다. 따라서 2023년 기준 4개의 카테고리Ⅱ기관 연간 예산 총액 약 100억 원은 우리나라 문화유산 ODA 재원 규모에 포함시켜 산정하는 것이 합리적이다.

한국전통문화대학교 / 국가문화유산연구원

한국전통문화대학교는 2023년 산학 협력단 산하에 공적개발원조 사업단을 설립하고, 국가유산청이 추진하는 '이집트 문화유산 보존·관리 지원 사업'의 위탁사업자로 선정되었다. 이 사업은 2023년부터 2027년까지 진행되며, '이집트 룩소르의 지속가능한 문화유산 관광자원 개발 역량 강화 사업'에 92.4억 원, '이집트 디지털 헤리티지 센터 구축 지원 사업'에 84억 원 등 총사업비 176.4억 원을 투입한다. 주요 활동은 룩소르 문화유산 관광자원 개선, 라메세움 신전 탑문 복원 및 정리, 문화유산 보존 관리 활용 역량 강화, 디지털 헤리티지 센터 구축, 디지털 기록 전문가 양성, 이집트 주요 박물관·연구소 6곳의 소장 유물 디지털 기록 및 데이터베이스 구축 등이다.[61]

국가유산청 소속기관인 국가문화유산연구원은 자체 국제 연수 프로그램으로 '아시아권 문화재 보존과학 국제협력ACPCS' 사업을 수립하여 아시아 저개발국을 대상으로 보존과학 분야 지식 및 기술을 제공하고 인적 네트워크를 구축한다. 이 프로그램은 3개월 단기 연수 프로그램으로, 2005년 스리랑카에서 2명이 수료한 것을 시작으로 연 2회,

---

61 한국전통문화대학교 산학협력단(https://knuh.ac.kr/knuheia/main.do)(2024.8.1. 검색).

회당 10명씩 연수를 받았다. 고고학, 건축문화유산, 미술문화유산 분야로 확대되어 2015년까지 19개국 83명의 아시아 지역 문화유산 분야 인력풀을 형성하였다. 2013년부터는 현지로 인력을 파견하는 기술교육 과정을 신설하여, 수원국이 요청하는 재질의 보존처리 실습교육 등 초청연수와 현지 기술교육을 병행하여 현지인이 직접 보존처리를 할 수 있도록 역량 강화 프로그램을 운영하고 있다.[62]

문화체육관광부 국립아시아문화전당

문화체육관광부는 개도국 문화자원 역량 강화 사업, 지속가능 관광 발전 지원 사업, 해외 작은 도서관 조성 사업, 개도국 스포츠 발전 지원 사업, 아시아 예술인력 양성 사업, 세계지식재산권기구 신탁기금, 유네스코 협력 사업, 문화동반자 사업 등 문화·스포츠·관광 등 다양한 분야에서 문화 ODA 사업을 하고 있다. 이 가운데 문화동반자 사업 일부로 진행되는 문화유산 전문가 초청연수 사업, 국립아시아문화전당에서 진행하는 미얀마, 라오스, 키르기스스탄 역사박물관 및 국립미술관 등에 소장된 문화자원 디지털 관리 시스템 구축, 디지털 아카이빙, 역량 강화 지원 사업 및 키르기스스탄과 라오스에서 진행 중인 아시아 문화 역량 강화 지원 사업 등은 대표적인 문화유산 ODA 사업에 속한다.[63]

---

62   유재은(2016), 앞의 논문.
63   국제교류 소개, 국립아시아문화전당 홈페이지(2024.8.1. 검색).

문화체육관광부의 ODA 사업 중 문화유산 관련 사업*

세부사업명	사업 내역	사업 유형	총예산 (억)	24예산(억)	신규 계속	사업 기간	구분
아시아 문화 역량 강화 지원	키르기스 디지털 문화자원 관리 시스템 구축(디지털 아카이빙 교육) 및 문화 콘텐츠 개발 역량 강화 사업	프로젝트	30.00	7.2	계속	22-25	양자 무상
아시아 문화 역량 강화 지원	라오스 디지털 문화자원 관리 시스템 구축(디지털 아카이빙 교육) 및 문화 콘텐츠 개발 역량 강화 사업	프로젝트	30.00	7.2	계속	22-25	양자 무상
개도국 문화자원 역량 강화	문화동반자 사업(문화행정가)**	연수 사업	2.58	2.58	신규	2023	양자 무상
개도국 문화자원 역량 강화	문화동반자 사업(문화전문가)*	연수 사업	4.51	4.51	신규	2023	양자 무상

* 국제개발협력위원회(2024), 앞의 보고서.
** 2019년까지 문화체육관광부는 문화동반자 연수기관에 국가유산청 소관 아태무형유산센터, 국가유산진흥원을 포함시켜 문화유산 전문가 초청 지원하였으나, 이후 문화체육관광부 산하 조직을 중심으로 연수기관 선정·운영하였음.

한국국제협력단

현행 국제개발협력 종합시행계획에 따르면 문화 분야는 독립 영역으로 분류되지 않고 기타 분야의 범분야 이슈로 관리되고 있다. 그러나 한국국제협력단KOICA은 문화유산 ODA 사업을 국가유산청에서 본격적으로 시행하기 이전부터 여타 개발사업과 연계하여 문화유산 보존 및 관리, 문화역사 디지털 정보화, 영상 제작 초청연수 등 다양한 문화유산 ODA 사업을 진행해왔다.

2000년대 초반부터 한국국제협력단은 캄보디아 시엠립 유적 훼손 방지 및 관광객 편의를 제공하기 위한 우회도로 건설·포장·연장 사업

(2005~2012년), 유산 기록관리 체계 및 운영 노하우 전수를 위한 초청 연수(2012년), 이집트 문화유산청 유물 전산화 사업(2007~2009년), 콜롬비아 박물관 역사자료 전산화 사업(2009~2012년) 등을 다수 진행했다. 이러한 사업에 최근 국가유산진흥원이 참여하기 시작하였다. 국가유산진흥원은 방글라데시 문화재 보존 관리 역량 강화 사업(2016~2018년), DR콩고 국립박물관 운영 역량 강화 사업(2017~2019년), 캄보디아 프레아피투 사원 복원 및 정비 사업(2015~2018년), 캄보디아 프레아피투 사원 코끼리 테라스 복원 사업(2019~2025년), 미얀마 바간 박물관 지진 피해 복구 지원 사업(2013~) 등에서 성과를 내고 있다.[64] 이 외에도 국제개발협력 종합시행계획을 살펴보면 캄보디아 뚜슬랭 박물관 유적관리 사업, 마다가스카르 세계문화유산 관리 사업, 베트남 후에 스마트시티 사업 등 문화유산 ODA와 밀접한 사업들이 한국국제협력단 사업으로 다수 수행되고 있다. 따라서 범분야 이슈라는 문화 영역의 특성에 착안하여 시행기관별 사업 간 연계성을 강화하기 위해 국가유산진흥원, 한국전통문화대학교, 아시아문화전당, 유네스코 카테고리 Ⅱ 기관 등 문화유산 ODA 전문조직들의 참여와 협업을 확대할 방안을 적극적으로 모색하고 추진해야 한다.

---

64 문화유산 ODA(공적개발원조), 국가유산진흥원 홈페이지(2024.8.1. 검색).

문화유산 공적개발원조 발전 방안

문화유산과 관광산업

문화유산은 각국의 역사적, 예술적, 과학적, 인류학적 가치를 지닌 중요한 자산이다. 이러한 문화유산을 보호하고 보존하는 일은 국제 공적개발원조ODA 사업의 핵심적인 요소로, 특히 관광산업과 연계될 때 경제적, 사회적, 환경적 지속가능성을 높일 수 있다. 세계여행관광협의회WTTC에 따르면 2019년 관광산업이 세계 GDP의 10.4%를 차지하며, 고용 기여도는 10.1%에 달했다. 하지만 2020년 코로나19 확산으로 세계 관광산업은 전년 대비 관광객 수가 14.6억 명에서 4억 명으로 72.3% 감소하는 위기를 겪었다. 전문가들은 2024년에 코로나19 이전 수준으로 회복할 것으로 전망한다.[65]

관광산업은 세계 경제에서 차지하는 비중이 크지만, 특정 상품을 생산하는 산업이 아니라 외국 시민들이 다양한 이유로 자국의 관광자원을 이용하기 위해 방문하는 행위라는 산업 특성을 지닌다. 따라서 저개발국의 관광개발을 선진국이 크게 반대할 이유가 없는 무역 장벽이 낮은 분야이다. 또한, 관광산업은 전후방으로 산업 연계가 커 연관된 산업의 발전 다시 말해 저개발국 발전과 긴밀히 연관된다.[66] 중산층이 성장하면서 박물관이나 문화유산에 대한 관심이 증가하고, 다양

---

[65] Economic Impact Research, World Travel & Tourism Council 홈페이지(2024.8.1. 검색).
[66] 김석우(2021), 「관광과 국제개발협력」, 『국제개발협력』, 제13권 1호.

한 문화를 체험하거나 학습하려는 관광객의 욕구도 커지고 있다. 유엔관광기구는 문화유산 관광에 대한 수요가 늘어나면서 문화유산을 활용한 관광산업이 소득 증대와 고용 창출에 지속적으로 기여하며, 지역 환경 보호, 문화재 및 관광자원 보호, 지역 주민 참여, 노동의 권리와 소득 보호, 이익의 공정한 분배, 좋은 거버넌스 확립 등 유엔 지속가능 발전목표를 달성하는 데 중요한 역할을 한다고 강조했다. 유엔관광기구는 「관광과 무형문화유산 가이드북」을 출판하는 등 문화유산을 기반으로 한 지속가능한 관광 발전에 많은 관심을 보였다.[67]

유네스코 역시 지역사회가 세계유산의 보편적 가치를 인식하고, 문화유산의 진정성과 완전성을 유지하며 지속가능한 관광자원으로 활용할 수 있도록 돕기 위해, 문제 이해부터 전략 수립, 거버넌스 구축, 공동체 참여 촉진, 인프라 구축, 가치 창출, 투자와 모니터링에 이르는 연속된 프로세스를 고안했다. 이러한 노력을 바탕으로 10개의 단계별 모범사례를 수집한 「유네스코 세계유산 지속가능한 관광 교육자료」를 출판하였다.[68] 유엔관광기구와 유네스코의 다양한 지침과 교육자료는 이러한 노력을 구체화하는 데 중요한 역할을 하고 있다. 이를 통해 국제사회는 문화유산을 보호하고 지속가능한 방식으로 활용하여 전 세계적으로 균형 잡힌 발전을 도모할 수 있다.

세계통계포털 World Data Atlas에 따르면, COVID-19 발생 이전인 2019년 기준으로 각국 국민총생산 대비 관광산업의 기여 비율이 높은 나

---

67 UN Tourism(2012), Study on tourism and intangible Cultural Heritage.
68 유네스코(2018), 「유네스코 세계유산 지속가능한 관광 교육자료」, 유네스코한국위원회 역.

유네스코 세계유산 지속가능한 관광 교육자료 주요 내용

단계	주제	대표 관광지
1. Understanding	목적지 관광의 이해	필리핀 역사도시 비간
2. Strategy	발전적인 변화를 위한 전략개발	캄보디아 앙코르와트, 튀니지 이츠케울 국립공원
3. Governance	효과적인 거버넌스 개발	말레이시아 믈라카와 조지타운
4. Engagement	지역사회와 기업 참여	영국 에이브베리, 에딘버러 신구 시가지 등
5. Communication	방문객과 소통	호주 그레이트 배리어 리프 등
6. Infrastructure	관광 인프라 개발 관리	영국 콘월과 데번 광산 전경
7. Value	상품, 경험, 서비스로 가치 부가	노르웨이 뢰로스 광산 도시와 주변
8. Behavior	방문객 행동관리	이집트 와디 알 히탄
9. Engagement	자금 및 투자의 확보	오만 프랑킨센스 유적
10. Monitoring	지속가능한 관광 성공 모니터링	-

라는 캄보디아(32.7%), 알바니아(27.0%), 필리핀(24.4%), 레바논(20.0%), 이집트(11.9%), 탄자니아(11.6%) 등으로 나타났다. 특히 마카오(72.2%), 몰디브(66.7%), 세이셸(64.9%), 그라나다(56.9%), 바누아투(47.7%) 등 인구와 경제 규모는 작으나 관광자원이 풍부한 섬나라들은 관광수입이 국가경제에 절대적인 영향을 미치고 있다. 이들 대부분은 공적개발원조 사업이 필요한 저개발국가이다.[69]

문화유산을 활용한 관광산업은 수원국의 빈곤퇴치, 일자리 조성, 지역개발 등 지속가능한 발전에 적합한 분야이다. 그러나 관광을 통한 이

---

69 김석우(2021), 앞의 논문.

익이 초기자본을 투자한 선진국 기업에 편중되고, 저개발국에는 사회적, 경제적, 환경적 비용만 전가될 우려가 있다. 따라서 관광개발 딜레마를 최소화하기 위한 충분한 사전 대비 조치가 필요하다. 예를 들어, 대규모 패키지 투어로 인한 다국적 기업에 편중된 이익 배분, 현지 재료가 아닌 수입품 의존, 기후변화 및 안보 불안 등 외부 요인에 취약한 구조, 무분별한 관광개발로 인한 전통문화 훼손 및 사회적·생태적 갈등 야기 등의 문제를 사전에 충분히 고려하고 대책을 마련해야 한다.

문화유산을 기반으로 한 관광자원 개발 사업은 국내에서도 다양하게 진행되고 있다. 문화재는 관광자원 중 가장 중요한 자원의 하나로, 상당수의 관광지가 문화재를 포함하고 있어 관광지 개발 사업에서 상호보완적인 관계를 지닌다. 국가유산청은 '문화재 활용이 곧 문화재 보존의 근본 방도'라는 정책 방향 아래, 지역에 소재한 각종 문화재를 활용한 문화유산 관광 사업이나 프로그램을 적극적으로 개발하고 있다.[70]

생생문화재 사업, 문화재 야행 사업, 전통 산사 문화재 활용 사업, 문화유산 방문 캠페인, 세계유산 축전 사업, 세계유산 미디어아트 사업, 궁중문화 축전, 수문장 교대 의식 및 입직 근무 관광상품 개발, 무형문화재 공예관광상품 공모전 등 다양한 사례들이 있다. 특히 템플스테이 프로그램은 2009년 경제개발협력기구로부터 한국문화를 대표하는 세계적 관광상품으로 선정되기도 했다. 이 프로그램은 우리나라 사람들뿐 아니라 한국을 찾아온 외국 관광객들로부터도 높은 평가를 받고

---

70   문화체육관광부(2023), 『2022 관광동향에 관한 연차보고서』.

있으며, 검증된 문화관광 프로그램이다. 이를 수원국에서 쉽게 벤치마 킹하고 현지 사정에 맞게 변형하여 활용할 수 있도록, 콘텐츠 개발, 기술 지원, 운영 인력 연수 교육, 노하우 전수 등의 방안을 적극 추진할 필요가 있다.

이처럼 문화유산 공적개발원조ODA와 관광산업은 상호보완적인 관계를 유지하며, 지역사회의 경제 발전과 지속가능한 발전을 동시에 달성할 수 있는 중요한 전략이다. 국가유산청은 이러한 전략을 바탕으로, 문화유산을 활용한 관광산업의 발전을 지속적으로 추진해야 하며, 이를 통해 한국의 문화유산을 전 세계에 알리고 글로벌 시장에서 경쟁력을 강화하는 데 노력해야 한다.

문화유산과 창조산업

유엔무역개발회의UNCTAD는 창조산업을 예술적 성향이 강한 활동뿐만 아니라 지식 재산을 활용하여 가능한 많은 시장에 상징물을 생산하는 모든 경제활동으로 정의하였다. 창조산업을 특성에 따라 유산, 예술, 미디어, 기능적 창조물 등 네 가지 그룹으로 구분하며, 이 중 유산 그룹은 모든 예술의 근원이자 문화와 창조산업의 핵심으로서 전통적인 문화적 표현과 문화적 현장을 포함한다. 현대사회에서 문화유산의 가치는 고부가가치 창출의 원천자원으로서 중요한 역할을 한다. 유엔무역개발회의는 창조산업의 범주를 확장하여, 단순히 소득 창출, 고용 창출, 수출 확대에 기여하는 것에 그치지 않고, 사회 통합, 문화다양성, 인간 개발을 동시에 증진하는 중요한 개념으로 확장하고 있다. 창조산업은 경제, 문화, 사회를 아우르며 기술, 지식, 재산 및 관광 영역과 상호작용하여 현대사회의 다양한 측면에서 중요한 역할을 수행하고, 지속가능한 발전을 위한 핵심 요소로 자리매김하고 있음을 강조하였다.[71]

창조산업이라는 용어는 그 역사가 길지 않다. 1994년 호주에서 발행된 '창조국가Creative Nations' 보고서에서 유래하였으며, 이후 영국 문화미디어스포츠부에서 창조산업 전담조직을 구성하면서 널리 확산되었다. 하지만 현재까지 창조산업에 대한 통일된 정의와 범주가 명확히 정립되지 않아, 많은 국가와 단체들이 다양한 산업을 창조산업에 포함시키고자 한다. 이러한 상황에서 유엔무역개발회의의 창조산업 정의와 개념적 연관성을 고려할 때, 우리나라의 경우는 콘텐츠산업이 이에 가장 가까운 산업 영역이라 할 수 있다. 현재 우리나라 콘텐츠산업은 대표적인 영역으로 출판, 만화, 음악, 영화, 게임, 애니메이션, 방송, 광고, 캐릭터, 지식정보, 콘텐츠 솔루션을 포함한다. 전 세계 콘텐츠산업의 시장 규모는 2023년 기준으로 약 2조 7,464억 달러에 달하며, 2020년부터 2025년까지 이 분야의 연평균 성장률은 4.77%로 예상된다. 한국은 콘텐츠산업 매출액 기준으로 미국, 중국, 일본, 독일, 영국, 프랑스에 이어 세계 7위의 국가이다. 통계에 따르면, 2016년부터 코로나19 발발 초기인 2020년까지 우리나라 콘텐츠산업은 연평균 4.9%의 성장률을 기록했으며, 2020년 매출액은 128조 2,870억 원에 달했다.[72]

71　UNCTAD · UNDP(2013), 『UNCTAD 창조경제보고서 2010』, 기획재정부 역.
72　한국콘텐츠진흥원(2024), 『2022년 콘텐츠산업백서』.

콘텐츠산업, 즉 창조산업은 오랫동안 선진국 중심으로 발전해왔으며, 개발도상국은 그 중요성을 상대적으로 늦게 인식하였다. 과거 산업경제 시대에는 문화유산이 경제 발전의 저해요인으로 여겨졌으나, 지식경제 시대에 들어서면서 비로소 정보와 지식의 보고로서 그 가치를 인정받기 시작했다. 이는 문화유산이 단순히 보존해야 할 대상이 아니라, 창조산업과 연계되어 경제적 가치를 창출하고, 사회적 통합과 문화적 다양성을 증진시키는 중요한 자원으로 인식되게 된 계기였다. 유네스코는 2005년 인디아 조드푸르에서 '경제발전에서 문화산업의 역할'을 주제로 국제회의를 개최하고, 문화를 통한 빈곤 완화와 경제 역량 강화 방안을 논의하였다. 회의 과정에서 아시아 국가들의 다양한 데이터가 수집되고 산업 발전을 위한 여러 전략이 도출되었고, 지역의 예술과 문화 활동의 중요성이 강조되었다. 이렇게 시작된 '조드푸르 이니셔티브Jodhpur Initiative'는 선진국과 개발도상국 모두, 문화산업이 경제와 문화 발전에 공로를 세웠음을 인정한 〈2005 유네스코 문화다양성의 보호 및 증진 협약〉으로 발전하였다.[73] 이와 관련 2009년 유네스코 통계연구소는 문화 영역에 대한 국제 표준 정의와 범주하에 비교 가능한 데이터를 생산한다는 목표로 '2009 문화통계 유네스코 프레임워크'를 발표하였다. 우선 문화 영역을 문화유산·자연유산, 공연·행사, 시각예술·공예, 도서·출판, 시청각·대화형 미디어, 디자인·창조 서비스 등 7개 영역으로 나누고, 관광, 스포츠·여가는 관련 영역으로 구분하였다. 모든 영역에 공통적으로 무형문화유산이 자리 잡고 있으며, 교육·

---

73 UNESCO(2008), The Jodhpur Initiatives: a Strategy for the 21st Century.

문화통계 영역의 구조와 문화창의산업의 범주*

문화 영역						관련분야	
문화유산 자연유산	공연 행사	시각예술 공예	도서 출판	시청각 대화형 미디어	디자인 창조 서비스	관광	스포츠 여가
박물관 고고유적 역사유적 문화경관 자연유산	공연예술 음악 축제 박람회 전시회	미술품 사진 공예품	책 신문잡지 인쇄물 도서관 도서 전시회	영화, 비디오 TV 라디오 인터넷방송 인터넷 팟 캐스팅 비디오 게임 온라인게임	패션디자인 그래픽디자인 인테리어 경관디자인 건축 서비스 광고 서비스	전세여행 관광서비스 접대 숙박시설	스포츠 몸관리 테마파크 도박
↑↓	↑↓	↑↓	↑↓	↑↓	↑↓	↑↓	↑↓
무형문화유산(이야기 전승 및 표현, 의례, 언어, 사회 관습)						무형문화유산	
교육, 훈련						교육, 훈련	
기록, 보존						기록, 보존	
장비, 보조자료						장비, 보조자료	

* 장호수(2015), 「문화창의산업에서 문화유산의 가치와 활성화 방안」, 『문화재』, 제48집, 2호.

훈련, 기록·보존, 장비·보조자료 등 문화 생산에서 소비까지 전 과정을 포함한다.[74]

2018년 평창동계올림픽 개막식에서 많은 사람들이 가장 기억에 남는 장면으로 고구려 고분벽화에서 모티브를 찾은 '인면조'를 꼽았다. 또한, 2021년 넷플릭스의 '오징어 게임'은 전 세계 시청률 1위를 기록하며, 300억 원의 제작비로 1조 원 이상의 수익을 올리는 대성공을 거두었다. 이와 더불어 구찌의 서울 매장에서는 돼지머리가 올라간 한

---

[74] UNESCO 통계국(2009), 『The 2009 UNESCO Framework for Cultural Statistics』.

국 전통 고사상을 디지털로 재현하여 큰 주목을 받았다. 이처럼 문화유산이 원천 소스로 활용되어 공연, 드라마, 웹툰, 캐릭터, 명품 브랜드와의 협업 등 다양한 콘텐츠로 융복합되면서 고부가가치를 창출하고 있다.

문화유산 ODA 사업은 도시화, 산업화, 기후변화로 인해 망실 위험에 처한 개발도상국의 문화유산을 보호하고 데이터베이스를 구축하여, 이를 세계적 경쟁력을 지닌 한국의 콘텐츠산업과 연결시키는 중요한 역할을 한다. 이를 통해 수원국은 문화유산 보호와 창조산업 발전에 필요한 자원과 기술, 인적자원을 확보할 수 있다. 이러한 지원을 통해 개발도상국은 문화유산을 효과적으로 보존할 수 있게 되며, 한국은 다양한 원천 콘텐츠를 확보하여 글로벌 시장에 동반 진출하는 기반을 마련할 수 있다. 공여국과 수원국이 협력하여 문화유산을 보호하고 이를 기반으로 창조산업을 발전시키는 것은 양국 모두에게 윈-윈 효과를 제공하며, 장기적으로는 지속가능한 발전을 이루는 데 기여할 것이다. 이와 같은 문화유산 ODA 사업은 단순히 경제적 이익을 넘어, 문화적 다양성을 증진하고, 사회적 통합을 촉진하는 중요한 역할을 한다. 또한, 이러한 노력을 통해 문화유산의 가치를 재발견하고, 이를 현대적으로 재해석하여 새로운 경제적 가치를 창출하는 데 기여할 수 있다. 한국은 이러한 성공 사례를 바탕으로 더욱 많은 국가들과 협력하여, 글로벌 문화유산 보존과 창조산업 발전을 위한 노력을 지속적으로 강화해야 한다.

문화유산 공적개발원조 발전 방향

문화유산 공적개발원조 협의체(가칭) 설립

우리나라는 문화유산 공적개발원조ODA의 역사가 길지는 않으나 정부가 의지를 가지고 지속적으로 재원을 확충하고 시행 및 수행기관이 효율적으로 사업을 추진하여, 다수 국가에서 문화유산의 보호와 활용 및 지역사회 발전에 기여하고 있다. 이에 경제개발협력기구, 유네스코 등 국제사회에서 ODA 모범국가로 평가받고 있을 뿐 아니라 많은 개발도상국가로부터 발전 경험을 우선적으로 전수받고 싶은 나라로 꼽히고 있다. 이런 성과를 바탕으로 최근 1~2년 사이에 문화유산 ODA 재원 규모와 참여기관 수가 급격히 늘어났다. 앞에서 살펴본 바와 같이 그간에는 국가유산청이 발주하는 ODA 사업 대부분은 국가유산진흥원이 수탁받았다. 하지만 근래 들어 예산이 크게 늘었고 한국전통문화대학교, 아태무형유산센터 등이 수행기관으로 신규 진입하는 등 사업 환경이 경쟁체계로 변화하고 있다. 각 기관의 입장에서는 사업 수주 여부가 조직 예산 및 인력 고용에 영향을 미치기에 기관의 능력과 전문성 여부와 무관하게 일단 수주하고 보자는 식으로 참여하여 경쟁과 갈등을 야기할 수도 있다. 조직 이기주의로 벽을 쌓고 배타적인 행태를 보이지 않도록 주의해야 한다. 서로 전문 영역을 존중하고 협업하면서 시너지 효과를 높일 수 있는 방안을 사전에 준비해야 한다. 그러기 위해서는 현재 여러 조직에서 산발적으로 진행되고 있는 문화유산 ODA 사업을 총괄하고 체계적으로 관리할 시스템을 구축하는 것이 시급하다. 프랑스의 협력과 문화행동 네트워크, 스페인의 개발과 협력 프로그램, 일본의 문화유산국제협력 컨소시엄 등의 사례를 벤치마킹할 필요가 있다.

국가유산청을 중심으로 정부, 공공기관의 문화유산 ODA 사업 조직이 참여하는 '(가칭)문화유산 공적개발원조 협의체' 설립을 추진하자. 국가유산청이 협의체의 컨트롤타워로 세 단계로 진행한다.

첫 단계로 현재 국가유산청 내에서 ODA 사업을 총괄하는 유산정책국이 주도권을 발휘하여 국가유산청 산하 내부조직인 국가유산진흥원, 한국전통문화대학교, 국립문화유산연구원, 무형유산원, 유네스코아태무형유산센터, 유네스코 세계유산 국제해석설명센터를 협의체 구성원으로 묶는다. 국가유산청은 자체 조직만 연결해도 연구개발, 콘텐츠 제작, 전시, 초청연수, 교육, 유네스코 네트워크 등 문화유산 ODA 사업에 필요한 대부분의 영역을 역할 분담으로 충분히 시너지 효과를 거둘 수 있는 역량이 구축되어 있다.

다음 단계로 외연 넓히기에 나선다. 첫 단계에서 도출된 성과와 성공 경험을 바탕으로 문화체육관광부 소관 아시아문화전당, 국립국악원, 유네스코 국제무예센터, 행정안전부 국가기록원 소관 유네스코국제기록유산센터, 교육부 소관 유네스코한국위원회 등 외부 유관기관들의 참여를 확보한다. 참여 대상기관들이 각각 문화체육관광부, 행정안전부, 교육부 소관 기관이라는 점에 유의하여 사전에 해당 부처와 충분히 소통하고 협업해야 한다.

세 번째 단계로 국무총리실 국제개발협력위원회, 기획재정부 수출입은행, 외교부 국제협력단 등 우리나라 유·무상 ODA 최고결정기관으로부터 문화유산 분야에 특화된 협의체로 대표성을 인정받고 대화

채널을 구축하는 방안을 모색한다. 협의체 운영이 안정적으로 정착될 수 있도록 해당 내용을 국가유산법 등 관련 법령에 명시하거나, 국제개발협력기본법 시행령에 따라 구성되는 개발협력전략회의 위원으로 참여하여 4차기본계획(2026~2030년) 수립 및 연차별 종합시행계획 수립에 의견을 반영할 수 있도록 적극 노력해야 한다.

전문인력 확충 및 시스템 구축

국가유산청 ODA 사업을 살펴보면 협력 대상국가가 기존 라오스, 캄보디아, 파키스탄 등 동남아시아, 서아시아 지역을 벗어나 중앙아시아 키르기스스탄, 우즈베키스탄, 아프리카 이집트 등으로 다변화되고 있다. 이에 더하여 기후변화, 안전방재 등 글로벌 위기 대응을 위한 협력 사업이 신규로 개발되고 중남미 페루, 태평양 도서국가 등으로 그 범위가 계속 늘어나고 있다.[75] 따라서 이에 필요한 재원으로 2024년도 130억 원이 책정되어, 국가유산청은 교육부, 복지부, 해수부, 국토부, 중기부, 관세청, 문체부와 함께 국제개발협력 평가지침에 의거, ODA 시행기관 중 연간 100억 원 이상을 사용하는 상위 규모 평가대상 그룹에 속하게 되었다. 상위 규모 평가대상 그룹은 연 최소 2건, 연간 사업 수 또는 사업 규모의 10%를 최소 평가 건수로 산정하여 기관 자체평가, 국제개발협력위원회 평가를 받아야 한다.[76]

이는 단순히 평가 횟수가 늘어났다는 것 이상이다. 자체평가 지침을

---

[75] 국가유산청(2024), 같은 보고서.
[76] 국제개발협력위원회(2023), 「국제개발협력평가메뉴얼」.

마련할 때 염두에 두어야 할 사항으로 유엔 지속가능발전목표의 이행이 담보되어야 한다. 유네스코가 개발한 '문화지표 2030', 세계은행이 도입한 '환경 및 사회지표ESSs'와 같이 ODA의 패러다임의 변화, 즉 수원국과 공여국의 상호 책임성이 반영되어야 한다. 구체적으로 문화유산 보존과 교육에 더하여 일자리와 경제, 지속가능한 관광, 생산과 소비, 글로벌 파트너십 등이 평가요소에 포함되어야 한다. 성과지표, 목표치, 기대효과에 단순히 복원과 기술전수 이상의 가치를 담아내어야 한다. ODA 사업의 핵심가치 하나가 지역민 일자리 창출로 실제 삶의 질 개선에 기여한다. 산업생태계에서 부가가치 창출 기회가 가장 많은 관광산업과 창조산업의 원천 소스로서 문화유산 콘텐츠의 가치를 강조할 필요가 있다.

현재 국가유산청 내 문화유산 ODA 사업은 국외유산협력과가 총괄하고 순환보직 원칙에 따라 보임된 일반행정직 사무관과 주무관 두 명이 담당한다. 그러나 ODA 사업 환경이 급변하고 성과평가의 중요성이 날로 커지는 상황을 감안할 때 기존 인력구조로는 이를 감당하기 어렵다. 또한 국가유산청이 컨트롤 타워 역할을 하게 될 '(가칭)문화유산 공적개발원조 협의체' 운영 지원 등을 감안할 때, 공적개발원조, 지역학, 성과평가 등 분야별 전문인력 충원 방법을 구비하고, 조직 내 흩어져 있는 유관 기능을 통폐합하여 이들이 전문성을 높이고 안정적으로 커리어 개발을 할 수 있도록 팀 또는 과 단위 조직 신설이 요구된다. 이를 기반으로 문화유산 보호, 활용, 개발원조, 국제기구, 콘텐츠산업, 관광산업, 데이터 큐레이팅 등 각 영역에서 활동하는 국내외 전문가로 구성된 인재풀을 마련하고 정책개발, 사업 발굴, 자문, 평가, 모니터링 등 문화유산 ODA 분야의 권위 있는 전문 싱크탱크로 육성 계획을 세운다.

지속가능한 상생형 모델 개발

빈곤퇴치, 인권, 자유, 역량 강화, 지속가능한 성장 등을 ODA 정책 방향으로 제시하고 추진하는 스웨덴 및 노르웨이, 덴마크 등 북유럽 국가들은 ODA 사업을 통하여 자국의 이익보다는 국제사회의 보편적 규범을 중시하는 국가라는 이미지를 구축했다고 평가받는다. 우리나라는 수원국에서 공여국으로 전환한 유일한 국가라는 점에서, 개도국의 입장을 가장 잘 이해할 수 있는 지위라는 차별화된 이미지를 갖고 있다. 따라서 우리나라의 발전 경험에 대한 국제사회의 관심이 높고, 다수의 개도국이 우리나라를 ODA 성공 모델로 인식하고 그 노하우, 지식, 경험에 대한 공유 요청이 지속적으로 늘어나고 있다. 문화체육관광부가 2023년도 외국인을 대상으로 실시한 국가 이미지 조사 결과에 따르면, 한국에 대한 이미지 호감도에 미치는 분야로 콘텐츠(15.4%), 제품·브랜드(9.0%), 대중문화(8.25%), 전통문화유산(7.3%), 관광(7.1%), 경제 수준(5.8%) 순으로 조사되었다.[77] 경제보다 대중문화·문화유산 및 이와 밀접하게 연관된 콘텐츠와 관광 분야가 우선순위에 있고, 한류의 성공 요인으로 전통과 현대의 성공적 융합을 꼽는다는 것을 감안해 볼 때, 문화유산 ODA 사업을 성공시킬 수 있는 우호적 환경이 조성되어 있다고 평가할 수 있다.

---

[77] 해외문화홍보원(2024), 「2023국가이미지조사보고서」.

국제개발협력위원회는 모든 사업에 인도주의적 가치 실현, 개도국 혁신과 개발 지원, 지구촌 공존과 상호번영, 파트너십 고도화를 강조한다. 따라서 문화유산 ODA 사업도 정부 정책과 일관성을 유지하고 이와 조화를 이룰 수 있는 정합성을 확보해야 시너지를 가져올 수 있다. 이에 더하여 문화의 포용성에 대한 이해를 바탕으로 경제 이익뿐 아니라 정신적, 문화적 빈곤까지 해소할 수 있는 방안을 강구해야 한다. 수원국을 파트너이자 협력국, 사업의 주도적 참여 주체로 인식하고 현지 실정과 수요를 철저히 분석하고 현지화하여 지속가능한 발전이 가능토록 지원한다. 이러한 과정에서 한국이 갖고 있는 세계 최고 수준의 ICT 기술, 디지털 헤리티지 역량, 성공 모델 전수교육, 경제개발협력기구·유네스코 등 국제사회 네트워크와 리더십은 수원국에게 기술과 노하우 전수, 재정적 지원 이상의 자체 역량 개발, 글로벌 네트워크에 진출 등의 기회를 제공한다. 한국 또한 기후변화, 산업화, 도시화 등으로 망실 위협에 직면한 수원국의 유·무형 문화유산의 보호와 활용에 대한 효과적인 지원을 통하여 국제사회가 강조하는 문화적 다양성 확보에 기여하고, K-컬처 성장의 새로운 동력원으로 수원국이 지닌 유무형 문화유산 즉 관광산업, 콘텐츠산업에 필요한 원천자원을 확보할 수 있다. 한국과 수원국이 지닌 각각의 장점을 살려 지식과 경험을 나누고 2차적 저작물 작성권 개방과 공유 등으로 수익을 함께할 수 있는 여건을 만들고, 세계시장에 경쟁력 있는 협업상품을 만들어 진출하는 모델을 만들어 내려는 노력이 필요하다.

한편, 프로젝트가 안정화 단계에 접어들면 정부 등 공공영역의 직접 간여를 줄이고 민간 부분 간 협력체계의 활성화에 관심을 기울여야 한다. 이런 과정을 통하여 형성된 공공-민간 파트너십은 ODA 사업의 지속가능한 발전을 실질적으로 구현하는 동력이 될 것이다. 이러한 성공 사례가 쌓이면서 한국은 자연스럽게 수원국의 다양한 문화유산 원천자원이 모여 창·제작되는 문화유산 콘텐츠 플랫폼 국가 역할을 하게 될 것이다. 국가유산청은 앞으로 문화유산 보호 및 활용과 관련된 국내기관들을 연결하는 중심 역할을 활발히 하고, 국제사회에서 경제협력개발기구, 유네스코, 유엔관광기구 등 문화유산과 관련된 다자성 ODA 기관들과 협력체계를 강화하며, 민간 영역의 참여를 확대하는 역할을 적극적으로 넓혀 나가야 한다.

세계유산 보존을 위한 유네스코의 국제원조

이나연[1]

모두를 위한 세계유산

유네스코 〈세계유산협약〉은 매우 성공적인 국제협약으로 평가된다. 2024년 10월 기준으로 196개국이 가입하였고, 회원국은 모두 〈세계유산협약〉의 정신에 따라 국가의 유산을 세계유산으로 등재하고, 보존 및 관리에 동참하고 있기 때문이다. 유네스코는 '유산heritage'을 '인

---

[1] 세계유산 정책과 유산 해석 및 유산 설명 전문가로, 한국전통문화대학교에서 유산정책학 박사학위를 취득했다. 영국 켄트대학교에서 유산관리학 석사학위, 한양대학교에서 문화인류학 학사학위를 받았다. 2020년부터 유네스코 세계유산 국제해석설명센터의 설립 멤버로 참여하였으며, 현재 정보관리실에서 유산 설명 개발 사업 등 유산 커뮤니케이션 관련 사업을 총괄하고 있다. nayeon.lee3523@gmail.com

류가 선조로부터 물려받은 문화와 자연으로, 후손들에게 물려주어야 할 유무형의 자산'[2]이라고 정의한다. 세계유산목록World Heritage List에 등재하기 위해서는 〈세계유산협약〉에서 지정한 '탁월한 보편적 가치Outstanding Universal Value'를 인정받아야 한다. 탁월한 보편적 가치는 해당 유산이 특정 국가에서만이 아니라 전 세계 모든 인류가 인정할 만한 보편적인 가치를 지녔음을 의미하며, 그 가치는 문화적 요소와 자연적 요소로 구별되어 있다. 전자는 문화유산을 말하며, 이는 탁월한 보편적 가치가 인간의 창의성, 시간 축적에 의해 발전한 문화나 문명의 증거, 문화적 전통, 인류 역사 내 주요 단계의 증거, 자연환경을 활용한 사례, 사상이나 신조 등이 예술 작품에 적용된 사례 등으로 구분한다. 후자는 자연유산으로 자연미, 지구의 지형적 발달 입증 사례, 생태학적 주요 과정 입증 사례, 생물 다양성 보존을 위한 서식지 등으로 구분한다. 나아가 〈세계유산협약〉은 이러한 유네스코의 염원과 목표를 반영하여 인류의 문화와 자연을 보존하고 다음 세대에 물려주는 것을 최우선 목표로 설정하였다.

〈세계유산협약〉은 세계 곳곳의 유산들을 세계유산목록에 등재하고 보존하여 전 세계인이 세계유산을 인정하고 함께 보존하는 '모두를 위한 세계유산World Heritage for All'을 지향한다. 세계유산의 역할 중 하나는 유산과 관계있는 집단 즉 공동체, 민족, 국가, 나아가 전 세계의 정체성을 형성한다는 것이다. 근대국가 형성기에는 국가가 사회통합을 위하여 과거를 통제하고, 국가유산을 지정함으로써 공동기억의 물리적 증

---

2 World Heritage, UNESCO World Heritage Centre 홈페이지(2022.10.19. 검색).

거로서 표상화하였다.[3] 이러한 유산의 정치적 기능은 〈세계유산협약〉을 통해 전 세계로 확대되었고, 유네스코는 세계유산을 통해 전 인류의 정체성을 보존하고자 하였다. 즉 다양한 문화와 자연의 집합이 세계의 문화를 구성할 수 있으며,[4] 전 세계에 흩어져 있는 인류 보편적 가치를 지닌 유산들을 모아 세계유산목록에 등재시키면 그 목록 자체로 세계의 문화를 보존할 수 있다고 여긴 것이다. 〈세계유산협약〉은 유네스코가 설립된 취지와 같은 목표를 추구한다. 유네스코는 제2차 세계대전으로 인해 무너진 세계를 재건하자는 목표를 가지고 평화의 국제기구로 설립되었다. 그리고 '세계'를 재정의하는 데에 문화적 빈곤함에서 벗어나 풍요로운 '세계'의 모습을 그리겠다는 것이 바로 〈세계유산협약〉의 목표이다.

그래서 세계유산 제도의 가장 중요한 첫 단계는 유산을 '인식 identification'하는 것이다. 즉 어느 나라의 어떤 유산이 세계적으로 탁월하고 보편적인 가치를 지니고 있는지를 찾는다. 〈세계유산협약〉에 가입한 당사국들은 그들의 유산에서 세계유산적 가치를 발굴하고, 세계가 함께 지켜나갈 수 있도록 세계유산 제도에 동참하였다. 이러한 관점에서 〈세계유산협약〉에는 인류가 공동운명체로서 세계유산을 함께 유지하는 책임에 대해 명시하고 있다.

---

[3] 이나연(2020), 「문화유산 해석 연구의 통시적 발전과 유산 해석(interpretation)의 개념」, 『문화재』, 제53집, 3호.
[4] Marie-Theres Albert, et al, 2022, Introduction into the Overall Message of the Book: Destruction of Heritage Is Destroying Identity – Shared Responsibility Is Therefore Our Common Task for the Future, in Marie-Theres Albert, et al(eds.), *50 Years World Heritage Convention: Shared Responsibility-Conflict & Reconciliation*, Cham: Springer, p. 8.

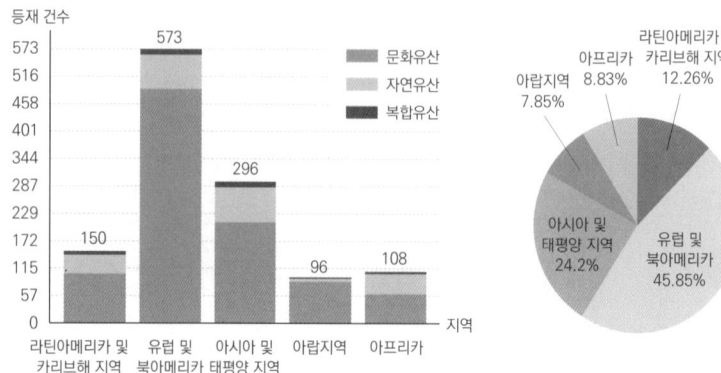

출처: 세계유산센터 홈페이지

　그러나 시간이 흐르면서 〈세계유산협약〉이 유럽 편향적 관점에서 채택되었다는 비판과 세계유산목록의 불균형으로 인해 목록 자체에 대한 신뢰성과 대표성의 문제 등이 제기되기도 하였다. 〈세계유산협약〉이 채택된 지 약 20여 년이 지난 1994년 당시 세계유산목록에는 총 410건의 유산이 등재되었다. 그중 304건이 문화유산이었다. 그리고 410건 중 48%가 유럽 국가에서 등재한 유산이었다. 세계유산위원회 자문기구 중 하나인 국제기념물유적협의회ICOMOS[5]가 1987년부터

5　세계유산위원회는 모든 당사국을 모아 1년에 한 번 회의를 열어 세계유산목록 등재 여부를 결정하고, 등재된 유산의 보존 상태를 검토하고, 세계유산기금을 활용하여 보존 활동을 승인하는 등 〈세계유산협약〉을 이행하는 주체이다. 세계유산협약총회에서 21개의 협약 당사국을 대표 위원국으로 선출하여 세계유산위원회의 모든 의제를 검토 · 승인 · 결정한다. 세계유산위원회는 심의에 대한 조언을 받기 위해서 3개의 자문기구를 두고 있다. 문화유산에 대한 자문을 담당하는 국제기념물유적협의회(ICOMOS)와 자연유산에 대한 자문을 담당하는 국제자연보전연맹(IUCN), 그리고 문화유산 보존 활동에 대한 역량 강화를 담당하는 문화재 보존 및 복원연구국제센터(ICCROM)가 이에 속한다.

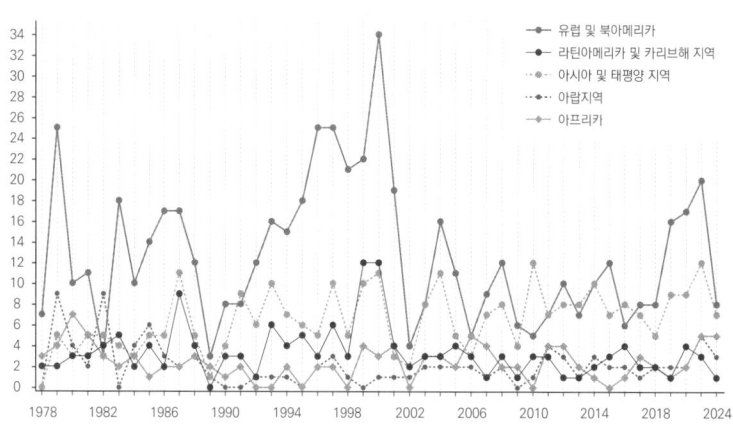

출처: 세계유산센터 홈페이지

1993년까지 5년간 수행한 연구 결과에 따르면, 304건의 문화유산은 흔히 알고 있는 유럽의 역사도시, 종교 기념물, 엘리트주의 건축물 등이 대다수임이 드러났다. 이렇게 세계유산목록이 유럽화된 것은 비단 〈세계유산협약〉 가입국 중 유럽 국가들의 비중이 컸기 때문만은 아니다. 〈세계유산협약〉의 모태인 '역사적 기념물 복원을 위한 아테네 헌장The Athens Charter for the Restoration of Historic Monuments'(1931년)부터 이미 서양의 관점에서 채택되었고, 〈세계유산협약〉은 유럽 중심으로 만들어질 수밖에 없었다. 〈아테네 헌장〉은 역사적 건축물의 보존을 위한 국제적인 논의를 위해 열린 '예술적·역사적 기념물의 보존과 보호를 위한 국제전문가 회의' 결과로 채택되었다. 여기에 참가한 대부분이 미국인과 유럽인들로 구성되어 아테네 헌장은 자연스럽게 서구의 시각이 많이 반영되었다. 특히 참가자들이 주로 고고학자와 건축가 들로 건축문화유산과 고고학적 유산 등이 포함된 역사적 기념물의 보존 기술과 연구 등을 논의하였기 때문에 세계유산의 분류 역시 그 범주가 제한적이었다.[6]

　세계유산위원회는 이 문제를 해소하고자 1994년 '대표성, 균형성, 신뢰성을 갖춘 세계유산목록을 위한 글로벌 전략Global Strategy for a Representative, Balanced and Credible World Heritage List'을 채택하였다. 위원회는 세계유산목록에 새롭게 정의된 문화유산과 자연유산의 범위를 잘 반영하도록 했고, 더 많은 국가가 〈세계유산협약〉에 동참하도록 노력했다. 그 결과 39개의 국가가 〈세계유산협약〉에 새롭게 가입하였다. 또한, 산업유산, 문화경관, 해양유산 등 다양한 카테고리가 세계유산에 포함되었다. 위원회는 글로벌 전략을 통해 세계유산과 관련된 정책에서 모든 종류의 불균형을 해소하여 궁극적으로 진정한 의미의 세계유산을 만들고자 하였지만, 여전히 다양한 모습의 불균형이 나타난다. 이러한 문제점에도 불구하고, 세계유산이 당면한 여러 위협으로부터 유산을 보존하고 보호해야 한다는 공동책임은 여전히 〈세계유산협약〉의 유효한 대의로 자리 잡고 있다.

유네스코 〈세계유산협약〉과 국제원조

〈세계유산협약〉은 '국제협력'을 중심으로 제도를 발전시켰다. 세계

6　　Simon C. Woodward & Louise Cooke(2023), *World Heritage: Concepts, Management, and Conservation*, Abingdon: Routledge., 최병하(2012), 「아테네 헌장(1931)의 재고」, 「건축역사연구」, 제21집, 4호.

유산이 당면한 문제들은 개별 국가가 아닌 글로벌 관점에서 196개국이 동참하는 국제협력을 통해 해결했다. '국제원조International Assistance'라는 제도는 〈세계유산협약〉이라는 프레임워크 안에서 공적개발원조ODA와 같은 기능을 수행한다. 국제원조라는 지원제도를 활용하여 수원국의 세계유산에 대한 보존 및 관리 역량을 강화하고 이를 통해 해당 유산의 탁월한 보편적 가치를 유지하고 더 나아가 세계유산목록의 신뢰성을 높일 수 있다. 국제원조가 일반적인 ODA와 같이 수원국의 경제적 발전과 사회복지 증진을 목표로 설정하는 것은 아니다. 그러나 수원국의 세계유산 보존과 관리를 지원하여 문화적 수혜를 제고하고 사회복지 증진에 기여한다는 점에서 부분적으로 ODA 성격을 띠고 있다. 또한, 세계유산을 위협하는 문제가 발생하면 개도국만이 아니라 모든 당사국들이 국제원조를 요청할 수 있다는 것이 ODA와 구별되는 특징이다.

〈세계유산협약〉 이행을 위한 운영지침 233단락

국제원조는 세계유산목록에 등재되었거나 등재될 가능성이 있는 세계문화유산과 자연유산을 보호하기 위해 마련된 제도이다. 국제원조는 국가 차원에서 적설한 자원을 확보할 수 없는 경우, 세계유산 및 잠정목록 유산의 보존과 관리를 위한 국가적 노력을 보완하는 것으로 간주되어야 한다.

국제원조라는 제도는 〈세계유산협약〉을 채택하는 계기가 되었던 '이집트 누비아 유적군 구조를 위한 국제 캠페인International Campaign to

Salvage the Temples of Nubia'으로부터 시작되었다. 이 캠페인은 유네스코의 첫 대규모 세계유산 구제 활동이었다. 1954년 이집트 정부는 고대 이집트 신전 유적이 남아 있는 누비아 지역에 거대한 댐을 건설하기로 했다. 하지만 댐 건설이 완료된 지 3개월이 지난 1960년 1월, 이집트 정부는 유네스코에 도움을 요청하였다. 댐을 열어 물을 내보내면 아부심벨 신전 유적이 물에 잠긴다는 것이다. 유네스코는 수몰 위기에 처한 신전 유적을 보호하기 위하여 건설사들을 대상으로 프로젝트 공모를 하였고, 1963년 유럽의 다수 건설사의 컨소시엄이 응모한 공모작을 최종 선정하였다. 그들의 해결 방안은 두 개의 신전을 여러 조각으로 해체하여 다른 장소로 이전하는 것이었다. 프로젝트는 3단계로 나누어 진행되었다. 1단계(1964년 초~1965년 초)는 아부심벨 신전 앞에 또 다른 댐을 건설하여 대신전과 소신전으로 구분되는 아부심벨 신전 유적이 물에 잠기지 않도록 보호하였다. 이 댐은 길이 370m에 높이 25m로 건설되었다. 2단계(1965년~1966년 4월)는 사원 해체 작업이 이루어졌다. 대신전의 무게는 26만 5,000톤, 소신전의 무게는 5만 5,000톤에 육박하였기 때문에, 여러 조각으로 나누어야 했다. 3단계는 총 1,600여 개의 조각으로 나누고 1966년 1월부터 1968년 9월까지 그 조각들을 모아 그대로 짓는 재건축 작업에 착수했다. 아부심벨 신전은 암반산을 파고 건설된 유적이었다. 이전하는 곳에 인공산을 만들어 아부심벨 신전의 주변 환경까지도 그대로 재건하였다. 아부심벨 대신전은 원래의 장소에서 65m 위에 위치한 필라이Philae 지역으로 이전하였고, 현재까지도 전 세계인들이 찾는 주요 관광명소가 되었다.

약 10년에 걸쳐 이루어진 이집트 누비아 유적의 아부심벨 이전 작

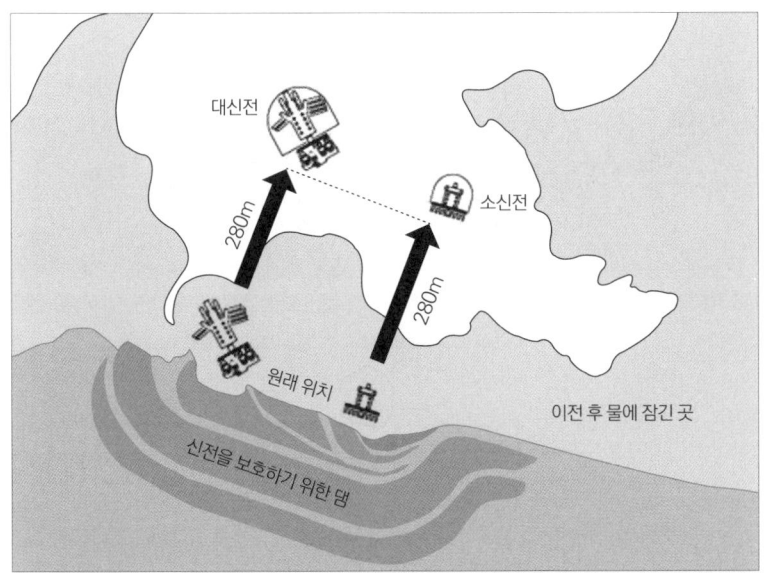

↑ 아부심벨 사원 이전 지도
↓ 이전 이후 댐과 멀어진 아부심벨 사원(출처: 셔터스톡)

↖ 인도네시아 보로부두르 불교 사원군(출처: 셔터스톡)
↗ 파키스탄 모헨조다로 고고 유적(출처: 셔터스톡)
↙ 튀니지 카르타고 고고 유적(출처: 셔터스톡)
↘ 그리스 아테네의 아크로폴리스(출처: 셔터스톡)

업은 총 4,200만 달러의 자금과 50개국에서 파견된 150여 명의 전문가가 투입되었다. 한국도 50만 달러를 지원하였다. 해당 캠페인은 유네스코에서 성공적인 문화외교로 평가받는 첫 사례가 되었으며, 국제 정치를 초월하여 대의만으로도 국제협력이 가능하다는 교훈을 얻은 계기가 되었다. 특히 개발도상국의 유산을 보호하기 위해서 국제적 차원에서 원조해야 한다는 인식은 유네스코 〈세계유산협약〉의 주요 정신으로 자리 잡았다.[7]

---

[7] Aurélie Élisa Gfeller and Jaci Eisenberg(2016), UNESCO and the Shaping of Global Heritage

이후 인도네시아의 요청으로 1970년부터 1983년까지 '보로부두르 불교 사원군'에 대한 지원이 이루어졌으며, 1974년에는 파키스탄의 '모헨조다로 고고 유적', 1977년에는 튀니지의 '카르타고 고고 유적'과 그리스의 '아테네의 아크로폴리스'에 대한 지원이 추진되면서 세계유산의 보존을 위한 국제적 활동이 본격화되었다.

국제원조를 통한 세계유산 보존 및 관리

국제원조 제도 개요

〈세계유산협약〉의 국제원조 정신은 앞서 언급하였던 〈아테네 헌장〉에서부터 발전한 협력체계이다. 아테네 헌장에서는 '당사국들이 국제연맹 규약의 정신에 따라 점점 더 큰 규모의 지원과 더욱 구체적인 방식으로 서로 협력하여, 예술적·역사적 기념물의 보존을 촉진하기를 원한다'고 언급하였다. 이미 1930년대부터 예술적, 고고학적 가치를 지닌 유산의 보존 문제는 국가를 초월한 공동의 관심사이며 책임임을 인지하고 있었다. 이러한 초국가적 협력은 이집트 누비아 유적군 내 아부심벨 이전 캠페인 이후 〈세계유산협약〉에도 그대로 반영되었다. 특히

---

in Poul Duedahl(ed.), *A History of UNESCO: Global Actions and Impacts*, Hampshire & New York: Palgrave Macmillan, 279~299쪽, 조민재(2021), 『전쟁, 협력, 산업의 키워드로 본 유네스코 세계유산 이야기』, 서울: 통독원, 97-107쪽, 이종호, 유네스코 세계문화유산, 행정신문, 2019.2.8.(http://www.adtimes.co.kr/news/articleView.html?idxno=11758).

아테네 헌장 채택 이후 제2차 세계대전이 발발하였고, 전쟁으로 인해 무너진 건축문화유산을 여러 국가에서 함께 복원하는 것은 국제적으로 매우 유용한 외교 수단이 되었다.[8]

국제원조는 세계유산목록 등재가 시작된 1978년부터 본격적으로 도입되었다. 이 제도에서 가장 중심이 되는 것은 자금 지원이다. 세계유산을 보존하기 위한 자금은 세계유산기금World Heritage Fund에서 지원한다. 세계유산기금은 세계유산을 보존하고 관리하는 대부분의 활동에 할당된다. 세계유산기금 대부분의 재원은 당사국이 내는 분담금이다. 이 분담금은 유네스코 회원국이 매년 의무적으로 부담하는 것으로, 유네스코의 평가로 각국의 분담 금액이 결정된다. 세계유산위원회에서는 대부분의 세계유산기금을 국제원조에 할당하고, 나머지는 세계유산위원회 자문기구 활동 비용으로 쓰인다. 또 다른 기금으로는 자발적 지원을 통한 특별기금이 있다. 이는 당사국이나 민간 부문, 일반 대중이 제공하는 다양한 유형의 기금으로써 분담금을 보충한다. 자발적 지원은 기금을 추가로 납부할 수도 있지만, 특정 유산에 대해 재정적, 기술적으로 직접 지원하는 경우도 있다. 특별기금은 크게 다섯 가지로 나눌 수 있다.

① 홍보 기금: 커뮤니케이션, 파트너십, 교육 관련 활동에 할당
② 인력 지원 기금: 〈세계유산협약〉 사무국에 일시적 지원
③ 국제원조 기금: 국제원조 예산이 충분하지 않은 경우 활용

---

[8] Simon C. Woodward & Louise Cooke(2023), ibid, 7쪽.

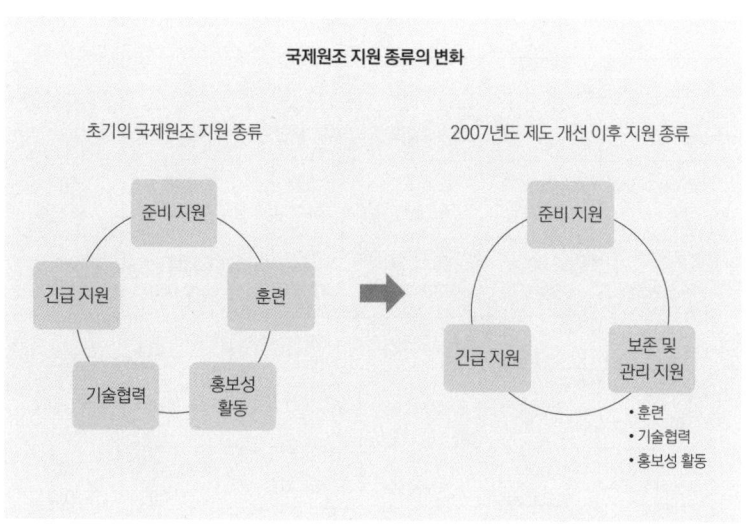

④ 스트림 지원 기금: 당사국의 세계유산 등재를 위한 업스트림 지원
⑤ 후보지 평가 기금: 세계유산 후보지 평가 자금으로 활용

출처: International Assistance, UNESCO World Heritage Centre 홈페이지(2024.7.31. 검색).

해당 기금을 지원받기 위한 국제원조 종류는 초기에 다섯 가지로 구분되었다. 그러나 이 분류는 국제원조 제도의 상당 부분이 개편되었던 2007년에 세 가지로 축소되어 준비 지원, 긴급 지원, 보존 및 관리 지원으로 새롭게 구성되었다. 하지만 보존 및 관리 지원에 기존의 훈련, 기술협력, 홍보성 활동을 위한 지원이 포함되어 지원 범위가 바뀐 것은 아니다.

긴급 지원은 당사국의 세계유산이 갑작스럽게 피해를 입었거나 피해의 위험이 임박한 경우 지원을 받을 수 있다. 긴급한 상황일수록 세계유산기금의 지원을 받는 우선순위가 높아진다. 준비 지원은 당사국

국제원조 규칙

	준비 지원	보존 및 관리 지원			긴급 지원
		기술협력	훈련 및 연구	홍보성	
세계유산센터장이 결정 시	최대 $5,000	최대 $5,000	최대 $5,000	최대 $5,000	최대 $5,000
세계유산위원회 의장이 결정 시	$5,001~ $30,000	$5,001~ $30,000	$5,001~ $30,000	$5,001~ $10,000	$5,001~ $75,000
	※ 의장은 자국에서 제출한 요청을 승인할 수 없음				
세계유산위원회가 결정 시	해당없음	$30,000 이상	$30,000 이상	해당없음	해당없음
예산 제한	최대 $30,000	해당없음	해당없음	최대 $10,000	최대 $75,000
세계유산기금 분담금	당사국은 전년도 12월 31일까지 분담금을 모두 납부해야 기금 요청이 가능함. 예를 들어 분담금을 2019년 12월 31일까지 납부한 경우, 2020년에 요청이 승인될 수 있음				해당없음
제출 기한	$5,000 이하: 언제든지 $5,000 초과: 10월 31일				언제든지
세계유산위원회 자문기구 코멘트	해당없음	$30,000 이상 필수	$30,000 이상 필수	해당없음	$30,000 이상 필수
패널 평가	$5,000 이상 필수				해당없음

출처: International Assistance, UNESCO World Heritage Centre 홈페이지(2024.7.31. 검색).

이 국가의 유산을 세계유산 잠정목록Tentative List[9]에 등재 신청을 준비하거나, 기존 신청서를 수정 및 보완하는 데 필요한 지원을 받을 수 있

---

[9] 당사국이 국가유산을 세계유산목록에 등재하기 위해서는 등재신청서를 제출하기 최소 1년 전에 잠정목록에 등록해야한다. 이 잠정목록은 세계유산센터 누리집에 공개하여 향후 세계유산목록 등재 후보를 예측하는 데 활용한다. 등재 이전에 해당 정보를 공개하는 것은 세계유산목록에 등재되기 이전에 문제의 소지가 발견되었을 때 해당 이해관계자 간의 조율이 가능하도록 하기 위함이기도 하다.

〈세계유산협약〉 제22조 UNESCO, 1972, Article 22

1. 문화 및 자연유산의 보호, 보존, 활용 및 기능 회복에서 제기되는 예술적, 학문적 그리고 기술적 문제에 관한 연구
2. 승인된 보존 작업이 제대로 수행될 수 있도록 전문가, 기술자 및 숙련사의 공여
3. 문화 및 자연유산의 지정, 보호, 보존, 활용 및 기능 회복의 모든 분야에 있어서 관련되는 직원 및 전문가의 양성
4. 해당국이 소유하고 있지 않은 기재 또는 구입할 수 없는 기재의 공여
5. 장기 상환조건의 저리 또는 무이자 대부
6. 예외적, 특별한 이유의 경우, 반환이 필요 없는 무상지원금의 공여

다. 보존 및 관리 지원에서는 세계유산의 보존과 관리, 홍보를 위한 장비나 전문가를 제공한다. 세계유산 보존에 긍정적인 영향이 있는 유산 보존에 대한 국가 정책이나 법적 체제를 수립하거나 개정하는 데에도 지원이 가능하다. 각각의 지원은 지원 여부를 결정하는 주체에 따라 그리고 지원 내용에 따라 받을 수 있는 기금의 금액이 달라지는데, 그 자세한 내용은 앞서 제시한 '국제원조 규칙' 표와 같다.

국제원조는 세계유산을 등재한 당사국만이 신청할 수 있지만, 세계유산뿐만 아니라 잠정목록에 등재된 유산도 지원 대상이 될 수 있다. 국제원조를 요청한 당사국은 세부 활동(세계유산협약 제22조)에 대한 지원금을 요청할 수 있다.

〈세계유산협약〉 이행을 위한 운영지침에서는 국제원조의 우선순위를 '위험에 처한 세계유산목록 List of World Heritage in Danger'에 등재된 유산

을 위한 지원을 최우선으로 두었다. 하지만 그 이외에 제한적 재원으로 지원 대상을 선택해야 하는 경우에는 유엔 경제사회이사회 산하 개발정책위원회가 정의한 저개발국Least Developed Country 또는 저소득국Low Income Economy, 세계은행이 정의한 중저소득국Lower Middle Income Country, 군소도서 개발도상국SIDS, Small Island Developing State, 분쟁 후의 당사국 순으로 선정하게 된다. ODA 지원 대상 국가의 범위와 일치한다.

세계유산이 여러 요인으로 인해 불가피하게 위험에 처한 세계유산목록에 등재되면, 세계유산위원회는 세계유산기금의 즉각적인 지원을 배정할 수 있다. 위험에 처한 세계유산은 전 세계가 모두 한마음으로 해당 유산의 세계유산적 가치가 회복될 수 있도록 노력해야 한다는 점에서 국제원조는 필수적인 지원이다. 흔히들 위험에 처한 세계유산으로 등재되는 걸 불명예로 인식하지만, 해당 유산이 특정 보존 조치를 받기 위해 필요한 절차로 간주해야 한다.

일례로 아프리카 서부 말리에서 등재한 '젠네의 옛 시가지Old Towns of Djenné'는 1988년에 세계유산으로 등재되기 이전부터 잠정목록에 등재된 유산의 자격으로 국제원조를 요청했다. 젠네의 옛 시가지는 말리에 위치하고 있으며, 진흙을 이용하여 만든 독특한 양식의 이슬람 모스크 건축물군으로 그 탁월한 보편적 가치를 인정받았다. 특히 건축물 겉면에 진흙 회반죽을 덧발라 보수하는 것이 젠네 지역의 전통이었다. 매년 이를 위해 '젠네 모스크에 회반죽 바르기' 축제를 열어 그 지역 공동체가 모두 합심하여 전통 건축을 보존했다. 하지만 지속적으로 덧바른 진흙 회반죽이 건물의 구조를 악화시키고 붕괴 위험에 당면하면서 축제가 한동안 중단되고 복원 작업을 진행하기도 하였

주기적 보수가 필요한 젠네 모스크(출처: 셔터스톡)

다.[10] 건축 자재의 노후화를 비롯하여 급격한 도시화와 젠네 지역의 치안 불안정으로 인한 보존 조치의 어려움 등이 겹치면서, 결국 젠네의 옛 시가지는 2016년 위험에 처한 세계유산목록에 지정되었다.

해당 유산이 위험에 처한 세계유산목록에 등재되자마자 2018년부터 세 차례의 국제원조를 통해 보존 작업을 본격화하였다. 첫 번째는 2018년에 세계유산의 가치 요소인 '속성attribute'을 보존하고 강화하는 사업으로 2만 4,580달러의 지원을 받았으며, 같은 해에 보존 조치가 시급한 4건의 개별 유산을 대상으로 보존 계획 검증을 위한 회의를 개

10　헤럴드 칼먼·마르퀴스 R. 레투르노(2023), 『문화유산 관리학: 유산 플래닝의 원칙과 과정』(정상철·김수민·이현정·이나연 역), 서울: 한울아카데미.

젠네의 옛 시가지 보존을 위해 추진한 국제원조

연번	날짜	구분	내용	지원금액
1	1981.12.10.	준비 지원	잠정목록 등록 준비를 위한 전문가(1명) 제공 및 재정 지원	7,977달러
2	2007.1.26.	긴급 지원	젠네의 옛 시가지에 대한 관리 및 보존 계획 지원	30,000달러
3	2012.11.19.	긴급 지원	말리 세계유산(3건) 보존 강화를 위한 긴급지원	21,600달러
4	2015.3.12.	보존 지원	젠네의 옛 시가지 보존 강화를 위한 지원	25,000달러
2016년 위험에 처한 세계유산목록에 지정				
5	2018.2.6.	보존 지원	젠네의 옛 시가지 보존 강화를 위한 지원	24,580달러
6	2018.3.13.	보존 지원	말리 세계유산(4건) 관리 및 보존 계획 검토를 위한 회의 지원	1,037달러
7	2020.7.9.	보존 지원	붕괴 위험에 처한 노후화된 건물 임시 안정화를 위한 긴급조치 지원	4,925달러

최하기 위하여 1,037달러를 지원받았다. 2020년에는 붕괴 위험에 처한 유산을 안정화하는 작업을 위한 보존 원조 신청을 하였다. 해당 원조에는 4,925달러가 지원되었다.

세 차례 추진된 국제원조 사업은 아프리카 지역 내 위험에 처한 세계유산목록에서 삭제하기 위한 보존 프로젝트DSOCR, Desired State of Conservation for Removal의 일환으로 진행되었고, 이를 위하여 노르웨이, 프랑스 등 여러 국가가 나서서 이를 지원하였다. 젠네의 옛 시가지 유산은 지금도 여전히 위험에 처한 세계유산으로 등재되어 있지만, 매년 보존상태보고서SOC, State of Conservation에서 위협에 대해 많은 국가가 함께 대응하고 있음을 보여준다.

국제원조 현황

국제원조 제도가 도입된 1978년부터 현재까지 2,198건의 국제원조가 승인되어 총 4,823만 9,514달러를 지원했다. 1,557건의 보존 지원, 446건의 등재 준비 지원, 195건의 긴급 지원이 요청되었으며, 아프리카 지역이 27%로 가장 많았다. 지원 요청을 수행하기 위한 기술협력(44%)과 역량 강화(49%)가 많이 수행되었다. 1980년대 중반부터 국제지원은 급격하게 활발해지다가 1998~1999년에는 연간 150건 이상으로 줄어들었고, 2000년대에 들어서는 평균 20~25건 정도의 국제지원이 승인되었다.

세계유산위원회에서는 세계유산의 전략적 목표 이행을 지원하기 위하여 우선순위에 따라 국제원조를 할당할 수 있다.[11] 그러나 국제원조의 우선순위는 '위험에 처한 유산목록'에 등재된 세계유산에 필요한 보존 조치를 지원하는 것이다. 국제원조는 '세계유산기금' 제도 아래 지원되는 것이라 주로 특정 목적에 따라 지원하는 경우도 많다. 세계유산기금은 주로 협약 당사국의 의무적인 연간 분담금을 통해 재원을 확보한다. 당사국별 분담금은 유엔 총회에서 채택된 분담률을 바탕으로 전체 분담금, 세계유산기금, 무형문화유산기금 등을 국가의 경제적 상황에 따라 국가별로 다르게 할당받는다. 제45차 세계유산위원회에서는 2024~2025년의 세계유산기금을 총 580만 달러로 책정하였는데,

---

11   UNESCO(2023), The Operational Guidelines for the Implementation of the World Heritage Convention, Paragraph 238.

우리나라는 그중 8만 8,868달러를 할당받았다.

이 기금은 자문기구의 활동과 국제원조 프로젝트들에 우선 할당되고 있다. 경우에 따라서는 정기보고, 사후 모니터링, 위험에 처한 세계유산목록에 등재된 유적지 관련 활동, 세계유산 교육 프로그램, 업스트림 프로세스, 세계유산 검토 등 세계유산 보존과 관리에 관한 자금을 조달하기도 한다.

긴급 지원

긴급 지원을 위한 국제원조는 가장 많은 금액을 지원받을 수 있다. 기상악화로 인한 자연재해, 화재나 전쟁과 같은 인재로 세계유산의 보존이 시급한 경우에 긴급 지원을 요청할 수 있다. 대표적인 사례로는 콜롬비아가 2011년 산타 크루스 데 몸포스 역사지구Historic Centre of Santa Cruz de Mompox 인근 알바라다 돌벽을 보호하기 위해 긴급 지원을 요청한 경우이다. 콜롬비아에서는 2010년 엄청난 폭우와 산사태로 인해 10억 달러의 피해를 입고, 528명의 사망자가 발생하였다.[12] 이 기록적인 홍수는 2013년까지 계속되었다. 그중 2010년부터 2011년 말까지 내린 강수량은 평균 강수량의 여섯 배에 달하여 콜롬비아 전역에 비극을 가져왔다. 산타 크루스 데 몸포스 역사지구는 마그달레나강 줄기를 따라 형성되어 있다. 이 때문에 이 역사지구는 홍수 피해에 대한 잠재적인 위협을 늘 주의해야 했다. 마그달레나강의 범람을 막기 위하여

---

[12] 배민욱, 2011년 지구촌 강타한 10대 기상재해는?-①, 뉴시스, 2012.2.4.(https://n.news.naver.com/mnews/article/003/0004323140?sid=102).

↑ 강과 인접해 있는 산타 크루스 데 몸포스 역사지구(출처: 셔터스톡)
↓ 강의 범람을 막아주는 알바라다(출처: 셔터스톡)

수변에는 알바라다Albarrada라는 돌벽을 세워두었는데, 2011년 콜롬비아가 긴급 지원으로 요청한 것은 바로 이 알바라다 돌벽을 강화하는 데 필요한 지원금이었다. 콜롬비아는 총 7만 5,000달러를 요청하였으며, 해당 지원금으로 알바라다의 구조적 강화, 홍수로 피해를 입은 역사지구 내 유산 보수 등에 활용하겠다고 제시하였다.

보존 및 관리 지원

① 세계유산 교육을 위한 지원

세계유산 보존과 세계유산목록에 대해 알리기 위한 교육 사업에도 국제지원을 받을 수 있다. 베트남에서는 2010년에 세계유산센터 세계유산교육부서 World Heritage Education Programme에서 제작한 '청소년과 함께하는 세계유산 World Heritage in Young Hands' 교육 키트를 베트남의 상황과 환경에 맞게 개정하여 베트남어로 번역하는 프로젝트를 위해 국제지원을 신청하였다. 청소년과 함께하는 세계유산 교육 키트는 세계유산 교육을 진행하는 전 세계 교사들을 위한 지침서로서, 1998년에 개발되어 현재까지 40개의 언어로 번역되었다. 본 사업은 유네스코 협동학교 사업 네트워크인 ASPnet UNESCO Associated Schools Project Network(이후 유네스코 학교)에서 1994년에 착수한 교육 사업으로서, 1998년부터는 해당 키트를 제작하여 보급하였다.[13] 유네스코 학교는 세계시민성을 통한 평화와 비폭력에 대한 교육과 지속가능한 발전이라는 개념 아래 지속가능한 생활방식에 대한 교육, 문화다양성을 이해하고 문화유산을 존중하는 태도를 학습 주제로 설정하고 있다.[14] 이 교육 키트는 세계유산 교육 강사를 대상으로 청소년(12~18세)을 가르칠 수 있는 교육 커리

---

13 노경민(2021), 「국제문화유산 교육프로그램 개발 방안 연구: '문화유산활용' 교육 콘텐츠 적용을 중심으로」, 『문화예술교육연구』, 제16집, 5호.
14 대한민국 국가조정관 유네스코학교네트워크 홈페이지(https://asp.unesco.or.kr/)(2022.10.19. 검색).

큘럼을 제공한다. 마지막으로 출판한 키트는 2020년에 슬로베니아어로 번역되어 배포한 것으로, 지금도 꾸준히 출판되고 있다. 그러나 상세 내용이 인터넷 활용법 등 90년대 후반에 머물러 있어 세계유산센터에서는 세계유산 정책과 이슈 등을 업데이트하여 개정판 출판 계획을 추진 중이다.

같은 관점에서 베트남은 2001년에 베트남어로 번역한 해당 지침서를 베트남의 맥락에 맞게 개정하고자 하였다. 베트남은 〈세계유산협약〉에 1987년에 가입하였지만, 본격적으로 세계유산을 등재하기 시작한 것은 1993년부터였다. 2024년 기준으로 문화유산 5건, 자연유산 2건, 복합유산 1건으로 총 8건의 세계유산을 보유하고 있다. 베트남 정부는 자국의 교육 시스템과 문화적 맥락에 맞는 교육자료를 만든 후, 유네스코 하노이 사무소와 함께 초등학교와 중학교에 파일럿 프로젝트를 실시하였다. 여러 시범운영을 거쳐 자료를 수정·개선하여 최종적으로 400부의 교육자료를 40여 개의 초등학교와 중학교에 배포하였다. 해당 사업은 세계유산기금 5,000달러를 지원받았다.[15]

② 연수 및 연구 지원

유네스코에서는 유산 과정에 참여하는 모든 집단의 역량 강화를 중시한다. 이에 따라 세계유산을 보존하고 관리하는 직원 및 전문가들을 위한 교육을 지원하고 있다. 또한, 세계유산 보존과 관리에 기여할

---

15 International Assistance Request(ref: 2124) Adaptation and publication in Vietnamese of the "World Heritage in Young Hands" kit to be used for extra curriculum activity in primary and middle schools in Viet Nam.

↑ 코코스섬 국립공원(출처: 셔터스톡)
↓ 코코스섬 국립공원 위치

수 있는 연구를 수행하는 경우에도 지원을 요청할 수 있다. 2011년에 지원받은 코스타리카의 '코코스섬 국립공원Cocos Island National Park'이 그 사례이다. 코코스섬 국립공원은 1997년 세계유산으로 등재되었으며, 다양한 어류와 철새가 풍부한 생태계를 이루고 있다. 하지만 해양보호 구역 내에 불법 어선이 증가하면서 몇몇 어종이 멸종위기에 처하는 등 해당 유산의 탁월한 보편적 가치가 저해되고 있었다. 2001년에는 코스타리카 정부가 에콰도르 정부를 불법 어선 활동으로 기소할 만큼 상황이 악화되었다. 이에 따라 코스타리카는 2002년 보존상태보고서를 제출하였고, 불법 어선 활동을 방지하기 위한 해안경비 순찰 활동을 대폭 늘렸다고 보고하였다. 그러나 이를 방지하기 위한 인적자원이 부족하였으며, 모니터링 절차 등에 관한 연구도 부족한 상황이었다. 이에 따라 세계유산위원회에서는 모니터링을 위한 전문인력 양성이 시급하다고 인지하고, 필요한 경우 세계유산기금에 추가 지원을 요청하라고 권고하였다. 결국 코스타리카는 2011년 직원들의 훈련 및 교육을 위한 국제원조를 요청하였고, 장기 교육과정으로 코코스섬의 관리자를 대상으로 교육할 수 있었다. 실무자들을 대상으로 해당 유산의 생태계에 대한 교육, 모니터링 기술교육 등을 진행하고, 더 나아가 교육자들과 함께 생물학적 데이터를 수집하기 위한 가이드라인을 개발하였다.[16]

③ 기술협력

세계유산을 보존하고 관리하기 위한 장비 제공 및 보존 작업 계획을 위한 국가 정책 및 법적 프레임워크 수립·개정 지원도 가능하다. 2013년에 승인된 요르단의 '쿠세이르 암라Quseir Amra' 기술협력 사례가 그중 하나이다. 쿠세이르 암라는 우마이야 왕조 때 왕의 휴식 공간으로 활용된 이슬람식 건축물이다. 수비대가 주둔하던 요새이기도 하였다. 해

---

16   International Assistance Request(ref: 2191) Training Program about Biology, Fisheries and Conservation of Pelagic Fishes that live or visit the Cocos Island National Park.

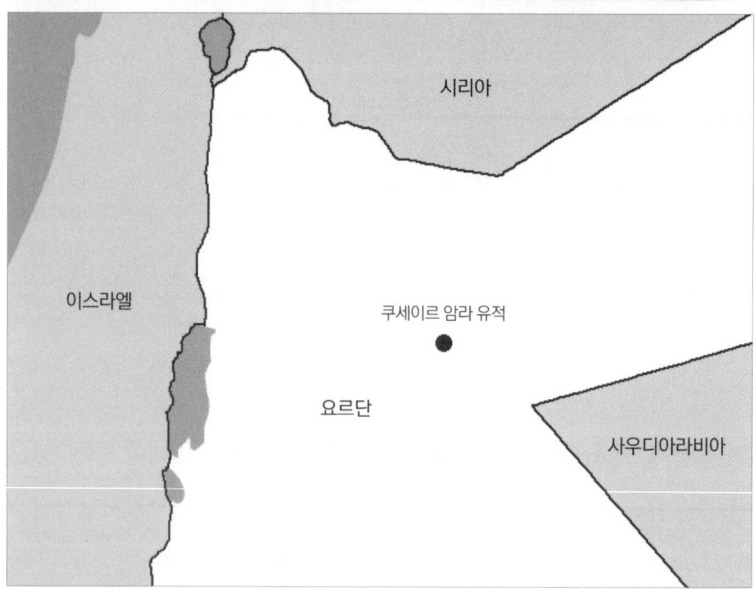

↑ 쿠세이르 암라(출처: 셔터스톡)
↓ 쿠세이르 암라 유적 위치

당 건축물의 왕의 접견실과 목욕탕에는 화려한 프레스코화가 그려져 있고, 사막에 지어진 건축물답게 독특한 급수 체계나 저수지 등이 있다. 요르단과 시리아에서 발굴된 우마이야 궁전 중 가장 잘 보존되어 있다는 평을 받는 곳이라 많은 관광객이 이곳을 찾는다. 요르단 정부는 관광객의 과도한 방문으로 인한 유산 훼손과 과거 부적절한 보존 작업을 개선하기 위하여 기술협력 지원을 요청하였다. 해당 프로젝트는 요르단의 고대유물부와 이탈리아 문화재 보존 및 복원 연구소, 세계기념물기금World Monuments Fund의 협력으로 수행되었다. 세 기관에서는 유산 외관의 구조를 보강하고 방수 처리, 벽화 세척, 유적 관리 계획 및 유적 프리젠테이션을 수립하는 등 총체적인 보존 작업을 진행하였다. 모자이크와 벽화 보존 작업 이후에는 주기적 모니터링과 유지보수를 위한 가이드라인을 개발하여 지속가능한 보존이 가능하도록 하였다.[17]

준비 지원

앞서 살펴본 지원들은 모두 세계유산목록에 등재된 유산이나 잠정목록에 등재된 유산을 대상으로 한다. 하지만 준비 지원의 경우에는 아직 세계유산목록이나 잠정목록에 등재되지 않은 당사국들의 국가유산을 대상으로 세계유산적 가치를 발굴하거나, 등재 프로세스를 추진하기 위한 지원을 제공한다. 일례로는 2012년에 요청한 몽골의 잠정

---

[17] International Assistance Request(ref: 2546) Conservation of mosaic floors at the World Heritage Sites of Quseir Amra.

국제원조 이후 등재된 위대한 부르한 할둔 산과 인근의 신성한 경관(2015)(출처: 셔터스톡)

목록 업데이트 지원을 들 수 있다.

몽골은 1990년에 〈세계유산협약〉에 가입하였는데, 그 후 20년 동안 문화유산인 '오르콘 계곡 문화경관Orkhon Valley Cultural Landscape', '몽골 알타이의 암각 예술군Petroglyphic Complexes of the Mongolian Altai'과 자연유산인 '우브스 누르 분지Uvs Nuur Basin'을 포함하여 단 3건의 세계유산만을 보유하고 있었다. 이에 몽골은 국가유산의 세계유산적 가치를 발굴하는 역량을 계발할 필요가 있었다.

몽골 정부는 준비 지원 과정에서 당시 잠정목록에 올려둔 유산의 타당성 분석을 수행하여 재검토하였다. 또한, 몽골의 새로운 국가유산을 잠정목록에 등재하였다. 특히 이 과정에서 세계유산 지정 구역과 완충지역을 잠정적으로 설정할 수 있었다. 또한, 세계유산 등재 시

국제원조 이후 일괄 업데이트된 몽골의 잠정목록

유산명	잠정목록 등재 연도
Desert Landscapes of the Mongolian Great Gobi	2014
Cretaceous Dinosaur Fossil Sites in the Mongolian Gobi	2014
Eastern Mongolian Steppes	2014
Amarbayasgalant Monastery and its Surrounding Sacred Cultural Landscape	2014
Baldan Bereeven Monastery and its Sacred Surroundings	2014
Sacred Binder Mountain and its Associated Cultural Heritage Sites	2014
Funeral Sites of the Xiongnu Elite	2014
Archaeological Site at Khuduu Aral and Surrounding Cultural Landscape	2014
Petroglyphic Complexes in the Mongolian Gobi	2014
Highlands of Mongol Altai	2014
Sacred Mountains of Mongolia	2015

출처: Mongolia, UNESCO World Heritage Centre 홈페이지(2024.1.15. 검색)

필요한 비교연구를 선행하고, 등재하고자 하는 유산과 유사한 자문기구의 주제연구를 분석하여 세계유산 등재 기반을 마련하였다. 프로젝트 이후 몽골은 국가의 잠정목록을 업데이트하였다. 실제로 세계유산센터 누리집에 게시된 몽골의 잠정목록은 해당 프로젝트가 끝난 이후인 2014년에 일괄 업로드된 것을 확인할 수 있다. 그리고 2015년부터 2023년까지 총 3개의 세계유산을 추가 등재하여, 몽골은 6개의 세계유산을 보유하게 되었다.

세계유산 국제해석설명센터의 역할

대한민국의 ODA 활동은 지금까지 주로 경제사회 인프라와 인도적 지원에 집중되어 있었지만, 앞으로 세계유산 국제원조 참여를 바탕으로 문화유산 ODA를 확대할 필요가 있다. 최근 대한민국이 지원하여 수행된 세계유산 국제원조는 다음과 같다. 먼저 북한 대상의 '고구려 고분군 보존 지원 사업'(2018~2023년), 인도·파키스탄·스리랑카 대상의 '문화유산과 지속가능발전: 지역사회 참여와 그들의 역할 사업'(2019~2023년)이다. 이 중 후자는 공동체 차원에서 전통 기술로 세계유산 보존과 관리를 향상시키는 데 목적을 두어, 세계유산 정책의 최근 주요 이슈인 공동체 참여를 제고하는 데 기여하였다. 두 번째, 역량 강화 지원 사업이다. 아시아 지역을 대상으로 '아태지역 3차 정기보고 역량 강화' 사업으로, 정기보고는 세계유산 등재 이후 보존 모니터링 현황 보고 방식 중 하나이다. 해당 사업은 방대한 정기보고 자료 작성 과정에 어려움을 겪는 유산 현장 관리자들과 당사국을 대상으로 작성 방식에 대한 교육을 진행하였다. 마지막으로 등재 준비 지원 사업으로 2018년부터 2022년까지 진행된 '실크로드 남아시아 구간 등재 지원' 사업이다. 해당 사업은 부탄·키르기스스탄·네팔을 대상으로 하였으며, 다국가에 분포되어 있는 실크로드 관련 유적지를 연속유산으로 등재 준비하는 데 기여하였다.[18]

대한민국은 꾸준히 세계유산 국제원조에 동참하고 있으나 아직

---

18 대유네스코 자발적 기여 홈페이지(https://vc.unesco.or.kr/open/main)(2024.1.21. 검색).

세종에 위치한 유네스코 세계유산 국제해석설명센터

그 수가 매우 적고 수원국도 아시아에 국한되어 있다. 다른 지역으로의 확대 등 적극적인 세계유산 지원 공여국으로 도약이 필요한 때이다. 2024년에는 국가 예산 중 ODA 활동에 대한 예산이 지난해보다 24.8%가 늘어나 수출입을 통한 상업적 이익보다 인류애적 가치를 중시하는 경향을 보였다.[19] 이러한 정부 결정에 발맞춰 세계유산 국제원조 지원뿐만 아니라 ODA 사업으로서 개도국의 세계유산 보존과 관리에 적극적으로 지원할 수 있을 것이다.

2022년 1월에 설립된 유네스코 세계유산 국제해석설명센터 UNESCO WHIPIC(이하 '해석센터') 역시 앞으로 세계유산 국제원조에 동참할 수 있

---

[19] 박은하, 외교부 내년도 예산안 확정…ODA 예산 40% 증가, 경향신문 2023.12.21.(https://www.khan.co.kr/politics/defense-diplomacy/article/202312211935001).

을 것으로 기대된다. 해석센터는 유네스코 카테고리 II 센터로, 유산 해석heritage interpretation과 유산 설명heritage presentation이라는 개념을 통해 세계유산의 궁극적인 보존을 위해 다양한 활동을 하고 있다.

유네스코 카테고리 II 센터는 〈세계유산협약〉 아래 구축된 여러 전략과 정책 등을 다양한 이해관계 집단에 전달하는 역량 강화를 담당하는 기관이다. 유네스코는 교육, 과학, 문화를 모두 포괄하는 기관으로서, 그 거버넌스가 매우 거대하고 복잡하기 때문에 각 분야의 세부 전문성을 갖춰 운영하기에 어려움이 있다. 이러한 이유로 유네스코는 1978년부터 전 세계 혹은 지역적 관점에서[20] 유네스코의 정책을 능동적으로 이행해 줄 전문기관의 필요성을 강조하였다. 그 결과 1980년 총회에서 '카테고리 II' 센터라는 명칭으로 각 분야에 전문기관 설립을 후원하였다.[21]

카테고리 II 센터들은 유네스코 총회의 승인을 받아 유네스코와 기관 설립국 간의 공식 협정을 통해 유네스코의 프로그램을 지원한다. 카테고리 II 센터의 활동을 위한 재원은 기관을 설립한 당사국이 지원하는 것이 유네스코의 다른 카테고리 센터와 차이점이다. 현재 유네스코에는 약 200여 개의 카테고리 II 센터가 활동 중이며, 그중 세계유산 분야에는 9개 기관이 전 세계에 분포하고 있다.

〈세계유산협약〉은 1972년에 채택되어 50여 년 동안 194개국이 가

20 유네스코에서 '지역(regional perspective)'은 아시아·태평양, 유럽, 북미, 라틴아메리카, 아랍, 아프리카로 구분하고 있다.
21 UNESCO(2017), Audit of the UNESCO's Management Framework for Category 2 Institutes/Centres.

세계유산 카테고리 II 센터 현황 (2024년 4월 기준)

연번	기관명	지역(국가)	승인연도
1	세계유산 아시아태평양지역 훈련연구소 (World Heritage Institute of Training and Research for the Asia and the Pacific Region (WHITR-AP))	아시아 · 태평양 (중국)	2007
2	아프리카 세계유산기금 (African World Heritage Fund(AWHF))	아프리카 (남아프리카공화국)	2007
3	자카테카스지역 세계유산연구소 (Regional World Heritage Institute in Zacatecas)	라틴아메리카 (멕시코)	2009
4	지역유산관리 훈련센터 "루시오 코스타" (Regional Heritage Management Training Centre "Lucio Costa")	라틴아메리카 (브라질)	2009
5	세계유산 아랍지역센터 (Arab Regional Centre for World Heritage (ARC-WH))	아랍 (바레인)	2009
6	국제암각화센터 및 〈세계유산협약〉 (International Centre for Rock Art and the World Heritage Convention)	유럽 (스페인)	2011
7	국제 자연 및 문화유산 우주기술센터 (International Centre on Space Technologies for Natural and Cultural Heritage (HIST))	아시아 · 태평양 (중국)	2011
8	아시아태평양지역 세계자연유산관리 및 훈련센터 (Centre on World Natural Heritage Management and Training for Asia and the Pacific Region(WII-C2C))	아시아 · 태평양 (인도)	2014
9	세계유산 국제해석설명센터 (International Centre for the Interpretation and Presentation of World Heritage Sites(WHIPIC))	아시아 · 태평양 (한국)	2018

입한 매우 거대한 국제협약이 되었다. 2023년에 개최된 제45차 세계유산위원회를 기준으로 총 1,199개의 유산이 세계유산목록에 등재되어 있다. 그러니 최근에는 세계유산이 '포용성inclusiveness'을 갖추지 못했다는 우려의 목소리가 커지고 있다. 유산에는 다양한 가치가

내포되어 있지만, 국가가 중심이 되어 세계유산적 가치인 탁월한 보편적 가치만을 중시하고 있는 세계유산은 자연스럽게 그 외의 가치를 무시해왔다. 이러한 문제점을 개선하기 위해서는 '포용적' 유산 해석heritage interpretation과 유산 설명heritage presentation이 필요하다는 관점이 점차 확대되었고, 이에 따라 세계유산협약총회에서는 해석센터 설립을 승인하였다. 해석센터는 연구research, 역량 강화capacity-building, 정보화information sharing, 네트워킹networking이라는 네 가지 기능을 수행하고 있다. 학계에서 시작된 유산 해석과 설명의 개념을 정의하고, 이를 〈세계유산협약〉 정책에 적용할 수 있도록 여러 연구를 수행하며, 이를 국가, 지방정부, 현장 관리자site manager, 공동체, 일반 대중 등에게 정보를 공유하고 교육한다. 앞으로 이러한 활동이 국제원조에 보탬이 될 것으로 보인다. 특히 해석센터는 전 세계를 활동 범위로 두고 있기 때문에 국제원조 형태의 프로젝트를 독자적으로 수행할 수도 있으며, 한국 정부가 지원하는 ODA 사업에도 참여할 수 있을 것이다. 이제 설립된 지 3년 차에 접어든 신생 기관이지만 설립추진단이 발족된 2020년부터 꾸준히 유산 해석과 설명 분야에서 두각을 나타내고 있으며, 여러 기관과의 네트워킹을 통해 자리매김하고 있어 곧 유산 해석과 설명 ODA를 제공할 수 있을 것으로 기대한다.

국제원조 사업의 향후 발전 방향

2015년에는 세계유산협약총회에서 UN의 지속가능발전목표SDGs, Sustainable Development Goals와 연계하여 세계유산의 정책 방향을 재정립하기 위하여 "〈세계유산협약〉 절차에 지속가능한 발전 관점을 통합하는 정책 문서Policy Document for the Integration of a Sustainable Development Perspective into the Processes of the World Heritage Convention"가 채택되었다. 세계유산의 탁월한 보편적 가치를 보존함으로써 지속가능발전목표를 이행하겠다는 목적이었다. 17개의 지속가능발전목표 중에서 11번 목표 "회복력 있고 지속가능한 도시 및 거주지 조성"을 실현하기 위해서 세부목표 11.4 "세계문화/자연유산을 보호하여 도시의 경제적 손실을 대폭 경감"에 집중하기로 하였다. 특히 2016년부터 2020년까지 5년간의 국제원조는 SDGs 연계를 특정하여 이루어졌다. 5년간 총 47개의 세계유산 및 잠정목록 등재 유산들이 국제원조하에 다양한 보존 프로젝트를 수행했다. 해당 프로젝트들은 기존의 국제원조 프로젝트들이 역량 강화에 집중한 것에 더하여 공동체의 참여를 중시하였다. 이는 〈세계유산협약〉 40주년을 맞이하였던 2012년 공표된 〈세계유산협약〉 다섯 번째 전략목표인 '공동체Community'에 영향을 받은 것으로, SDGs에서 강조하는 포용inclusion과 참여participation와도 일맥상통한다. 해당 전략목표는 2002년 헝가리 부다페스트에서 개최된 제26차 세계유산위원회에서 협약 30주년을 기념하고 향후 협약의 효과적인 이행을 위한 노력으로써 처음 수립되었다. 당시에는 신뢰성Credibility(세계유산목록의 신뢰성을 강화한다), 보존Conservation(세계유산의 효율적인 보존을 확고히 한다), 역량 강화Capacity-building(당사국의 효과적인 역량 강화를 증진하여 〈세계유산협약〉 이행하도록 한다), 커뮤니케이션Communication(세계유산에 대한 대중의 인식과 참여, 지원을 확대시킨다)의 4Cs 전략이었다. 이후 유산에서의 원주민 권리 이슈 등이 대두되면서, 2007년 뉴질랜드 크리스트처치에서 네 가지 전략목표에 공동체의 역할 증대를 추가하여 전략목표를 5Cs로 확대하였다.[22]

SDGs와 연계한 국제원조 프로젝트들은 결과적으로 개별 프로젝트들의 성공 여부와는 관계없이 SDGs 실현 여부에는 긍정적인 평가를 받지 못했다. 〈세계유산협약〉 정책과 제도는 다른 협약이나 국제협력 제도와 비교하였을 때 그 독창성과 고유성 때문에 다른 국제 전략과 쉬이 연계되지 못하는 특징을 가지고 있어서 그러하다.

〈세계유산협약〉의 당사국들은 '협력'과 '지원'을 통해 함께 구축한 세계유산목록의 보존과 가치 증진에 힘쓴다. 즉, 국제원조 제도는 세계유산의 존속을 공동이 책임지는 데 매우 중요한 역할을 한다. 이러한 점에서 국제원조 제도는 협력과 지원에 방점을 두는 유네스코 거버넌스에 일맥상통한다. 특히 국제원조 사업의 재원이 되는 세계유산기금을 모든 당사국에서 의무적으로 분담금을 내도록 하고 있다는 점에서 진정한 의미의 다자간 ODA 형태를 갖추고 있다.

세계유산의 국제원조는 〈세계유산협약〉 당사국에 의해 경제적·인적·무형적 공여가 이루어지지만, 수원국이 개발도상국에 국한되어 있지 않다. 지원 요청한 세계유산의 위급성과 중요성에 따라 지원 국가를

---

22 경기문화재단(2018), 「경기 문화유산 세계화 기초조사 연구 보존관리 및 활용 가이드라인 편」.

정한다. 우리나라의 경우, ODA와는 달리 여러 국가의 세계유산 보존을 지원할 수 있지만, 언제든지 한국의 세계유산 보존에 대한 타국의 지원도 받을 수 있다. 또한, 국제원조는 '다자간 협력' 형태의 ODA이다. 공여국이 수원국에 직접 자금을 제공하는 것이 아닌 세계유산기금과 같이 분담금과 특별기금 등을 통해 간접적으로 지원하기 때문이다.

국제원조는 지원 대상이 세계유산으로 제한적이지만 지원 내용이나 수원국의 범위가 커서, 더 넓은 개념의 ODA로 판단할 수 있다. 한국국제협력단은 이러한 개념을 ODA의 유사 개념인 '국제협력'으로 통칭하기도 한다. 특히 경제적 영역에의 지원에 한정된 ODA와는 달리 국제협력은 상호주의적으로 사회 및 문화 분야로 확대한다는 것이 차별점이다.

물론 이러한 국제원조 제도에도 개선할 점들이 있다.

첫째, 기금 활용에 대한 투명성이다. 현재 국제원조에 대한 정보와 자료는 매우 제한적으로 공개되어 있다. 특히 국제원조는 재정적 지원이 주를 이루는데, 지원한 프로젝트에 대한 기금 활용 상세내역서가 공개되지 않는다. 이는 2007년 국제원조 제도 개혁 당시 새로운 데이터베이스를 구축하면서, 정보 접근 수준을 대상별로 달리 부여하였기 때문이다. 세계유산위원회는 국제원조에 대한 정부 부안 및 사업의 중복성을 피하기 위함이라고 이유를 덧붙였다.[23] 이에 따라 국제지원 신청서 등의 정보는 세계유산센터 직원을 비롯하여 자문기구, 세계유산위원회 위원장 등만이 접근할 수 있도록 하였다. 현재 제공되는 국제원

---

23   UNESCO(2007), 18B. Reform of International Assistance(WHC-07/31.COM/18B).

조 관련 정보는 매년 세계유산위원회에서 보고되는 국제원조 신청서이며, 해당 정보는 세계유산위원회 14번 의제인 '국제원조 요청 심사'에서 확인이 가능하다.

둘째, 프로젝트 이후 지속적인 모니터링이 부재하다. ODA의 가장 중요한 요소는 수원국의 역량을 개발하고, 다른 비슷한 상황이 발생했을 때 자력으로 해결할 수 있는 역량을 지속적으로 보유하는 것이다. 그러나 세계유산 국제원조 제도는 원조가 완료된 이후 후속 조치나 모니터링을 수행하지 않는다. 지금까지의 국제원조 프로젝트 중 49%가 수원국의 역량 강화에 해당하는 '훈련 지원'으로 이루어졌으며, 나머지 지원 분야에서도 대부분 지원 내용에 대한 수원국의 역량을 개발 및 강화하는 데 기여하였다. 국제원조를 통한 세계유산 보존과 관리의 결과와 효과는 세계유산위원회에서 매년 제출하는 보존상태보고서SOC에서 확인할 수 있지만, 수원국의 지속가능한 관리 능력에 대해서는 모니터링이 이루어지지 않는다.

마지막으로는 국제원조 과정에서 대상 세계유산의 공동체가 직접 참여할 수 있도록 해야 한다. 국제원조는 '사람'보다는 유산의 물리적 보존을 최우선으로 한다. 그리고 모든 종류의 ODA는 필연적으로 공여국의 관점과 가치가 전달될 수밖에 없다. 특히 20세기 말 무렵부터 ODA에 대해서 공여국이 또 다른 의미의 식민 지배를 하고 있다는 우려의 목소리가 커졌다. 특히 공여국의 문화 전파는 일방적이며 전근대적이다.[24] 앞서 세계유산의 보존과 관리가 유럽과 북미권 문화에 치중

---

24 김숙진(2016), 「국제개발협력에서 문화와 발전 논의의 전개와 한계, 그리고 관계적 장소 개념의 필요성」,

되었다는 이슈에 대해 살펴보았다. 같은 관점에서 국제원조 프로젝트가 비록 모든 당사국이 십시일반 모은 세계유산기금으로 이루어지지만, 보존 및 관리를 위한 기술이나 역량 강화를 제공하는 주체는 일부 문화 강대국이다. 기술적 측면에서는 그들의 역량이 세계유산을 보존하는 데 도움이 되겠지만, 유산 공동체의 전통이 약화되는 문제가 발생할 수 있다. 유네스코는 개발로 인해 공동체의 가치가 상실되지 않도록 수원국의 공동체가 개발 과정에 참여해야 한다고 발표하기도 하였다.[25] 유네스코가 지속적으로 공동체의 주체적 역할에 대해 역설하고 있음에도 불구하고, 세계유산 국제원조 사례들에서는 뚜렷한 공동체 참여가 확인되지 않는다. 따라서 수원국 당사자가 참여하도록 방법을 모색해야 한다.

현재 세계유산목록에 등재된 1,200여 건의 세계유산은 각 당사국이 서로 다른 환경에서 보존하고 관리한다. 유네스코는 유산의 보존과 관리가 상향평준화될 수 있도록 노력하고 있다. 지금까지 살펴본 몇 가지 문제점을 개선하게 된다면, 지구촌 울타리 안에서 세계유산을 유지하고 보존하는 데에 더욱 효과적일 것이다.

『대한지리학회지』, 제51집, 6호.
25   UNESCO(1995), Our Creative Diversity.

세계유산에서의 공적개발원조

장지순[1]

문화유산의 가치와 공적개발원조

잊힌 문화유산을 발굴하고 복원하고 관리하는 일은 그 의미가 크다. 보존하고 지켜온 전통을 전승하는 것도 중요하다. 왜냐하면, 문화유산은 오랜 역사와 전통을 간직하고 있으며, 발굴과 복원으로 세상

---

[1] 2001년 캄보디아 '인적자원개발' 연구를 계기로 현재까지 20년 넘게 '개발협력을 통해 세상의 미래'를 생각하면서 묵묵히 일하고 있다. 캄보디아에서 2년 반, 라오스에서 3년 반 동안 ODA 사업 현장 책임자로서 일을 했다. 아시아 및 아프리카 30여 개 국가를 방문하여, 현장과 정책, 이론과 실제를 융합한 개발협력 전문가로서 교육, 고용, ICT교육, 문화유산, 보건, 농업, 통계, 기후변화 등을 주제로 20여 편의 논문을 발표하고 60여 개의 연구용역을 수행했다. 성균관대에서 '인적자원개발과 한국의 고등교육 연구'로 학위를, 한국직업능력연구원, 국무조정실, 서울대 국제학연구소 등에서 근무했고, KOICA, EDCF 및 아시아개발은행(ADB) 컨설턴트로 활동 중이다. nowis21c@gmail.com

사람들과 공유할 수 있기 때문이다. 유형의 문화유산인 건축이나 사원과 같은 유적은 발굴과 복원을 통해서, 무형의 문화유산인 음악, 이야기, 전통무예 등은 구술과 기록을 통해서 관리하고 보존한다. 요즘은 관련 자료와 데이터를 축적하여 디지털로 만들어서 활용할 수 있게 한다. 또한, 문화유산의 발굴, 복원과 관리는 미래의 세대에게 그대로 전달될 수 있다는 측면에서 지속가능성도 충분히 가진다.

이러한 문화유산을 복원하기 위해서는 많은 재원이 소요되므로 공적개발원조ODA, Official Development Assistance를 통한 양자협력 또는 다자협력의 형태로 추진된다. ODA는 정부를 비롯한 공공기관이 개발도상국의 경제발전과 사회복지 증진을 목표로 제공하는 원조를 의미한다. 즉, 개발도상국 정부, 지역, 또는 국제기구에 제공되는 자금이나 기술협력을 포함하는 개념이다. 한편, 국제개발협력은 국가 간, 또는 개발도상국 내에 존재하는 개발 및 빈부의 격차를 줄이고, 개발도상국의 빈곤문제를 해결하여 인간의 기본권을 지키려는 국제사회의 노력과 행동을 의미한다.[2] 다시 말해서 국제사회의 거시적 협력이 국제개발협력이고, 이를 실행하기 위한 자금이나 기술협력 등 미시적 협력은 ODA라고 볼 수 있다.

더구나 문화유산이 가지고 있는 가치와 중요성을 고려해보면, 왜 국제사회가 문화유산의 발굴과 복원에 앞장서는지를 공감할 수 있다. 유형 및 무형의 문화유산은 인류의 오랜 역사를 증명한 실체이며, 미래의 후손들에게 남겨야 할 인류의 보고다. 이를 유지하고 존속하기 위

---

2 국제개발협력, 국무조정실·국무총리비서실 홈페이지(2024.6.30. 검색).

해서는 많은 재원, 시간, 기술 및 협력이 필요하다. 실제로 문화유산의 발굴과 복원은 새로운 유산으로서 세상에 나타나는 것일 뿐만 아니라 관광객을 불러 모아 궁극적으로 현지인들의 삶을 윤택하게 한다. 이 장에서는 한국 정부의 문화유산의 발굴과 복원을 위한 지원 사업 사례를 소개한다. 특히 유네스코 세계유산으로 지정된 라오스와 캄보디아 문화유적의 발굴과 복원 사례를 통해 문화유산 ODA의 의미를 찾고, 앞으로 문화유산 ODA를 추진하고 공유하기 위해서 어떻게 하면 좋을지 제안한다.

필자는 지난 2001년부터 캄보디아를 비롯하여 라오스 등 30여 개국에서 다양한 형태의 ODA 사업, 정책, 연구 및 평가에 관여했다. 특히 캄보디아에서는 약 3년 정도 현지에 상주하면서 교육기관 설립 사업에 참여했고, 이후로도 조사 및 평가를 위해 몇 번씩 방문했다. 라오스에서도 약 2년 정도 대학 설립 사업에 참여했고 그 이후에도 여러 번 방문했으며, 10년이 지난 이후 다시 2년간 대학 역량 강화 사업의 책임자로 현지에 있었다. 그래서 캄보디아와 라오스는 필자에게 매우 친숙한 나라이다. 지금도 이 지역 연구자로 활동하고 있다.

세계유산

1945년에 창설된 유네스코 UNESCO는 유엔교육과학문화기구 UN Educational, Scientific and Cultural Organization가 정식 명칭으로 유엔헌장에서 선언된 기본적 자유와 인권, 그리고 정의 구현을 위해 국가 간의 교육, 과학, 문화 교류를 통한 국제사회 협력을 촉진하고 있다. 특히 〈세계 문화 및 자연 유산 보호 협약Convention concerning the Protection of the World Cultural and Natural Heritage(약칭 세계유산협약, 1972)〉을 통해 세계 각국에 세계유산을 지정하여 운영하고 있다. 이 장에서 소개하는 '캄보디아 앙코르와트 유적'과 '라오스 왓푸-참파삭 유적'도 유네스코에 의해 세계유산으로 지정된 곳이다. 유네스코는 〈세계유산협약〉뿐만 아니라, 〈무형문화유산 보호 국제협약(2003)〉, 〈디지털 형태를 포함한 기록유산의 보존과 접근에 관한 권고안(2015)〉 등의 협약을 통해 무형문화유산, 기록유산 등을 관리하고 있다. 무형유산은 구전 및 전통, 공연예술, 관습, 의례, 축제, 전통공예 기술 등이다. 기록유산은 필사본, 도서, 신문 등 자료, 파피루스, 양피지, 돌 등의 자료, 그림, 프린트 등 비문자 자료, 이미지, 오디오 등의 전자데이터를 포함한다. 우리나라는 이와 관련된 유네스코 산하의 관련 기관이 있다. 전주에 있는 '아태지역무형문화유산센터ICHCAP', 충주에 있는 '유네스코 국제무예센터ICM', 세종에 있는 '세계유산 국제해석설명센터WHIPIC', 청주에 있는 '국제기록유산센터ICDH' 등이 그것이다.

　문화경제학자인 데이비드 스로스비David Throsby는 문화유산을 생태학적 지속가능한 발전Ecology Sustainable Development과 문화적 지속가능한 발전Culture Sustainable Development으로 나누었다. 전자는 자연유산과 같이 자연의 보전이나 자본의 지속가능한 관리를 수반하고, 후자는 유·무형 문화유산으로 자본의 지속가능한 관리를 수반하는 것이라고 하였다.[3] 이는 문화유산의 영속성에 대한 지적이라고 볼 수 있다. 즉, 현세

3　장지순(2021), 「지속가능발전시대의 문화유산 ODA 활용 연구」, 『문화정책논총』, 제34집 2호.

대의 요구를 충족하기 위해 미래세대가 사용해야 할 것을 없애서는 안 된다는 의미이기도 하다. 미래세대를 위한 책임으로 받아들이고 준비해야 할 당연한 의무인 셈이다. 최근 글로벌 사회의 가장 중요한 이슈로 부각하고 있는 기후변화도 마찬가지로 이해할 수 있다. 현세대가 고갈시키는 자원은 바로 미래세대의 부담이 되니 조절하고 보존해야 한다는 것이다. 문화유산은 국제개발협력에서 다루는 교육, 농업, 보건, ICT 등과 같은 독립된 분야는 아니지만, 양성평등, 환경과 같은 범분야로서 반드시 챙겨야 할 분야이다. 문화유산은 인류의 지속가능한 자산으로 지키고 보존해야 할 가치가 있기 때문이다.

캄보디아 시엠립Siem Reap의 유적 앙코르Angkor 복원 과정에서 문화유산의 발굴과 복원의 중요성을 확인할 수 있다. 옛날부터 메콩강 유역의 커다란 호숫가에 인구 백만 명의 대제국이 있었다고 알려져 왔다. 다만, 전설 속의 이야기일 뿐 흔적은 찾을 수 없었다. 울창한 정글 속 어딘가에 있으리라는 짐작만 했다. 몇몇 탐험가들이 일부 유적을 발견하였으나, 당시에 그다지 큰 관심을 받지 못했다. 유산으로서의 가치와 중요성을 깨닫지 못한 탓이었다. 영원히 묻혀버릴 수도 있었다. 그렇지만, 프랑스를 비롯한 몇몇 국가들이 중심이 되어 앙코르 유적의 가치를 인식하였고, 발굴과 복원을 추진했다. 그 결과 찬란했던 앙코르 제국의 유산이 인류에게 선보이게 되었다. 나무와 사원이 어우러진 정글로, 영화 '툼 레이더'의 한 장면으로 알려진 타 프놈Ta Phnom에서 뻗어나온 나무뿌리의 모습, 세밀한 조각과 규모가 상상을 초월한 앙코르와트Angkor Wat, 백만 인구의 수도 앙코르 톰Angkor Thom 등은 세계적인 관광명소이다. 세계 7대 불가사의한 건축물의 하나로 전 세계 사람들이 죽기 전에 한번은 방문하고 싶어 하는 곳이다. 아직도 시엠립 지역에는 1,000개가 넘는 유적들이 산재해 있다. 인근 국가인 태국, 베트남, 라오스 등에도 크메르 유적이 있다. 앞으로 지속적으로 발굴하고 복원한다면, 이집트 피라미드 유적군에 버금가는 인류의 유산으로 남을 것이다. 국가유산청(구, 문화재청)이 지난 10년간 캄보디아 시엠립 사원 유적의 복원과 발굴에 참여한 것은 매우 가치 있는 일에 동참한 것이다.

문화유산 ODA와 SDGs, ESSs

문화유산 ODA는 지속가능발전목표SDGs, Sustainable Development Goals와 밀접하게 관련된다. 지속가능한 발전은 1970년대부터 논의된 개념으로, 1987년 스톡홀름에서 개최된 '세계환경개발회의WCED, World Commission on Environment and Development'에서 정립되었다. 당시 결과물인 브룬트란드Burundtland 보고서에 따르면 지속가능한 발전을 '미래세대가 자신의 필요에 부합하는 능력의 손상 없이 현재의 필요에 부합하는 발전'이라고 정의했다.[4] 이는 '미래를 위해서 현재에 부합한 발전'을 해야 함을 의미한다. 다시 말해서 지속가능성을 고려해서 보존하고 지키면서 현재를 살아야 한다는 것이다. 2000년 천년개발목표MDGs가 끝나는 2015년을 시작으로 향후 15년 동안 국제사회가 달성해야 할 SDGs를 설정했다. 빈곤퇴치를 위해 2030년까지 달성해야 할 17개의 목표와 169개의 세부목표를 수립했다. 노벨경제학상 수상자 아마르티아

4　장지순(2021), 앞의 논문.

센Amartya Sen이 '단순히 경제의 양적 성장이 아닌 인간 개개인의 자유 영역을 확대하는 것이 진정한 의미의 발전'이라고 했듯이 개도국 개발전략도 경제적 차원의 양적 성장에 기여를 넘어 문화적, 정신적 차원에서 지속가능성 및 질적 성장과 균형을 추구해야 할 시점이다.

2013년 항저우에서 개최된 '문화와 발전 국제회의World Commission on Culture and Development'에서 지속가능한 발전의 핵심으로 문화를 논하기에 이르렀다. 이 결과, 2013년 68차 유엔총회에서 결의안의 한 항목으로 '문화와 지속가능한 발전Culture & Sustainable Development'이 채택되었고, SDGs에 그대로 반영되었다.[5] 그럼, 구체적으로 어떠한 것이 반영되었는지 SDGs에서 찾아보자. 먼저, SDG 11.4는 세계 문화 및 자연 유산을 보호하고 보존하는 노력을 강화하는 것으로 가장 직접적으로 연계된다. 이는 1972년 〈세계 문화 및 자연 유산 보호에 관한 협약〉의 준수를 의미한다. 세계유산의 보존 노력을 지속가능한 발전을 위해서 유지해야 한다. 또한 '세계유산협약 이행을 위한 행동계획 2012~2022'에서는 문화 및 자연 유산 보호는 현세대는 물론 미래세대의 필요를 위한 지속가능한 발전을 강조하고 있다. 둘째, SDG 8.9는 일자리를 창출할 수 있는 지속가능한 관광 촉진을 이행하는 것을 목표로 한다. 지속가능한 관광은 전통 및 문화 유실에 대한 위험을 최소한으로 줄이는 것이다. 나아가 발굴되고 복원되는 문화유산은 관광상품으로 일자리 창출에 기여한다. 셋째, SDG 12.b는 일자리 창출과 지역 고유의 문화와 특산품을 알리는 지속가능한 관광에 대한 모니터링이 필요함을 강조

---

5 장지순(2021), 앞의 논문.

한다. 이는 세계관광기구UNWTO에서 언급한 '관광은 양질의 일자리를 창출하여 국가경제와 지역경제를 포함하는 국민들의 안녕과 자연문화유산 보존에 중대한 역할을 한다'와 관련 있다. 넷째, SDG 4.7는 교육에 관한 것으로 지속가능한 발전 증진에 필요한 지식 및 기술을 습득하도록 한다. 유네스코의 지속가능발전교육ESD, Education for Sustainable Development은 환경, 사회, 경제 분야와 연결된다. 특히 문화다양성 존중을 위한 보존 및 보호는 교육과 연계된다. 교육을 통해서 배우고 전승된다는 것이다. 마지막으로 SDG 17은 모든 SDGs에 연계되는 것으로 그중에서 특히 SDG 17.16은 지속가능한 발전을 지원하기 위해서 다양한 이해관계자 간 파트너십인 글로벌 파트너십을 강조한다. 즉, 문화유산 ODA를 추진하기 위해서도 양자 간의 협력도 중요하지만, 다자 간의 협력, 즉 글로벌 파트너십 차원에서의 적극적인 추진이 필요함을 암시하고 있다. 실제로 〈세계유산협약〉의 탄생에 기여한 이집트 누비아 아부심벨 이전 및 복원을 위한 국제사회의 공조가 좋은 사례다.

2016년 세계은행은 환경 및 사회지표ESSs, Enviornmental and Social Standards를 발표했다. 이 지표는 지속가능한 발전을 위한 약속으로 빈곤퇴치 및 공동번영 증진을 위해 지켜야 할 것이다. 여기에는 지속가능한 발전을 위한 비전과 투자를 위한 정책으로 모두 10개의 표준지표가 있다. 이는 투자를 결정하는 데 중요한 환경과 사회에 대한 지표로 이를 고려해야 함을 의미한다. 이 중에 여덟 번째가 문화유산Cultural Heritage이다. 문화유산의 보전과 지속가능한 관리, 고고학적 유적, 역사적 건물, 전통지식 등이 포함된다. 즉, 세계은행과 관련한 사업을 수행할 때, ESSs의 여덟 번째 지표를 고려해서, 문화유산 영향력 평가를 통해 사업이 문화유산에 미칠 수 있는 잠재적 영향을 평가하고 관리방안을 수립하도록 하고 있다. 또한, 문화유산과 관련된 이해관계자들의 의견을 수렴하고 참여를 보장해야 하며, 문화유산에 대한 얘기치 않은 영향이나 손상에 대한 긴급 상황을 대비하는 계획도 마련하도록 하고 있다. 영향력을 평가함에 있어서 환경적 요인은 물론 문화유산의 요인도 동시에 고려하여 사업에 반영해야 한다.

한국 ODA와 문화유산 ODA

한국은 2009년 경제협력개발기구 OECD, Organization for Economic Cooperation and Development 의 개발원조위원회 DAC, Development Assistance Committee 에 가입한 후 2010년부터 DAC 회원국으로 활동하기 시작했다. 식민 지배와 내전을 겪으며, 수원국으로 세계 각지의 도움을 받았으나 이제는 공여국으로 국제사회의 빈곤퇴치에 기여하고 있다. 어떻게 보면 식민 지배 경험, 내전, ODA 수원국을 모두 경험한 세계에서 유일무이한 ODA 공여국이다. 세계의 어느 나라도 이러한 드라마틱한 경험을 가진 나라는 없다. 그래서 국제사회에서는 한국의 발전 경험과 역량을 공유하도록 요청하고 있다. 최근에는 이러한 요청에 의거하여 ODA 예산을 지속적으로 증액하고 있다. 이런 측면에서 문화유산 ODA를 잘 이해하고 이를 국제사회에 적용할 수 있는 잠재 역량도 충분히 있다고 볼 수 있다. 특히 정부는 OECD DAC가입을 계기로 '국제개발협력선진화방안(2010년)'을 수립하였다. 한국 ODA의 기본 방향을 천명한 것이다. 이 기본 방향은 현재까지도 유효하다. 개발협력 기본

정신의 틀 안에서 '수원국에 희망을, 국제사회에 모범을, 국민에게 자긍심을' 주기 위해 '수원국의 개발 수요와 우리의 특성을 결합하고, 국제사회의 보편적 가치를 추구하며, 우리나라의 국격 제고' 등 3대 가치를 지향하였다. 특히 개발협력 콘텐츠 구성을 위해 특유의 한국적 감성 또는 미를 가미하거나 진정성을 느낄 수 있는 감동 사례를 통해 부가가치 제고에 활용하고자 했다. 마음을 움직이는 공감이 표현된 것이고, 그 기반은 문화유산이라는 콘텐츠다. 이러한 기본원칙은 「국제개발협력기본법」의 제3조 '기본 정신 및 목표'에 반영되었고, 매 5년 주기로 〈국제개발협력기본계획〉을 마련하고 있다.

　우리나라는 2013년 국가유산청의 라오스 홍낭시다 사원 복원 사업을 통해서 본격적인 문화유산 ODA 사업을 시작했고, 이 성과에 더해 앙코르와트 프레아피투 사원 복원 사업을 진행함으로써 문화유산 ODA 사업을 본격적으로 수행하고 있다. 이 장에서 다루고 있는 사업은 세계유산의 복원 사업에 대한 한국 정부의 ODA 사례이다. 필자는 캄보디아 앙코르와트나 라오스 홍낭시다 같은 유적지를 이전에 관광객으로 둘러봤는데, 문화유산 ODA를 위한 연구를 계기로 본격적인 조사를 위해 현장을 방문했다. 문화유산과 관련된 전공자는 아니었지만, 개발협력 전문가 시각에서 새롭게 바라볼 수 있었다. 이 사례를 통해서 지속가능한 발전에 대해서 한번 더 고민하고, 문화유산 ODA의 가치가 주는 연계와 협력을 공유하고자 한다.

라오스 왓푸-홍낭시다 유적 보존 사업

라오스 개요

라오스는 동남아시아의 메콩강 유역으로, 인도의 동쪽과 중국의 남쪽에 위치하고 있는데, 이 지역을 인도차이나반도라고도 한다. 베트남, 캄보디아, 태국, 라오스, 미얀마 등 5개국이 있다. 메콩강은 현지에서는 메남콩Mae Nam Kong(어머니의 강)으로 부른다. 티베트고원에서 발원했다고 알려진 메콩강은 약 4,020km로 세계에서 열두 번째로 긴 강이다. 유역면적은 약 79만 5,000km²이며, 중국, 미얀마, 라오스, 태국, 베트남, 캄보디아 등 6개국을 흘러 바다로 향한다. 강의 이름도 국가별로 다른데, 라오스와 태국은 메남콩, 중국에서는 란창, 캄보디아는 크다는 의미인 '톰Thom'을 붙여 톤레Tonle(강) 톰 또는 톤레 메콩, 베트남에서는 메콩 델타 지역에서 아홉 가지 지류로 나뉘어 바다로 흐른다고 해서 송 쿠롱Song Cuu Long으로 각각 부른다. '송Song'은 강, '쿠Cuu'는 숫자 아홉, '롱Long'은 용을 각각 의미한다. 메콩강에는 1,100여 종의 물고기가 있다고 알려져, 남미 아마존강 유역, 중앙아프리카의 콩고강 유역 다음으로 세계에서 세 번째로 생물다양성이 풍부한 지역이다. 그리고 라오스는 많은 삼림지역도 품고 있어서, 세계 5대 생물다양성 국가로 분류되기도 한다.

라오스는 한반도의 1.1배의 크기로 남북으로 길게 뻗어 있다. 국토의 70% 이상이 산악지역이다. 한국과 매우 유사한 지리적 특성을 가졌다. 중국-베트남-캄보디아-태국-미얀마 등 5개 국가로 둘러싸인 전형적인 내륙국가다. 이 지역에서 라오스는 마치 다리처럼 중앙에 위치해 국가 간 이동과 운송에 가장 중요한 역할을 한다. 2021년 12월에는 라오스-중국 국경에서 라오스의 수도인 비엔티엔까지 고속철도가 연결되었고, 현재 중국과 태국은 2028년까지 방콕에서 라오스 국경까지 철도를 연결하기로 합의한 상태이다. 추후 싱가포르와 말레이시아까지 연결될 경우, 중국에서 싱가포르까지 이어지는 남북순환 철도가 완성된다. 이렇게 되면, 현재 진행되고 있는 아시아개발은행ADB의 대메콩지역Great Mekong Subregion 사업의 남북축이 완공되는 것이고, 향후 나머지 동서축까지 완공된다면 이 지역의 물류 및 소통의 전환점이 될 것으로 보인다.

지정학적으로 중요한 위치에 있는 라오스이지만, 인구가 약 700만 명에 불과해 내수시장의 규모도 작고, 투자 유인도 높지 않아 경제성장이 더딘 측면이 있다. 만약 지금의 태국 북동쪽 지역인 이산지역을 포함한다면, 약 3,000만 명에 버금가는 규모가 될 것으로 추정한다. 비록 식민지 시대에 메콩강을 경계로 태국과 분리되었지만, 언어, 문화, 그리고 관습은 여전히 남아 있다. 더구나 오랫동안 국제사회에 모습을 드러내지 않고, 비교적 늦은 1986년에 신경제체제를 도입하면서 비로소 알려지기 시작한 나라다. 내륙국가이자 농업 중심의 산업구조 등 경제성장에 한계가 있다. 그럼에도 불구하고, 최근 중국의 부상과 함께 고속철 건설, 중국 자본의 대규모 투자 등에 힘입어 발전 가능성이 높아지고 있다. 여기에 더해 오랫동안 밀접한 관계를 유지하고 있는 태국과의 경제협력, 정치적 혈맹이나 다름없는 베트남과의 긴밀한 협력은 향후 라오스 발전의 중요한 요소가 될 전망이다.

홍낭시다 복원 사업 사례

라오스의 경제를 특징지을 수 있는 것이 두 가지가 있는데, 하나는 '동남아시아의 배터리'이고, 다른 하나는 때 묻지 않은 유적과 자연환경으로 인한 '풍부한 관광자원 보유국'이라는 점이다. 그런데, 두 가지 특징이 상반된다. 전자는 환경을 파괴할 수밖에 없지만, 후자는 자연환경을 보존해야 된다는 측면이다. 이 딜레마를 어떻게 극복할지 라오스 정부의 현명한 정책집행이 필요하다. 라오스는 상대적으로 수력발전이 열악한 태국, 캄보디아, 베트남 등에 전력을 수출한다. 라오스 외국 투자 1위 분야가 바로 수력발전이며, GDP 비중이 가장 높은 것도 에너지 분야다. 라오스는 메콩강을 중심으로 산악지역에 많은 지류가 있어서 수력발전을 할 수 있는 천혜의 환경을 가지고 있다. 라오스 정부는 2030년까지 수력발전 용량 목표를 2만MW로 정했다.

코로나19 이전까지는 매년 약 400만 명의 관광객이 라오스를 방문하였다. 전체 인구의 절반이 훌쩍 넘는 숫자이다. 관광이 라오스 경제에 미치는 영향이 얼마나 큰지 짐작할 수 있는 규모이다. 라오스는 전국적으로 약 985개의 관광지가 있는데, 이 중 257곳은 문화 관련, 570곳은 자연경관, 162곳은 역사유적 지역이다. 그렇지만, 이 가운데 364곳만 활용되고 있어 앞으로 투자와 개발이 더 필요하다. 일부 지역에는 인프라 등의 대규모 투자가 필요하지만, 라오스 정부는 자연환경을 보존하면서 즐길 수 있는 투자를 선호한다. 현재 중국과 라오스의 국경지대 등을 중심으로 리조트 개발 등이 활성화되고 있다. 한편, 라오스는 2024년 아세안 의장국으로 코로나19 이전의 관광산업 활성화를 위한 노력을 아끼지 않고 있다. 2024년을 '라오스 방문의 해The Visit Laos Year 2024'로 정하고, 관광객 460만 명 유치, 관광 수익 7억 1,200만 달러를 목표로 했다. 코로나19 이전으로 라오스 관광을 되살리기 위한 목표인 셈이다. 여기에 더해 유엔개발기구UNDP의 지원을 받아 중장기 관광산업 정상화 방안을 마련하기도 했다. 이 방안은 관광 분야를 코로나19 이전으로 회복하기 위한 경제적 지원에 초점을 두었다. 특히 보건 분야의 개선, 디지털 플랫폼 활용, 관광 브랜딩 및 마케팅, 관광 인프라 개선, 그린 투어 및 스마트 투어 상품 개발 등이 중심이다.

라오스 관광 분야의 중심에는 유네스코 세계유산이 있다. 현재 라오스에는 3곳이 세계유산으로 지정되었는데, 북부의 루앙프라방과 씨엥쾅, 남부의 왓푸 지역이다. 루앙프라방은 도시 전체가, 씨엥쾅 지역은 대규모 항아리 평원Plain of Jars, 왓푸 지역은 사원과 고대 유적군이 지정되었다.

라오스 남부 참파삭에 위치한 왓푸 세계유산은 2001년 유네스코에 의해 '참파삭 문화 경관 내 왓푸 사원과 고대 주거지Vat Phou and Associated Ancient Settlements within the Champasak Cultural Landscape'라는 이름으로 지정되었다. 왓푸Vat Phou의 '왓Vat'은 '사원'을 의미하며, '푸Phou'는 '높다'는 의미다. 즉 '높은 곳에 있는 사원'이라는 의미다. 실제로 이 사원은 산 중턱에 위치하고 있다. 대부분의 크메르 제국 사원이 평야에 위치한 것을 고려하면, 대단히 이례적인 모습을 띠고 있다.

이 지역은 라오스 남부 메콩강 유역으로 면적이 약 390km^{2}나 되며 다양한 주거지와 유적 그리고 자연유산을 포괄하고 있다. 여기서 가장 유명한 사원이 왓푸이고, 나머지 사원과 유적은 거의 무너져 내리거나

↑ 왓푸 사원 아래쪽에서 본 푸카오산
↓ 푸카오산 중턱에서 본 왓푸 사원

묻혀 있다. 사원 뒤쪽 너머에 우뚝 솟은 산이 있는데, 현지에서는 푸카오산이라고 한다. 이 산은 참파삭 주도인 팍세에서도 보인다. 이 산의 자락에서 나온 봉우리가 왓푸 사원 바로 뒤에 있는 산봉우리와 연결되는데 힌두신화에 나오는 메루산을 닮았다고도 하고, 실제로는 정상에 10미터 크기의 바위가 링가처럼 있어서, 시바신이 링가의 모습으로 나타났다고 하여 '링가파르바타Linga-parvata(링가의 산)'라고 부른다. 왓푸

왓푸-참파삭 유적군. 푸카오산, 왓푸 사원, 고대도시, 메콩강까지 보인다.

사원 정상에서 바라본 저 너머 메콩강까지의 풍경은 정말 멋지다.

이곳으로부터 캄보디아 시엠립으로 향하는 고대 도로가 희미하게 남아 있는데, 그 길목에 홍낭시다Hong Nang Sida 유적이 있다. 링가파르바타산에서부터 왓푸 사원 바로 아래쪽에 푸패Phou Pae 폭포, 읍몽Oub Moung 사원, 탐렉Tham Lek 바위 은신처, 홍낭시다Hong Nang Sida 사원, 타오따오Thao Tao 사원, 탓삼팡That Sampang 사원, 고대도시인 '링가프라Linga-pura'와 '쿠룩세트라Kurukshetra'가 있고, 약간 더 멀리에는 옛 참파삭 왕국의 수도가 여전히 참파삭Champasak이라는 조그마한 마을로 남아 있다. 거기서 메콩강을 따라 남쪽으로 가다보면, 칸막훅Khan Mak Houk 바위와 토모Tomo 사원 등의 유적지가 있다. 이 유적지들은 각각 성스러운 산, 수행자의 숲, 고대 길, 성스러운 강 등으로 불리며 각각의 이야기로 연결되어 있다.[6]

왓푸-홍낭시다 유적 보존 사업[7]은 국가유산청과 국가유산진흥원

---

6   한국문화재재단(2020), 『라오스 왓푸-참파삭 세계유산 가이드북』.
7   문화유산 ODA(공적개발원조), 국가유산진흥원 홈페이지(2024.7.15. 검색).

↑ 홍낭시다 사원
↓ 홍낭시다 사원 터에서 발굴된 부재

(구, 한국문화재재단)이 수행한 한국의 제1호 문화유산 ODA 사업이다. 이 사업을 계기로 캄보디아, 미얀마, 우즈베키스탄, 파키스탄, 이집트 등으로 문화유산 ODA 발굴 및 복원 분야 사업이 확대되고 있다. 2013년부터 시작된 라오스 홍낭시다 사원 보존 복원 사업은 2020년에 1차 사업을 완공했고, 현재 2차 사업을 진행하고 있다. 홍낭시다에서 '홍Hong'은 '방' 또는 '커다란 공간'이라는 의미고 '낭Nang'은 '아가씨', '시다Sida'는 공주의 이름이다. 그래서 홍낭시다는 '시다 아가씨가 있는 공간'을 뜻하나, 사업을 추진하면서 '시다 공주의 방'으로 의미를 부여했다고 한다. 홍낭시다 유적은 오랜 세월 붕괴된 상태로 방치되어 있었다. 유네스코의 문화유산으로 지정된 것이 2001년이었는데, 그동안 왓푸 사원의 발굴과 복원에 초점을 두고 있어서 홍낭시다 사원은 긴급보수가 필요함에도 불구하고 손을 대지 못했다. 현지에서는 홍낭시다를 매우 신성한 곳으로 여긴다. 정해진 날에 참배객들이 무너진 사원 안에서 촛불과 음식 등을 준비해서 경건하게 기도하는 모습을 종종 볼 수 있다.

흥미로운 것은 시다 공주와 관련한 전설이다. 현지에서 알려진 이야기로는 당시 캄만타Khammanta라는 왕이 있었는데, 무시무시한 괴물이 나타나 왕국이 위기에 처하게 되었다. 이때 시다 공주가 왕국을 구하기 위해 스스로 제물이 되어 희생할 것을 결심했다. 그런데, 카타남Katthanam이라는 청년이 나타나 괴물을 퇴치하고 공주를 구했다. 그 공로로 공주와 청년은 왕의 윤허를 받아 결혼해, 행복하게 살았다는 얘기다. 전형적인 영웅서사시의 이야기이며, 이러한 공주의 정신을 기리고자 사원을 만들었다고 한다.

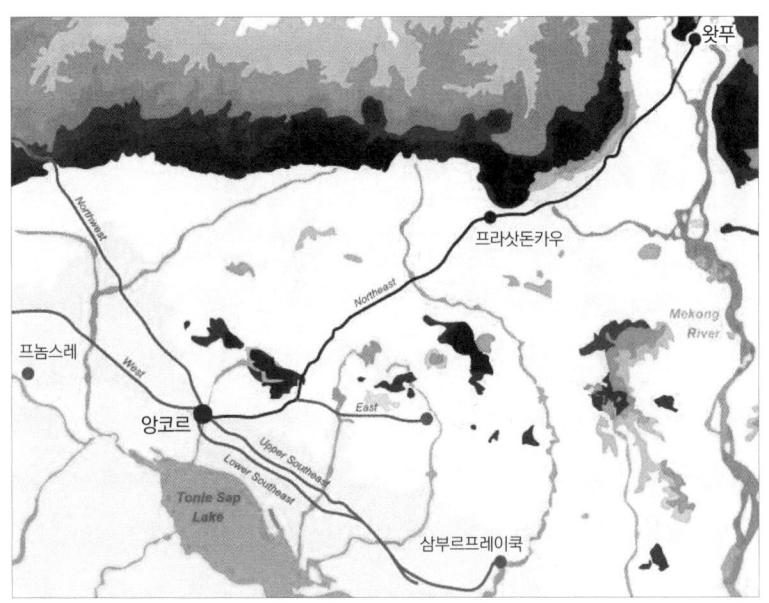

왓푸-앙코르 고대 도로 길 (출처: 한국문화재재단(2020))

    이 사업은 2010년 한국의 문화체육부 장관이 라오스를 방문했을 당시, 라오스 관계자들과 교류협력 방안에 대한 폭넓은 협의를 한 후 2011년 한국과 라오스 정부가 '문화유산 분야 교류협력 약정'을 체결하면서 시작되었다. 2009년 한국 정부가 OECD DAC 가입 후 2010년 '국제개발협력 선진화 방안'을 발표하였는데, 이 개발협력에 대한 기본 방향도 큰 몫을 했다. 이후 사전타당성을 조사하고 홍낭시다 유적 복원 계획을 수립(2012)하여 사업에 착수하였다. 사업은 기초조사 연구, 보수 정비, 역량 강화 등으로 구성하였고, 라오스 정보문화관광부와 왓푸세계유산사무소를 협력기관으로 해 진행되었다. 홍낭시다는 지금 캄보디아 시엠립을 수도로 한 크메르 제국(9~15세기) 시대의 힌두 사원 유적으로 12세기 중후반에 설립된 것으로 추정하고 있다. 발견 당시 답도, 주신전(플랫폼, 만다파, 셀라), 도서관(경전), 바라이(연못) 등으로 구성되어 있었고, 주신전은 동서 50m, 남북 29.24m, 높이 7.46m의 규모로 비교적 자그마한 크기였다. 그렇지만, 크메르 왕국 부흥기 이전인 12세기에 건축된 것으로 그 가치가 높으며, 시엠립에 있는 앙코르와트로 이어진 고대 도로와 성지순례에 연관된 유적으로 평가되고 있다. 앞으로 여기서부터 시엠립까지의 고대 도로가 복원된다면, 또 다른 '산티아고 길'이 될 수도 있다. 왓푸 사원에서 앙코르까지 이어진 고대 도로는 약 360km 정도로 산티아고 순례길(약 800km)에 비하면 반 정도밖에 안 된다. 현재는 도로의 모습만 있고, 지뢰나 기타 여러 가지 장애물이 많아 걸어가기는 매우 힘들다고 한다. 이러한 여건을 극복하고 고대 도로가 재현되기를 기대한다.

한편, 왓푸 사원의 복원에 대해서는 그동안 프랑스, 이탈리아, 인도, 독일 등 4개국이 지원을 했고, 한국이 다섯 번째 국가로 참여하였다. 1987년 프랑스가 가장 먼저 시작했고, 이탈리아가 2012년까지, 인도가 2010년에서 2017년까지 사업을 진행하였으며, 독일이 비교적 최근에 참여하였다. 프랑스는 오랜 기간 동안 여러 기관이 협력하여 사업을 하고 있다는 점이 가장 큰 특징이다. 사업은 조사-발굴-관광 및 지역 활성화 등으로 구성되어 있는데, 조사 분야는 150년의 역사를 지닌 프랑스 극동학원EFEO, École Française d'Extrême-Orient에서 진행한다. 고고학 조사를 통해서 기초조사를 한다. 본격적인 복원 사업은 프랑스 외무부 산하 우선연계기금FSP, Le Fondsde Solidarité Prioritaire을 투자하거나, 프랑스 ODA 실행기관인 프랑스 개발협력청AFD, Agence Française de Développement

에서 문화경관 보존, 지역공동체 활성화, 그리고 관광 개발 등을 지원한다. 한국과 비교해본다면, 국립문화재연구소-국가유산청-한국국제협력단 등의 기관들이 밀접하게 연계하여 추진하는 것과 같다. 일본의 경우, 동남아시아에 진출하면서 가장 먼저 문화유산의 보존을 목표로 정부 고위층과의 협력을 통해 추진하였는데, JICA의 자금을 활용하여 왓푸 박물관을 설립하였고, 이후 와세다 대학 등에서 연구조사 활동도 전개했다. 이탈리아는 왓푸 내 난디홀을 복원(2006~2012년)하는 사업에 참여했고, 인도는 왓푸의 북·남궁전 복원(2009~2017년)사업을, 독일 GIZ에서는 2018년 처음으로 왓푸 사원의 안내판 사업을 추진하였다.[8]

2017년부터 2018년까지 2년 동안 홍낭시다 유적 근처 땅 속에 묻혀 있던 부재 총 675개를 수습하였고, 2019년부터는 주신전을 해체하기 시작하여 그동안 수습된 부재와 함께 복원을 실시하였다. 복원공사는 광파측량, 3차원 이미지 모델링, 석재보존처리 등 다양한 공학적, 과학적 기술들을 기반으로 수행했다. 특히, 2019년 2월 해체조사 중 라오스 최초로 금동요니를 발굴했으며, 이는 크메르 고대사에 중요한 유물 중의 하나였다. 문화유산의 복원과 발굴에는 단순한 땅파기뿐만 아니라 3D, 빅데이터와 같은 첨단과학과 기술이 동원되며, 여러 분야 전문가들이 참여하는 등 융합적인 요소가 있다는 점이 특징이고, 이는 개발협력이 융합 및 학제 간 연계로 구성되었다는 점과 유사하다.

한국의 지원 사업은 타 공여기관의 지원과 달리 역량 강화에서 차

---

8   한국문화재재단(2020), 앞의 도서.

이가 있다. 타기관의 기존 연수는 연수는 대부분 단기연수였고, 영어와 불어와 같은 언어를 배우는 연수도 진행되었다. 그렇지만, 라오스 내의 발굴 인력 육성에 많은 투자를 하지 않았고, 유물에 대한 정보, 문화유산 보존, 발굴에 대한 축적된 정보도 많이 공유하지 않았다. 반면 우리 지원 사업은 단기초청연수는 물론 학위과정 연수를 포함하고 있어서, 라오스 입장에서는 역량 강화를 할 수 있는 좋은 기회가 되었다. 라오스 문화정보부 직원과 왓푸 세계유산사무소 직원 등을 선발하여 한국전통대학교 문화유산전문대학원에서 석사학위를 이수하도록 했다. 정보문화관광부 차관, 참파삭주 부지사, 정보문화관광부 유산국 부국장, 홍낭시다 현장소장, 부소장 등을 대상으로 초청연수를 실시하여 양국의 문화유산 관련 정책 및 기술 교류를 확대했다. 현지에서는 전문가 및 실무자를 대상으로 다양한 기술교육을 실시하였다. 이러한 과정을 통해서 문화유산 관리 역량 강화 및 문화유산 분야 전문가 네트워크를 구축하는 데에 크게 기여했다. 실제로 현지 기술교육 연수생 중 일부는 홍낭시다 복원 사업에 참여하기도 했다. 라오스 직원들을 현지의 한국 사무소로 초청해서 오전(9시~12시)에 3시간씩 왓푸 사원 유물 교육을 실시했다. 국가유산진흥원의 직원이 파견되어, 보존처리, 장비실습 등 실무 중심의 연수를 진행하여 개인의 역량은 물론 조직의 역량 강화에 기여했다. 인프라나 장비가 갖추어진다 하더라도 이를 활용할 수 있어야 하며, 사업 종료 이후 자체적인 사업지속성을 확보하기 위해서도 역량 강화가 필수적이었다. 이 사업은 2020년까지 지속되었고, 그 성과가 2차 사업으로 연계되어 현재 진행 중이다. 현지 전문인력을 양성하기 위해서는 심화교육, 심화교육 후 우수 연수자 중 일부를 학위과정까지 연계할 수 있는 프로그램이 있으면 효율적일 것이다. 인력양성의 선순환 구조를 위해 현지의 참파삭대학과 연계한 프로그램이나, 한국전통문화대와 MOU를 맺고 있는 국립라오스대학 등의 협력을 적극 검토할 만하다. 특히 왓푸지역 발굴, 복원 및 관리를 위해서는 현지 참파삭대학과 한국의 대학이 협력하여 문화유산과 관련한 인접 전공의 교육과정 개발 및 신규 학과 설립을 추진하는 것도 적극 검토해야 할 것이다.

2021년부터 시작되어 2025년에 종료되는 라오스 세계유산 왓푸-홍낭시다 복원 및 보존 자립 역량 강화 사업(2차 사업)에서는 1차 사업보다 개선된 문화유산 ODA 사업을 진행하고 있다. 홍낭시다 사원 전체의 종합정비 계획을 수립하여 주신전을 비롯한 답도와 경장까지 해체복원을 확대하여 진행하고 있으며, 3D 스캔을 이용한 디지털 기록화를 도입하였고, 보존처리, 디지털 데이터 활용 실무 등 지속적인 현지 연수를 통해 전문성과 기술력을 향상시켜 나가고 있다. 2차 사업이 완료된 이후 3차 사업은 지역 개발 및 관광상품 개발을 같이 추진한다면 보다 많은 관광객이 찾게 될 것으로 기대한다.

캄보디아 프레아피투 사원 복원 사업

캄보디아 개요

캄보디아는 인도차이나반도에 있으며, 태국의 동남쪽, 라오스의 남쪽, 그리고 베트남 남부 메콩델타 지역 등 3개국과 국경을 마주하고 있다. 면적은 남한보다 크고 한반도의 약 0.8배이며, 내부 중앙에 톤레삽Tonle Sap이라는 커다란 호수가 있다. 톤레Tonle는 '강'을 의미하고 삽Sap은 '큰 호수'를 의미한다. 톤레삽 호수는 동남아시아에서 가장 큰 담수호로 길이가 160km, 너비는 36km이다. 평상시에는 비교적 낮은 깊이에 약 2,700km^2 정도이나, 우기에는 깊고 넓게 펼쳐져 약 1만 6,000km^{2}가 된다. 이는 경기도와 제주도를 합친 크기다. 많은 수량으로 인하여 메콩강에서 넘친 물이 역류해 호수로 스며드는 것이다. 이로 인해 인근 지역 홍수 위협을 감소시키는 데 결정적 역할을 한다. 톤레삽 호수는 홍수 조절 기능을 하는 것이다. 우기가 끝나고 건기에는 물이 빠지면서 주위에 많은 퇴적물을 남겨 농사를 짓는데 최적의 조건을 갖춘다.

캄보디아는 국가발전전략으로 오각전략Pentagonal Strategy를 기반으로 하고 있다. 성장, 고용, 공평, 효율, 지속가능성 등을 목표로 사람, 도로, 물, 전기, 기술을 핵심 우선순위로 2028년까지 추진하는 전략으로 2030년까지 중상위소득국, 2050년까지 고소득국으로 진입하겠다는 '2050 캄보디아 비전'을 실현하기 위한 로드맵이다. 캄보디아는 전통적으로 저임금 노동력 기반 제조업 위주였으나, 최근에는 가구, 전기, 전자, 자전거, 자동차 등 제조업을 다양화하고 봉제 수출은 줄이고 있다. 특히 2022년에는 글로벌가치사슬GVC, Global Value Chain 차원에서 유망한 분야로 전자 및 자동차 부문을 선정하고 이를 위한 로드맵을 발표하기도 했다.[9] 2023년 캄보디아는 새로운 총리 선출과 새로운 내각 출범과 함께 많은 변화를 보여주고 있다. 특히 중국으로부터 17억 달러 규모

9　KOTRA(2023), 『2024 캄보디아 진출전략』.

의 지원을 받아 '푸난테초Funan Techo운하' 건설을 시작했다. 캄보디아 수도 프놈펜에서 180km 떨어진 타이만까지 연결하는 사업인데, 수문 3개, 교량 11개, 보도 208km 등이 만들어진다. 운하는 폭 100m, 깊이 5.4m로 건기에는 최대 3,000톤, 우기에는 5,000톤의 화물선이 이동가능하도록 설계되었다. 이 운하는 2028년에 완공될 예정이다. 캄보디아는 운하 건설을 통해 500만 명의 일자리를 창출하고, 캄보디아 수출입 물량의 33%를 호치민 항구를 이용했던 것을 자체적으로 처리할 수 있게 되어 운영비를 줄일 수 있을 것으로 보인다. '역사적인 사업'으로서 이 운하 건설이 베트남과의 관계, 중국 자본으로 예속 등 여러 문제가 있다고는 하지만, 캄보디아의 물류 및 경제에 미치는 영향은 자못 클 것으로 보인다. 더구나 고속도로 건설과 함께, 이미 완공된 시엠립 공항과 향후 완성될 프놈펜 신공항까지 더해서 인프라의 기반이 마련되고, 나아가 150만 기술인력 양성을 위한 청사진까지 가지고 있어서 발전의 가능성이 높을 것으로 전망된다.

캄보디아 프레아피투 복원 사업 사례

무엇보다 캄보디아는 '앙코르Angkor 유적'이라는 세계적인 유적이자 유네스코 세계유산을 보유한 국가로 알려져 있다. 이 유적은 산림지역을 포함해 규모가 약 400km^2 이상 펼쳐져 있다. 이 지역은 현재 시엠립 지역으로 9세기부터 15세기까지 크메르 제국의 수도였으며, 인구가 백만 명이 넘는 대제국이었다. 흔히 캄보디아를 'Kingdom of Wonder'라고 부르는 것도 이 앙코르 유적의 규모와 가치 때문이다. 프레아피투Preah Pithu 사원 복원 정비 사업(2015~2018년)[10]은 국가유산진흥원의 라오스 홍낭시다 사원 복원 사업 과정에서 한국국제협력단과 같이 발굴했다. 크메르 제국의 유적은 캄보디아뿐만 아니라 태국, 라오스, 베트남 등에 걸쳐 있다. 향후 이 지역에 있는 크메르 시기의 유적에 대한 조사가 있어야 할 것이고 필요한 경우 발굴과 복원을 한다면, 크메르 제국을 세상에 다시 알릴 수도 있을 것이다.

이 사업은 2011년 '한국과 캄보디아 간 문화유산 분야 교류협력을 위한 양해각서 체결을 위한 기본 협의'를 통해서 시작되었다. 국가유산청 주도로 사업 추진을 위한 현지 조사를 진행한 후 2013년 사업에 대한 양해각서를 체결하였다. 2013년 7월, 정부부처 제안 사업의 형태로 국가유산청이 한국국제협력단에 제안하여, 2014년 3월 신규 사업으로 사업형성조사를 실시하였고, 12월에 실시협의를 거쳐 협의의사록을 서명함으로써 본격적으로 착수하였다.

앙코르 유적에 대한 발굴과 복원은 프랑스 식민지 시절부터 시작되었다고 보는 것이 정설이다. 프랑스 극동학원EFEO의 주도로 1970년대 캄보디아 내전이 발생하기 전까지 진행했으며, 이후 인도와 일본이 참여하기도 했다. 본격적인 시작은 1990년 당시 캄보디아 노로돔 시하누크Norodom Sihanouk 국왕이 앙코르 유적에 대한 복원을 국제사회에 공식적으로 요청하면서부터다. 1992년 세계유산으로 등재되면서 동시에 위험에 처한 세계유산으로도 등재되었다. 그만큼 관리가 필요했다는 의미이다. 당시 유네스코 세계유산에 등재하기 위한 조건 중의 하

---

10   문화유산 ODA(공적개발원조), 국가유산진흥원 홈페이지(2024.7.15. 검색).

나가 등재를 위한 해당 정부기구의 설치였다. 이를 위해 캄보디아 정부는 압사라APSARA를 설치하였다. APSARA는 프랑스어 'Autorité pour la protection du site et l'aménagement de la région d'Angkor'의 약어이지만, 크메르어로 힌두교 신화에 나오는 요정을 말하기도 한다. 흔히 캄보디아 전통의 압사라 춤으로 많이 알려져 있다. 이후 1993년 국제사회는 유네스코의 주관으로 ICC-AngkorInternational Cooperation Committee for the Safeguarding and Development of the Historic Site of Angkor라는 국제협력 기구를 구성하여 기술 및 경험을 논의하고 공유하고 있다. ICC-Angkor는 앙코르 유적에 대해 가장 권위 있고, 전문적인 기구로서 법적인 효력은 없을지라도 복원 사업에 참여하는 모든 기관이 이 기구의 결정이나 제언을 준수한다. 캄보디아 정부는 1995년에 정부기관으로 압사라청APSARA National Authority을 설립하고, 1996년 문화유산보호법을 공포하여 유적을 관리·보호하고 있다. 그 결과 2002년 유네스코는 위험에 처한 세계유산에서 앙코르 유적을 삭제했다.

프레아피투 복원 사업은 2015년부터 시작되었는데, 한국은 앙코르 유적 복원 사업에 참여한 열일곱 번째 국가였다. 비교적 늦은 시기에 참여한 셈이다. 프레아피투는 앙코르 유적 가운데, 앙코르 톰 지역 안에 위치한 5개의 사원을 말한다. '프레아Preah'는 '성스러운'이라는 의미이고, '피투Pithu'는 '석가모니의 형상'을 의미하는 것으로 '성스러운 석가모니를 모신 사원'이라는 뜻이다.[11] 앙코르 톰은 흔히 사면상으로 알려진 바이욘 사원을 중심으로 펼쳐진 크메르 시대의 왕궁으로 프레

---

11   장지순(2021), 앞의 논문.

↑ 코끼리 테라스
↗ 프레아피투 사원군 유적
→ 프레아피투 사원군 유적

아피투는 왕궁 맞은편에 위치하고 있다.

12세기 이후 건축된 것으로 알려졌지만, 내용이 명확하게 밝혀지지 않아서 각 사원은 T, U, V, X, Y로 불리었다. 이후 연구결과로 T사원은 코속Kor Sok, U사원은 촘Chorm, V사원은 다운미아Daun Mea, X사원은 타툿Ta Tuot, Y사원은 샌도르크익Sandork Yeak으로 확인되었다. 이 사업은 2015년 9월부터 2018년 11월까지 프레아피투 사원군 5개 사원과 2개 테라스를 복원하기 위해 관련 기초조사, 보수 정비(T사원) 및 기자재 지원, 역량 강화 등을 진행했다. 특히 기자재 지원과 관련해서 실험실을 지원한 점이 특징이었는데, 최초의 실험실 지원 사업으로 의미가 있다. 앙코르 유적에 대한 조사 연구를 위한 실험장비 지원 및 역량 강화는 향후 발굴 또는 복원에 기여할 것으로 보인다. 나아가, 이 사원의 복원을 통해 관광객들에게 새로운 방문코스로 새롭게 구성되기를 희망한다.

2차 사업은 '캄보디아 앙코르 유적 프레아피투 사원과 코끼리 테라스 보존 및 복원(2019~2025년)'이 진행 중이다. 1차 사업 성과인 프레아피투 사원군 마스터 플랜을 바탕으로 '촘 사원(사원U)'과 근처에 있는 코끼리 테라스 보존 및 복원 사업을 수행하는 것이다. 2018년 1월에 조사를 실시하여 사업의 타당성을 검토했고, 12월 심층 기획 조사를 통해 사업을 구체화해서 진행했다. 대부분의 사업 내용이 1차 사업, 프레아피투 사원군에 대한 조사에 더해서 근처의 코끼리 테라스 복원에 초점을 두었다. 이를 위해 복원 정비 계획 수립, 정밀 실측, 지반 및 지하수 조사, 지질 및 암석화 조사, 고증 연구, 구조 안전성, 복원 설계 및 시공 등의 과정을 거친다. 기술교육을 위한 초청연수 및 현지연수도 실시하여 현지 인력에 대한 역량 강화가 이루어진다. 현재 이 사업은 계획대로 추진되고 있으며 완성될 경우, 프레아피투 사원 복원에 한걸음 더 나아갈 것이다.

한편, 앙코르 사업에 뒤늦게 뛰어들었지만, 그간의 성과를 높게 평가한 캄보디아 정부는 국가유산청과 국가유산진흥원에 앙코르와트 Angkor Wat에 대한 보수 정비 사업을 요청하였다. '캄보디아 앙코르와트 바칸 북동쪽 기단부 보수 정비 사업(2024~2026년)'[12]이 그것이다. 앙코

---

12 문화유산 ODA(공적개발원조), 국가유산진흥원 홈페이지(2024.7.15. 검색).

르와트는 캄보디아 국기에도 그려져 있을 만큼 크메르 유적군의 핵심이다. 특히 앙코르 유적에서 활동하는 20여 개 국제기관 중 단 4개 국가만이 앙코르와트 보수 정비 사업에 초청받아 참여 중이었다.[13] 한국이 세계에서 다섯 번째 참여국이 되었다. 한국의 기술력을 인정받은 결과라 할 수 있다. 더구나 국가유산진흥원은 앙코르 유적에서 출토된 유물의 보존을 위해 압사라청 내에 현대적 시설을 갖춘 보존과학센터를 설립하고, 한국의 전문가를 파견하여 보존처리 기술을 전수하고 있다. 앞에서 지적했듯이 어떤 기관이나 공여국도 실험실에 대한 지원이 없었는데, 한국 정부는 이를 지원했다. 현지 인력을 양성해서 스스로 관리하도록 하는 것이 진정한 의미의 지속가능성이기 때문이다. 나아가 관광객이 앙코르와트를 보다 체계적으로 관람할 수 있도록 앙코르와트의 관광시설 정비에도 지원할 예정이다. 관광과 유적을 연계한 새로운 형식의 프로그램을 만드는 것이다. 특히 지역주민에게는 문화유산의 중요성을 인식시키는 교육을 함으로써 자국의 문화에 대한 자긍심을 갖도록 할 것이다. 관광산업은 캄보디아 산업에서 매우 중요한 위치를 차지한다. 이 사업을 통해서 문화유산을 이용한 관광상품 개발 교육도 실시해 관광산업 활성화와 현지인의 관광소득 증대에도 기여할 것이다. 시엠립 지역은 얼마 전 도시로부터 1시간 거리에 신공항을 만들었다. 그리고 근처에 한국 정부가 지원하는 조림 사업도 추진 중에 있고, 아시아 산림협력기구AFoCO, Asian Forest Cooperation Organization라는 국제기구에서 산림 복원 사업을 전개하고 있어서, 이들과 연계한 프로

---

13   한국문화재재단(2020), 앞의 도서.

그램이 만들어질 경우, 보다 다양한 체험을 관광객들에게 선사할 수 있을 것이다.

문화유산 보존의 지속성을 담보하기 위해서는 지역사회가 함께 참여하도록 한다는 측면에서 3차 사업은 진일보한 것으로 보인다. 대규모 예산을 투입한 복원 사업이 지역사회의 협조와 일자리 창출이 수반된다면 시너지 효과도 거둘 수 있다. 또한 유적 보존과 복구는 공학적인 개념을 넘어, 주변과 사회현상을 함께 고려한 시스템 공학적인 접근이 필요하다. 지역사회와 문화유산의 고유가치가 상호작용하는 개발 개념을 규정하고 실천해야 할 것이다.

유적 복원 사업과 관광상품의 연계를 통해서 시너지 효과를 거둘 수 있다. 관광산업 활성화 차원에서 제대로 된 관광코스를 마련해 관광객들에게 보는 즐거움을 선사해야 한다. 예를 들어, 시엠립에 있는 크메르 제국의 유적을 시대순으로 변천 과정을 보도록 방문 일정을 조정하거나, 국가별 지원 사업의 사례를 보면서 비교할 수 있도록 하거나, 유적이 발굴되고 복원되어 건설되는 과정(건축재료를 구하는 현장부터 시작)으로 구성하는 등 얼마든지 다양한 코스와 내용으로 구성할 수 있을 것이다. 세계유산으로서 앙코르 유적에 대한 지원은 연계와 협력을 통해 시너지 효과를 거둘 수 있도록 해야 할 것이다.

문화유산 공적개발원조의 미래

연계와 협력을 통한 시너지 효과

우리나라 문화유산 ODA 대표 시행기관인 국가유산청을 살펴보면 예산 규모, 사업 수와 분야, 대상 지역 등이 증가하는 추세다. 또한 문화유산 ODA 사업을 수행하는 기관도 국가유산진흥원과 한국국제협력단에 더하여 한국전통문화대학교, 아태무형유산센터 등이 생겼다. 나아가 유네스코 카테고리 II 센터들의 역할과 비중이 커지고 있다. 이렇듯 문화유산 ODA 사업 실행기관이 빠르게 늘어나고 있어, 사전에 기관별 특성에 따른 기능 분담을 계획하지 않으면, 중복 지원과 비효율적인 운영 문제가 생길 수 있다. 따라서 시너지 효과를 높이기 위한 차원에서 협의회나 포럼을 운영하는 것이 필요하다. 유적의 복원 및 보존 사업을 넘어 해양문화재 인양 및 복원 사업, 무형문화유산, 세계기록유산 등의 과제도 폭넓게 접근해야 할 것이다.

유네스코의 문화지표 2030, 세계은행의 환경 및 사회지표 ESSs 도입 등과 같이 수원국과 공여국이 상호 책임을 공유하는 방향으로 개발협력의 추세도 변하고 있다. 지속가능발전목표 SDGs 달성에 기여하는 문화유산 ODA 사업을 추진하기 위해 사업의 모든 단계에 이를 내재화하고 구현하는 방안을 마련해야 한다. 문화유산 ODA 사업의 대표적인 성공 사례를 확산하고, 지역 개발을 통한 문화유산의 지속가능한 보호와 발전을 도모해야 할 시점이다.

또한, 개발협력의 정책적 측면에서 몇 가지 짚고 넘어가야 할 것이 있다. 먼저, 중점협력국의 국가협력전략에서 중점 분야와 문화유산 분야가 일치하는 것은 아니다. 대부분 보건, 교육, 교통 등이 중점 분야이다. 물론 문화유산 항목이 ODA 분류에 없는 탓도 있지만, 세부 내용에는 충분히 들어갈 수 있음에도 불구하고 명시적으로 반영된 경우는 없고, 일부 국가의 국가협력전략의 세부 과제 중의 하나로 '관광 분야 활성화' 정도만 언급되었다. 세계적인 문화유산을 지니고 있는 중점협력국에는 문화유산 ODA 사업도 없다. 라오스, 우즈베키스탄, 미얀마 등은 중점협력국임에도 불구하고 분야별 전략에 문화유산 분야가 포함되어 있지 않고, 베트남, 인도네시아, 몽골, 네팔, 르완다, 우간다, 페루 등은 분야별 전략에 있지만, 준비하는 사업이 없다. 이들 국가와의 협력을 위한 연구 및 조사를 실시하고, 가능성이 높은 국가부터 추진할 필요가 있다. 그렇게 함으로써 지원전략과 사업이 맞물려 효과를 높일 수 있을 것이다.

또한, 문화관련 ODA를 추진하고 있는 문화체육관광부, 국가유산청, 한국국제협력단KOICA 등은 주로 무상 사업만 하고 있다. 아직까지 유상 ODA는 지원된 적이 없다. 즉, 개발정책 측면에서 유무상 연계사업이 적극 검토되어야 한다. 향후 문화유산 복원 및 발굴, 관련 인프라 및 지역 개발 등을 연계한 대규모의 지역 개발 사업을 유상 ODA 사업으로 연계할 수 있을 것이다. 특히, 문화동반자 사업CPI, Cultural Partnership Initiative은 2005년에 시작된 이래 현재까지 100여 개국에서 약 1,800여 명이 참여한 대표적인 ODA 사업이다. 이 사업을 통해서 구축된 네트워크를 잘 활용하면, 좋은 사업을 발굴하여 진행할 수 있고, 사업 관리에도 매우 유용할 것이다.

국내 현황을 보면, 아직 문화유산에 대한 지원이 많지 않아서 활동 영역이 제한적이다. 문화유산 분야는 융합적인 성격을 가지고 있고, 민간과의 협력이 필요한 분야임을 고려해 이에 대한 협력을 검토해야 할 것이다. 현재 한국에서 문화유산 분야의 협력은 제한된 범위에서 일부 기관 중심으로만 추진되고 있는데, 컨소시엄 형식의 협력체계를 구축하여 이러한 한계를 극복해야 할 것이다. 특히 인력 부분이 그러하다. 앙코르 사원에 대한 복원 사업의 경우, 국내에 전문가들이 많지 않아서 초기에 어려움이 많았다. 그러나 사업이 진행되는 동안 현지에서 공여국 회의에 참여하여 관련 전문가들과 교류함으로써 전문가 양성되기도 했다. 또한 청년 중에서 인턴으로 참여했다가 고용되는 경우도 있었다. 문화유산 ODA 분야는 장기적으로 진행되는 경우가 많아 이 분야의 인력이 앞으로 더 많이 필요할 것으로 전망된다. 따라서 문화유산 분야의 인력 양성 및 활용 방안도 준비되어야 한다. 나아가 중점협력국과 문화유산이 많이 존재하는 국가를 대상으로 연수를 통한 역량 강화부터 인프라 사업을 포함한 시설 지원, 발굴 및 복원 관리 등의 사업을 적극 발굴하여 추진해야 할 것이다. 아울러 국가유산청, 국가유산진흥원, 관련 연구소, 그리고 대학 및 민간단체 등의 전문기관과 협업하여 문화유산에 대한 직접적인 ODA 사업은 물론 지역 개발 및 관광과 연계하는 프로그램으로 발전시킬 필요가 있다.

문화유산 ODA와 지역 개발의 연계사업 제안

이 장의 글을 마무리하면서, 한 가지 방법을 제안하고자 한다. 어느 지역에 대한 문화유산의 발굴과 복원을 전개하면서 지역 개발을 같이 추진하는 연계사업은 충분히 검토할 만하다. 문화유산 발굴과 복원을 추진하고, 여기에 보건, 교육, 농업 및 관광을 포함한 지역 개발 마스터플랜을 마련한다. 이를 추진하기 위해 유상 자금을 활용하여 시설 설립 및 기자재 지원 등 인프라 구축을 연계할 경우, 시너지 효과가 매우 높을 것이다. 그리고 무상으로 기술 지원과 전문가 자문, 그리고 기반 시설 확충 등 나라별 프로그램으로 연계할 수 있다. 이는 근래 정부의 개발협력 정책 방향과 정확하게 부합한다. 〈제3차 국제개발협력기본계획〉의 기본전략에서 언급하고 있는 두 번째 전략인 '상생하는 ODA' 전략의 첫 번째 추진과제인 '경제사회 발전 기반 조성'의 세부 과제인 '개도국 사회 인프라 지원'에 해당된다. 즉, 개도국의 문화·관광 자원을 활용한 경제발전을 위해 수원국 문화 콘텐츠를 토대로 현지 맞춤형 인프라 구축 및 역량 강화를 추진하는 것이다. 예를 들어 문화유산 통합관리 시스템 구축, 관광종합교육센터 건립, 관련 정책 자문 등을 연계하여 하나의 사업으로 만드는 것이다. 개도국 현지 지역사회와 연대한 사업모델을 개발하여 지역사회의 선순환 사회 및 경제구조 창출에 기여할 수 있다. 현지 정부(관광 인프라 구축)와 주민 공동체(사업 운영)가 함께 관광자원 개발 및 지역 일자리 창출 모델을 만드는 것이다. 이는 정부가 의욕적으로 추진하고 있는 시그너처 사업으로도 착수할 수 있는 좋은 사례가 된다.

앞의 사례에서 소개했듯이, 국가유산청에서 추진하는 라오스 왓푸-홍낭시다 복원 사업의 경우, 이러한 시그너처 사업으로 유무상 연계 및 지역 개발 사업으로 시너지 효과를 높일 수 있는 후보 사업이다.

참파삭주는 팍세를 기준으로 서쪽으로 메콩강 건너 태국, 동쪽으로 베트남, 남쪽으로는 캄보디아와 국경을 마주하는 3개국 연결 지역이다. 근처 3개국을 여행하는 여행자들에게는 연결고리로서 매우 중요한 위치를 차지한다. 대부분이 육로로 국경이 연결된다는 장점을 가지고 있다.

앞에서 설명했듯이 홍낭시다는 유네스코 세계유산인 왓푸에 있다. 2013년부터 한국 정부의 지원으로 발굴 및 복원 사업이 진행되는 중이다. 한편, 라오스 남부지역은 오래전 참파삭 왕국이 있던 곳이다. 라오스 역사의 황금기는 14세기부터 18세기에 걸쳐 존재했던 란상Lane Xang왕국 시기이다. 여기에서 'Lane'은 '일백만', 'Xang'은 '코끼리'를 의미하는데, 란상왕국은 '백만 마리의 코끼리가 있는 왕국'이었다. 지금도 라오스 북부지역 싸야부리Xayaburi주에서 매년 2월에 코끼리 축제Lao Elephant Festival을 성대하게 개최한다. 란상왕국 시대가 끝나고 3개의 왕국으로 나누어졌는데, 북부지역은 루앙프라방, 중부지역은 비엔티엔, 남부지역은 참파삭으로 나누어졌다. 이 체제는 프랑스의 식민 지배를 받기 전까지 유지되었다. 당시 참파삭 왕궁이 있던 곳이 현재 왓푸 유적지 근처이며, 지금도 참파삭이라는 조그마한 행정 구역으로 남아있다. 현재 참파삭주의 수도는 팍세이며, 라오스-캄보디아-베트남 등 3개국의 사통팔달에 위치하고 있다. 팍세에서 동쪽 베트남 방향으로 약 40km 정도 가는 길목에 팍송Pak Song이라고 하는 고원지대가 있다. 여기는 1년 내내 기온이 일정해서, 커피, 차, 두리안과 같은 작물을 재배하는데 최적이기도 하며, 근처에 다양한 형태의 폭포와 계곡이 있어 관광이 유망한 지역이다. 또한, 팍세에서 남동쪽으로 약 30km 정도 가

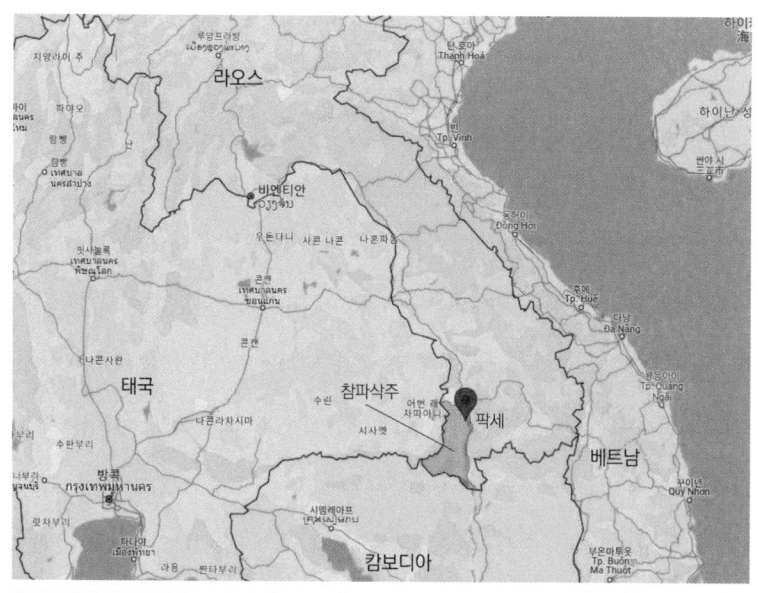

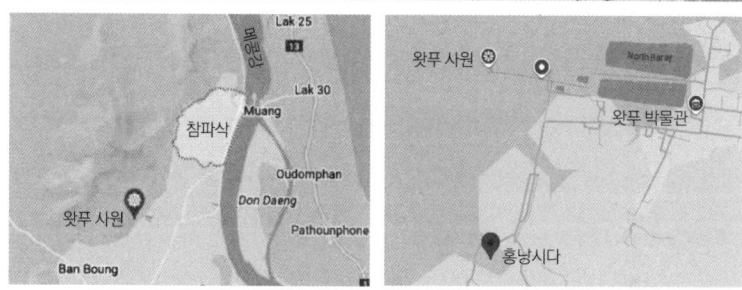

↑ 팍세는 거의 4개국이 만나는 곳에 있다. 남쪽으로는 캄보디아, 서쪽으로는 태국과 접하며 동쪽으로 베트남이 있다.
← 참파삭에서 왓푸 사원(10km)
› 왓푸에서 홍낭시다(3km, 비포장)

면 참파삭이 나온다. 참파삭에서서 남서쪽 방향으로 12km 정도 위치에 왓푸 사원이 있고, 왓푸 사원에서 더 아래쪽으로 3km에 홍낭시다 사원이 위치한다.

이곳에 독일의 GIZ이나 스웨덴의 SIDA 등에서 트레킹 코스를 개발하고 있지만, 참파삭에 대한 복원과 개발은 아직 없다. 또한, 여기서 아래쪽 캄보디아 국경 근처로 1시간 정도 가면, 메콩강 유역 내 크고 작은 4,000개의 섬으로 이루어진 시판돈Si Phan Don이 있다. 강 유역에 이렇게 어마어마한 섬이 있다는 것은 메콩강 유역의 규모와 크기를 짐작할 수 있게 한다.

현재 참파삭주에는 국가유산청에서 왓푸-홍낭시다 사원 복구를 하고 있고, 대외경제협력기금EDCF에서 메콩강변 조성 사업을, 한국국제협력단에서 남부지역 농촌개발 사업을 하고 있다. 그런데 같은 참파삭이지만 각각 작업을 진행하고 있어, 시너지 효과는 미미하다. 따라서 홍낭시다-왓푸-참파삭 등을 연계하여 사업을 추진하는 것은 지역 개발과 인프라 기반 구축 사업으로 검토할 만하다. 참파삭 지역이 문화유산 ODA를 통해 유적 복원이 이루어지고 도로 환경이 개선되고 교육 및 보건시설이 지원되면, 새로운 관광상품이 뒤따라와 여행객을 초대할 것이다. 나아가 농촌개발 사업으로 소득 개선을 지원한다면, 지역 주민은 지금보다 나은 삶의 여건 속에서 생활할 수 있을 것이다. 프로그램 사업이자 지역의 시그너처 사업으로 추진한다면, 이 지역에서 활동하는 타 공여국이나 국제기구와의 협력을 통해 시너지 효과를 거둘 수 있을 것이다. 문화유산 복원 사업만 하는 한계를 벗어나 타 공여기관과의 협력을 통해 종합적인 개발 계획을 마련하여 추진함으로써 지속가능발전목표 달성에도 기여할 수 있을 것이다. 문화유산 보존과 교육에 더하여 일자리와 경제, 지속가능한 관광, 생산과 소비, 글로벌 파트너십 등을 연계한다. 즉 문화유산과 경제적, 사회적, 정신적 발전 연계는 유엔을 포함 OECD, 유네스코, 세계은행 모두 함께하는 가치임을 인식해야 할 것이다.

또한, 산업생태계에서 부가가치 창출이 가장 많은 관광산업의 원천 소스로서 문화유산 콘텐츠의 가치를 찾아야 한다. 융복합의 중요성에 대한 인식과 공감이 문화유산 ODA의 지속가능한 발전이라는 선순환 구조를 만드는 동력임을 인식해야 한다. 정치, 경제, 외교 분야보다 현대와 전통이 어우러진 문화유산에 대한 선호도가 높다. 소프트 파워의 핵심으로서 문화유산 ODA 사업을 성공하기 위해서는 우호적 환경이 조성되어야 한다. 따라서 부처 간, 영역 간, 사업 간 연계성을 강조하는 개발협력 추진 방향에 부합하고, 범분야 이슈라는 특성을 적극 살려야 한다. 이를 통하여 개도국의 문화자원 기반 위에 관광산업 발전에 기여하는 '새로운 문화유산 ODA 사업 모델'을 확산하는 방안을 적극 강구할 필요가 있다.

문화유산 ODA 사업과 연관된 시행기관과 사업 실시기관도 늘고 있고 이에 비례하여 사업 범위와 예산 역시 빠른 속도로 팽창하고 있다. 문화유산 ODA 사업에 대한 기본전략 수립, 운영체계 정립, 부처 간 또는 기관 간 연계, 전문가의 소통과 협업 등 해결 과제가 산적해 있다. 또한, 국제개발협력기본법, 국제개발협력종합기본계획, 국제개발협력종합시행계획 등과 같은 정부 정책과 일관성도 확보해야 할 것이다. 문화유산 ODA는 특정분야에 한정되지 않고 어떤 영역과도 연결이 가능한 범분야 이슈로서의 특성을 가진다. 수원국 주민의 삶의 질과 정서적 복지 증진에 기여함으로써 진정성과 효과성을 높일 수 있다. 앞에서 하나의 사례로 제시한 새로운 사업 모델로 양자-다자 연계, 유상-무상 연계, 정부-민간 사업 패키지화로 사업의 분절성과 중복을 극복할 수 있다.

한국은 유네스코 문화유산과 관련된 전 범위에서 탁월한 성과를 보였다. 더구나 관광과 콘텐츠 분야에서 세계적인 경쟁력을 지닌 국가이기도 하다. 수원국이 원하는 발전 단계에 맞게 현지화할 수 있다. 나아가 지속가능한 발전에 진정성 있게 기여하는 나라로 이미지를 제고할 필요가 있다. 한국은 수원국에서 공여국으로 변화를 달성한 국가, 식민지 경험의 역사, 선진국과 개도국 사이의 가교 역할 국가, 유네스코 문화유산 보호와 발전 모범국가 등 개도국 벤치마킹의 대상 국가로 국제사회의 요청이 쇄도하고 있다. 더구나 K-드라마, K-Pop, K-Food 등 한국문화에 대한 관심도 증가하고 있다. 이러한 흐름에 맞추어 콘텐츠를 축적하여 접목함으로써 세계와 공유해야 할 것이다. 문화유산 ODA가 바로 이에 부합한 사업으로 의미를 갖는다.

지속가능한 문화유산 ODA를 추진하기 위해서는 무엇보다 중장기 발전계획에 의거한 대외전략으로 추진해야 할 것이다. 한국의 경험을 살리고, 기술 및 시설 지원의 우수성을 고려하는 것이다. 구체적으로 국제개발협력위원회에 '문화유산 ODA 추진 방안'을 제안하고, 각 국가별 협력 전략에도 구체적인 내용을 제시한다. 이 전략에는 지역 종합개발계획을 포함하여 유상과 무상의 연계, 국별 프로그램이 포함되도록 한다. 또한, 문화유산 ODA를 추진하기 위한 콘텐츠를 개발하여 활용하고, 중점협력국 중 문화유산 분야의 높은 잠재력을 지니고 있는 국가를 선정하고, 집중 지원하도록 한다. 이렇게 함으로써 문화유산 ODA의 의미를 찾고, 국제사회에 기여할 수 있도록 해야 할 것이다.

무형유산 제도 보급을 통한 국제개발협력

박원모[1]

우리나라의 무형유산 보호 제도 보급 활동

우리나라는 1950년대 미국과 국제연합UN의 무상원조를 시작으로 1960년대 이후 국제개발부흥은행IBRD, 국제통화기금IMF, 국제개발협회IDA 등의 공공차관에 이르기까지 국제사회로부터 다양한 공적개

---

1 문화인류학과 비교민속학을 전공했다. 한국과 일본의 민속예능, 특히 무속을 포함한 제사예능을 비교 연구했다. 국립문화재연구소에서 중요무형문화재 기록화와 조사 작업을 담당했으며, 유네스코아태무형유산센터의 설립 멤버로서 아태지역 국가들의 무형유산 보호와 협약 이행을 위한 프로젝트를 주도하고 있다. 연세대학교, 국립경상대학교, 한국외국어대학교에서 강사 및 초빙교수 등으로 활동했으며, 현재는 유네스코아태무형유산센터 연구정보실장으로 재직하면서 한국전통문화대학교 겸임교수로서 유네스코 정책 및 무형유산학을 가르치고 있다. pweonmo@hanmail.net

발원조ODA의 혜택을 받아왔다.[2] 우리나라가 세계은행 공적개발원조 ODA 협력 대상국 목록에서 제외된 것은 1995년이고, 경제협력개발기구OECD 산하 개발원조위원회DAC의 공적개발원조 협력 대상국 목록에서 제외된 것은 2000년에 이르러서이다. 그리고 2009년에 OECD 회원국 중에서도 선진국만 가입할 수 있다는 DAC의 회원국이 되었다. 특히 2010년 1월 25일에 제정된 '국제개발협력기본법'은 우리나라의 공적개발원조에 대한 제도적 준거를 명확히 하는 계기가 되었다.

우리나라는 공적개발원조의 수원국이었음에도 불구하고 1960년대에 이미 미국 국제개발처UNAID가 제공하는 자금으로 개발도상국의 연수생을 국내에 초청해 훈련 프로그램을 시작했다. 이후 우리 정부의 자금으로 전문가, 의사 및 태권도 사범의 개발도상국 파견 사업, 개발조사 사업, 해외봉사단 파견 사업, 물자 지원 사업, 프로젝트형 사업 등 무상원조 사업과 공공개발차관 사업, 비정부 기구 지원 사업 등 다양한 협력 프로그램을 시행해 왔다.[3] 그중 하나가 해방 이후 민족문화 재건을 위해 1962년에 제정한 문화재보호법에 기초하여 구축된 우리나라의 무형문화재 보호 제도 및 정책 실행의 경험을 개발도상국을 포함한 전 세계에 보급하는 것이었다.

처음 무형문화재 보호 제도 보급과 관련한 우리나라의 국제사회에 대한 기여는 유네스코를 통해 다자간 협력의 형태로 시작되었다. 1993년 제142차 유네스코 집행위원회 회기에서 우리나라는 '인간문화재

---

2   KOICA ODA 교육원(2022), 『국제개발협력 입문편: 더불어 사는 세상을 위한 소중한 첫걸음(개정판)』, 340쪽 참조.
3   KOICA(2022), 앞의 도서, 350-351쪽 참조.

제도Living Human Treasures System[4]' 보급 결의문을 제안하여 채택되었다. 이에 근거하여 이후 우리나라는 인간문화재 제도 보급을 위해 1996년 10월에 세네갈, 모로코, 루마니아, 독일, 영국, 인도네시아, 태국, 베트남, 말레이시아, 일본, 필리핀 및 유네스코 관계자들을 초청하여 '무형문화재 보존 방법론 개발을 위한 국제정책회의'를 개최하였다. 해당 회의에서는 유네스코가 첫째, 여러 지역의 관심과 필요를 반영하는 간결한 지침Guideline을 마련하고, 둘째, 정책 입안자들과 연구자들을 위한 세미나 및 워크숍을 개최하며, 셋째, 무형문화재 보호에 관한 협약의 개발을 고려할 것을 권고하였다.[5] 계속해서 해당 회의를 주관한 문화재관리국(현 국가유산청)과 유네스코한국위원회는 1998년부터 2001년까지 4회에 걸쳐 국가적, 국제적 차원에서 무형문화재의 훼손을 막기 위한 제도가 어떻게 법제화되고 운영되는지 체험할 기회를 공유하기 위해 우리나라에서 '무형문화재 보존을 위한 유네스코 국제연수 워크숍'을 개최하였다. 우리나라는 1997년 11월에 개최된 제29차 유네스코 총회에서 아시아 태평양 지역 4~5개국을 대상으로 지역 차원의 무형문화재 연수 프로그램 개최 의사를 유네스코에 전달하였으며, 유네스코는 이를 유네스코 정규사업으로 각 지역별로 1개국씩 참가하는 국제 규모의 사업으로 발전시킬 것을 역제안하였다. 우리나라는 국제 워크숍을 통해 우리나라의 무형문화재 보호 제도를 국제사회에 홍보

4 　해당 '인간문화재 제도'는 당시 유네스코 대표부의 박상식 대사가 우리나라의 무형문화재 보호 제도를 참조하여 제안한 것이다. 임돈희, Roger L. Janelli(2019), 「한국의 무형문화재 제도와 유네스코 무형문화유산 정책의 비교와 담론」, 『학술원논문집(인문사회과학편)』 제58집 1호, 99쪽 참조.
5 　유네스코아태무형유산센터(2008), 『아태무형유산센터 타당성조사 자료집』, 54-57쪽 참조.

하는 한편, 참가국과 관련 정보를 교류하고 국제협력 역량을 강화하는 기회를 가질 수 있었다. 2002년, 후속조치로 문화재관리국과 유네스코한국위원회는 유네스코와 협력하여 워크숍의 결과를 반영한 '인간문화재 제도 설립을 위한 지침서'를 제작하여 전 세계에 배포하였다.[6]

우리나라가 공적개발원조 협력 대상국을 상대로 무형문화재 보호 제도 보급 사업을 본격적으로 수행하게 된 것은 유네스코가 2003년에 〈무형문화유산보호협약〉을 채택하면서 무형문화재 보호 제도 관련 선도국 역할을 자처해 왔던 우리나라가 아시아 태평양 지역 회원국, 특히 저개발국 및 개발도상국의 무형유산 보호 활동을 지원하기 위해 유네스코아태무형유산센터를 유치하면서부터이다. 아태무형유산센터는 2011년 7월 유네스코 카테고리 II 기관으로 정식 지위를 획득하기 이전 설립기획단 시절인 2007년부터 몽골 및 베트남, 2008년부터는 라오스, 2009년부터는 부탄을 대상으로 양자협력의 형식으로 국가목록 작성을 포함한 무형문화재 보호 제도 구축 사업을 지원하였다. 해당 사업에는 문화재청(현 국가유산청)의 무형유산 공적개발원조 예산과 아태무형유산센터 본 예산의 일부가 사용되었다. 2014년 이후 무형유산 공적개발원조 예산은 한국문화재보호재단(현 국가유산진흥원)으로 이관되었고 해당 사업들은 아태무형유산센터 본 예산으로만 추진되었다. 그리고 몽골 협력 사업의 경험을 기반으로 2010년부터는 카자흐스탄, 키르기스스탄, 타지키스탄, 우즈베키스탄 등 중앙아시아 4개국과

---

[6] UNESCO(2002), Guidelines for the Establishment of Living Human Treasures Systems.

함께 다자협력의 형식으로 무형유산 국가목록 작성을 위한 협력 사업이 시행되었다.

이 글에서는 우리나라가 유네스코 2003년 〈무형문화유산보호협약〉에 근거하여 설립된 아태무형유산센터를 통해 2007년부터 2010년까지 양자협력 사업으로 수행한 '몽골 인간문화재 제도 구축을 위한 한·몽 협력 사업'에 대해 소개하고 해당 사업의 경험을 토대로 2010년부터 2014년까지 중앙아시아 국가들과 다자협력 사업으로 새롭게 추진한 '온라인 툴을 활용한 무형유산 국가목록 작성 협력 사업'에 대해 소개하려고 한다. 또한, 후속 사업의 일환으로 무형유산 정보 기반 조성을 위해 2015년부터 2018년까지 몽골 및 중앙아시아 국가들과 함께 추진한 '영상 라이브러리 제작을 통한 무형유산 가시성 제고 사업'에 대해서도 살펴보고자 한다.

유네스코 2003 협약 체제하의 국제협력

유네스코는 유엔헌장에서 선언한 기본적 자유, 인권, 법의 지배, 그리고 보편적인 정의의 구현을 위해서 국가 간의 교육, 과학, 그리고 문화 교류를 통한 국제협력을 촉진함으로써 평화와 복리에 기여하는 것을 목적으로 설립되었다.[7] 즉, 유네스코는 교육, 과학, 문화 분야에서 국가 간 협력의 촉진자 역할을 수행하는 국제기구이다.

7 UNESCO(1945), *The Constitution of UNESCO*

유네스코의 국제협력은 여러 가지 형태로 이루어지고 있다. 국제적 과제 연구 및 전략 수립, 해당 분야의 국제규범 제정, 관련 지식과 정보 수집 및 보급, 회원국의 인적·제도적 역량 강화 수행 등 여러 활동을 하고 있다.[8] 그리고 이를 위해 유네스코는 다양한 파트너십을 구축하고 있다.

〈무형문화유산보호협약〉은 이전에 전통문화, 구전전통, 민속 문화, 민족 음악 등으로 표현되던 무형의 문화적 소산을 포괄하며, 해당 협약 체제하에서 국제적, 국내적 이행을 위한 다양한 활동 및 프로그램, 프로젝트를 수행하고 있다. 〈무형문화유산보호협약〉 체제하에서의 국제협력은 기본적으로 정부 간 기구라고 하는 유네스코의 특성상 회원국 정부 대표가 협약의 운영 주체이기는 하나 무형유산을 전승하고 있는 공동체, 단체 및 개인을 비롯하여 전문가, 전문기관, 연구소 및 지역 센터, 그리고 국가, 지역, 국제 차원의 비정부기구NGO 등 다양한 이해관계자의 참여를 보장한다.

〈무형문화유산보호협약〉의 국제협력 목적에는 정보와 경험의 교환, 공동사업 및 무형유산 보호를 위한 회원국의 노력에 대한 원조 체제의 확립을 포함하고 있다. 〈무형문화유산보호협약〉은 회원국들에게 무형유산의 보호가 인류 공동의 관심사임을 인식하고 이를 위하여 양자·소지역·지역 및 국제적으로 협력할 의무를 부담하고 있다.[9] 특히 협약은 국제원조가 ① 긴급한 보호가 필요한 무형문화유산 목록(일명 긴급

---

8   외교부(2022) 「유네스코 개황」, 6쪽 참조.
9   UNESCO(2003), The Convention for the Safeguarding of the Intangible Cultural Heritage.

보호목록)에 등재된 유산의 보호, ② 회원국의 자국 영토 내에 존재하는 무형유산의 목록 작성 준비, ③ 무형유산 보호를 목적으로 하는 국가·소지역 및 지역 차원에서 수행되는 프로그램, 프로젝트 및 활동의 지원, ④ 기타 필요하다고 판단되는 다른 목적[10] 등에 공여될 수 있다고 명시하고 있다. 이러한 국제원조의 형식으로는 ① 보호의 다양한 방법에 관한 연구, ② 전문가 및 전승자에 대한 지원, ③ 모든 필수 직원에 대한 훈련, ④ 규범의 제정 및 다른 수단 마련, ⑤ 인프라 구축 및 운영, ⑥ 설비 및 노하우 제공, ⑦ 적절한 경우 저리 융자 및 공여를 포함하는 다른 형태의 재정 및 기술원조[11] 등을 예시하고 있다.

〈무형문화유산보호협약〉 체제에서 국제원조는 먼저 유네스코의 재정 규칙에 따라 설립된 무형문화유산기금을 통해서 이루어진다. 해당 기금의 재원은 ① 당사국의 분담금, ② 유네스코 총회가 무형유산 보호를 목적으로 계상한 자금, ③ 기타 국가, 특히 국제연합개발계획UNDP 등 국제연합 소속의 기구·프로그램 및 다른 국제기구, 공공 또는 민간단체 및 개인 등에 의한 기부·증여 및 유증[12]으로 이루어진다. 또한 〈무형문화유산보호협약〉은 회원국으로부터 자발적 분담금을 받을 수 있을 뿐만 아니라 유네스코가 주관하는 국제적 모금 운동을 통해 기금을 마련할 수도 있다.[13] 무형문화유산기금 관련 국제원조는 국가 차원의 보호 노력을 지원하는 핵심적인 국제협력의 메커니즘으로 2008년

---

10   UNESCO(2003), 같은 협약 Article 20: Purposes of international assistance.
11   UNESCO(2003), 같은 협약 Article 21: Forms of international assistance.
12   UNESCO(2003), 같은 협약 Article 25: Nature and resources of the Fund.
13   UNESCO(2003), 같은 협약 Article 27: Voluntary supplementary contributions to the Fund; Article 28: International fund-raising campaigns.

출범 이후 2023년 6월 현재 72개 회원국의 140건의 프로젝트에 대해 총 1,160만 달러의 재정이 투입되었다.[14]

우리나라는 무형유산 보호 분야 선도국으로서 협약 분담금 및 신탁기금과 같은 자발적 분담금 외에도 특히 아시아 태평양 지역의 무형유산 보호를 위해서 또 다른 형식의 국제협력 및 원조를 수행하고 있다. 협약 분담금과는 별도로 우리나라는 무형유산 관련 유네스코 카테고리 Ⅱ 기관을 국내에 설립하여 〈무형문화유산보호협약〉의 이행을 촉진하고 있다. 카테고리 Ⅱ 기관은 유네스코의 포괄적 파트너십 전략의 일환으로 설립된 기관들로, 유네스코 후원하에 있는 글로벌 네트워크이다. 유네스코는 산하에 전문기관으로 유네스코가 인력 및 예산을 직접 관리하는 9개의 카테고리 Ⅰ 기관과 회원국과의 협정에 따라 인력 및 예산을 회원국이 부담하는 카테고리 Ⅱ 기관을 가지고 있다. 카테고리 Ⅱ 기관은 현재 교육 분야에 14개, 과학 분야에 86개(자연과학 71개, 해양과학 3개, 사회인문과학 12개), 문화 분야에 24개(세계유산 11개, 수중유산 1개, 무형유산 8개, 문화다양성 4개), 정보 분야에 6개 등 총 130개 기관이 있다. 유네스코 카테고리 Ⅱ 기관은 유네스코 총회의 승인하에 유네스코와 회원국 간의 협정에 의해 설립될 수 있다. 유네스코 카테고리 Ⅱ 기관은 해당 기관의 전문성을 바탕으로 국제 및 지역 협력, 연구, 지식 생산, 정책 자문 및 역량 강화를 통해 유네스코의 우선순위, 프로그램, 글로벌 개발 의제를 구현하는 데 의미 있는 방식으로 기여하고 있

---

14   UNESCO(2023), *Report on International Assistance from the International Cultural Heritage Fund and proposal for related amendments to the Operational Directives*(LHE/23/18.COM/10).

다. 카테고리Ⅱ기관은 유네스코와 법적으로는 독립적이지만 유네스코의 로고를 사용할 수 있고 국제 및 정부 간 기구 및 네트워크에 접속할 수 있는 특권을 가지며 유네스코의 국제적 영향력과 소집 권한을 활용할 수 있다.[15]

2003년 유네스코 제32차 총회에서 〈무형문화유산보호협약〉이 채택되면서 이전부터 유네스코의 인간문화재 제도 보급 사업 등 무형유산 분야에서 유네스코와 협력해 온 우리나라는 유네스코 카테고리Ⅱ 기관을 국내에 유치하여 국제사회에 공헌하고자 하는 계획을 수립하였다. 주무 부처인 문화재청은 2004년에 복권기금 사업의 일환으로 유네스코아태무형유산센터 국내 유치를 계획하고 이듬해인 2005년 유네스코 제33차 총회에서 수석대표 연설을 통해 이를 공표하였다. 그리고 2006년 9월에 한국문화재보호재단 산하에 특별기구로 설립추진단을 발족하였고 유네스코 및 국내 법적 절차를 완료하고 2011년 7월에 정식 유네스코아태무형유산센터를 창립하였다. 유네스코아태무형유산센터의 법적 지위는 국제법적으로는 한·유네스코 협정에 근거하고 있으나 국내법적으로는 「무형유산의 보전 및 진흥에 관한 법률」에 근거한 특수법인이다. 현재 전주에 위치한 국립무형유산원에 사무공간을 두고 있다.

유네스코아태무형유산센터는 약칭으로, 정식 명칭은 '유네스코아시아태평양지역무형문화유산국제정보네트워킹센터'이다. 이 외에 유네

---

[15] UNESCO(2019), *Strategy for category 2 institutes and centres under the auspices of UNESCO*(40 C/79).

스코의 무형유산 관련 카테고리Ⅱ 기관은 아프리카 알제리에 '아프리카무형문화유산보호지역센터', 불가리아에 '남동유럽무형문화유산보호지역센터', 중국에 '아시아태평양지역무형문화유산국제훈련센터', 이란에 '서·중앙아시아무형문화유산보호지역연구센터', 일본에 '아시아태평양지역무형문화유산국제연구센터', 페루에 '라틴아메리카무형문화유산국제연구센터', 아랍에미레이트에 '아랍무형문화유산역량강화국제센터' 등 전 세계에 8개의 기관이 존재한다. 유네스코아태무형유산센터는 명칭에서 알 수 있듯이 정보 및 네트워크를 중점 기능으로 하고 있다. 즉, 해당 센터의 사명은 무형유산에 대한 관련 정보를 다양한 네트워크를 통해 수집하고 보급함으로써 아시아 태평양 지역의 무형유산 보호 활동을 촉진하기 위한 기반을 조성하는 것이다. 이를 위해서 유네스코아태무형유산센터는 무형유산 보호와 관련된 여러 수단 및 조치로서, ① 지정 및 기록, ② 전수 및 교육, ③ 보급 및 선양, ④ 제도 및 정책, ⑤ 교류 및 협력 등을 하부 기능으로 설정하고, 아카이브를 기반으로 하는 '정보 및 네트워킹'을 중점 기능으로 하여 여러 가지 전략 과제들을 개발·수행하고 있다.[16]

2003년에 채택된 〈무형문화유산보호협약〉은 경과 규정에 따라 루마니아가 30번째로 가입한 지 3개월이 지난 2006년 4월이 되어서야 발효가 되었고 같은 해 6월에 제1차 총회를 개최하게 되었다. 그제야 회원국들은 정부간위원회를 구성하고 협약 운영을 위한 지침을 제정하는 등의 작업을 진행하였다. 한편 유네스코는 아직 무형유산에 대한

---

16 아태무형유산센터 설립기획단(2008), '유네스코아태무형유산센터 설립 및 운영 계획서', 24-37쪽 참조.

이해가 부족한 회원국들이 스스로 무형유산을 보호할 수 있는 역량을 강화하도록 하기 위해 여러 훈련 프로그램을 준비하고 운영하였다. 일찍이 1960년대부터 무형유산 보호를 위한 지정 및 인정 제도를 구축한 우리나라는 무형유산 국가목록이 이미 갖추어져 있었지만 대부분의 국가들은 아직 무형유산 국가목록이 없었을 뿐만 아니라 이를 보호하기 위한 법적 체제도 구축하고 있지 못하였다. 따라서 〈무형문화유산보호협약〉 초기 우선 과제 중의 하나는 회원국 각국이 자국의 무형유산에 대한 목록을 작성하고 관리할 수 있는 국가 체제를 확립하도록 하는 것이었다. 따라서 앞에서 언급했듯이 유네스코아태무형유산센터 또한 설립 이전부터 아시아 태평양 지역의 개발도상국들을 대상으로 무형유산 보호를 위한 제도 구축 및 목록 작성을 지원하는 사업을 개발하여 추진하였다. 그중에서도 특히 양자 형식으로 진행된 몽골의 무형유산 보호 제도 구축 지원 사업은 중장기적으로 진행된 모범적인 사업이었고 해당 사업의 경험을 바탕으로 다자 형식으로 진행된 중앙아시아 무형유산 국가목록 작성 지원 사업 또한 성공적인 사업이었다고 할 수 있다. 다음에서는 무형유산 제도 구축과 목록 작성을 위한 몽골 및 중앙아시아와의 국제협력 사례를 구체적으로 살펴보고자 한다.

몽골 인간문화재 제도 구축을 위한 협력 사업

몽골인은 수 세기 동안 중앙아시아의 광활한 고원지대에서 가족 혹은 부족 단위로 유목 생활을 해왔다. 이로 인한 지리적 고립은 그들만의 독특한 무형의 문화적 소산들을 보존하고 유지할 수 있는 환경을 제공해 주었다. 그러나 몽골제국 이후 청나라의 식민지가 되기까지 장기간에 걸쳐서 국력의 하락, 전쟁, 내부 갈등이 고조되면서, 몽골인의 삶은 피폐해졌고 그 문화는 점점 쇠락의 길을 걷게 되었다. 여기에다 사회주의 체제에서 새로운 프롤레타리아 문화가 채택되면서 구시대적, 종교적, 봉건적 전통문화는 억압되었고 또한 스탈린주의 추방 이후에는 서구의 문화가 급격히 전파되면서 몽골인의 전통적인 생활방식과 무형의 문화유산들이 점점 사라지게 되었다.

몽골인의 무형유산은 이렇게 역경의 시기를 거쳐 왔음에도 불구하고 그들의 생활 속에서 여전히 중요한 역할을 하고 있다. 특히 1990년대 민주화 이후 몽골은 국가적 자긍심이 되살아나면서 전통문화를 보존하고 전승하기 위한 긍정적인 환경이 조성되었다. 특히, 몽골 정부는 전통문화에 각별한 관심을 기울이기 시작하면서 몽골인의 독특한 문화적 소산들을 보호하기 위해 노력하였다. 몽골 국회는 2001년에 '문화유산법'을 통과시켰으며 몽골 정부는 2005년에 유네스코 〈무형문화유산보호협약〉에 가입하였다.

한편, 유네스코와의 긴밀한 협력하에 1997년 이래 몽골의 전문가들은 무형유산 보호에 중점을 둔 유네스코 프로그램 및 활동에 적극 참여하였다. 1998년에는 유네스코 신탁기금으로 '무형유산센터'를 설립하였으며 이를 기념하기 위한 '중앙아시아 민요'에 관한 국제심포지엄을 개최하기도 하였다. 해당 센터는 이후 2008년에 몽골문화유산센터 무형유산과로 편입되어 국가 조직이 되었다. 무형유산센터는 유네스코의 지원하에 전국의 모린후르(마두금), 우르틴두(장가), 민요, 후메이 등의 연주자 목록을 작성하였고 비디오뿐만 아니라 기타 수단을 동원하여 기록 작업을 수행하였다. 이러한 작업의 성과로 '모린후르 전통음악(2003)'과 '전통민요 장가: 우르틴두(2005)'가 유네스코가 2001년부터 2005년까지 격년으로 실시한 '인류 구전 및 무형유산 걸작 선언' 프로그램 목록에 선정되었다. 몽골의 우루틴두는 중국 내몽고의 우루틴두와 함께 몽골과 중국 두 나라의 공유유산으로 선정되었다. 그리고 모린후르와 오르틴두는 협약 체제하에서 2008년에 유네스코 인류무형문화유산 대표목록에 통합되었다.

〈무형문화유산보호협약〉은 탈냉전 시대 이후 민족문화 재건의 과제를 안고 있던 제2, 제3세계 국가들에 크나큰 반향을 일으켰다. 몽골도 그 예외는 아니었다. 몽골은 2006년 4월 해당 협약이 발효된 이래로 무형유산 목록 등재에 적극 참여하여 이미 인류무형문화유산 대표목록 8건, 무형유산 긴급보호목록 7건 등 총 15건[17]을 등재하였다. 몽골이 이렇게 무형유산을 보호하기 위한 제도적 기반을 구축하고 역량을 강화하는 데는 우리나라의 지원이 큰 역할을 하였다. 특히 유네스코아태무형유산센터는 설립기획단 시절인 2007년부터 몽골의 무형유산 보호 제도 구축 사업을 지원하였다. 다음에서는 한국과 몽골이 지난 2007년부터 2010년까지 유네스코아태무형유산센터를 매개로 진행했던 몽골 무형유산 보호 제도 구축을 위한 협력 사업을 소개하고자 한다. 해당 사업은 처음 2007년에 한·몽 관계 전문가들이 참여한 2차에 걸친 전략회의에서 합의되어 2008년부터 2010년까지 3개년에 걸쳐

---

17   UNESCO 누리집(https://ich.unesco.org/en/lists) 참조.

추진된 몽골의 무형유산 보호 제도 구축 사업이다. 첫해인 2008년에는 몽골의 무형유산 보호 기반 조성 사업으로 몽골의 무형유산 현황에 대한 예비 조사, 인간문화재 제도 구축을 위한 법률 체제 정비, 서부지역 무형유산 및 보유자 현지 조사, 몽골 인간문화재 제도 구축을 위한 전문가 회의 등의 사업을 진행하였다. 두 번째 해인 2009년에는 몽골의 무형유산 현지 조사 및 목록 작성 사업으로 중부, 동부, 고비 아이막 등에 대한 현지 조사, 인간문화재 제도 프로그램 시행을 위한 워크숍, 몽골 무형유산 국가목록 작성 및 보유자 등록 등의 사업을 진행하였다. 마지막 해인 2010년에는 몽골 무형유산의 가시성을 증진하기 위하여 2008년과 2009년 사업의 성과를 정리하여 가이드북 『몽골의 무형문화유산』을 발간·보급하였다.

한·몽 무형유산 협력 사업 개발을 위한 전략회의

아태무형유산센터 설립기획단은 당시 2007년 사업을 계획하면서 향후 동북아시아 및 중앙아시아와의 사업 모델을 개발하기 위하여 몽골을, 동남아시아 및 남아시아와의 협력 사업을 위하여 베트남을 첫 협력 사업 대상으로 선정하였다. 이 두 나라는 이미 문화재청 및 유네스코한국위원회 등과 밀접한 관계를 맺고 있어서 보다 편리하게 협력 관계를 구축할 수 있었다. 몽골의 무형유산 현황을 이해하고 무형유산을 보호하기 위한 당면과제와 요구사항을 파악하기 위해서 2007년에 한국과 몽골의 전문가들이 참여하는 전략회의가 개최되었다.

제1차 전략회의는 2007년 8월 18일부터 23일까지 5박 6일의 일정으로 몽골의 수도 울란바토르에서 개최되었다. 한국 측에서는 아태무형유산센터 설립기획단을 비롯한 한국문화재보호재단, 유네스코한국위원회, 전주시 관계자 등이 참석하였고 몽골은 교육문화과학부, 유네스코몽골위원회, 몽골과학아카데미, 모린후르센터, 국립민속가무단, 불교예술연구소, 장가협회, 몽골국립대학교, 무형문화유산센터, 몽골게르개발센터 등의 관계자들이 참석하였다. 1차 회의는 주로 몽골의 무형유산에 대한 현황을 파악하고 당면과제와 요구사항에 대해 논의하는 것에 초점을 맞추었다.

제2차 전략회의는 같은 해 11월 4일에서 9일까지 5박 6일의 일정으로 서울에서 진행되었다. 몽골 측에서는 유네스코몽골위원회, 교육문화과학부, 모린후르센터, 몽골국립대학, 과학아카데미 언어문학연구소와 문화예술연구소, 몽골게르개발센터 등의 관계자들이 참석하였다. 한국에서는 문화재청과 학계 전문가 등이 참석하여 주로 한국의 무형문화재 보호 제도 및 정책에 대한 소개와 함께 몽골의 무형유산 보호 제도 구축에 관한 자문을 진행하였다. 또 문화재청, 한국문화재보호재단, 국립문화재연구소(현 국립문화유산연구원), 국립국악원, 전주시청 등의 기관은 물론, 판소리 전수관, 악기장 공방 등 전승 현장을 방문하여 한국의 무형문화재 보호 제도와 정책에 대하여 각각의 기관과 현장이 가지고 있는 역할과 기능을 파악하였다.

1, 2차 전략회의 결과, 양측은 몽골의 무형유산 현황 이해와 보호 체제 개선을 위하여 몽골 무형유산 보유자 발굴, 보유자 중심 전수 교육 체제 구축, 무형유산 관련 법 제정 등을 우선 과제로 선정하고 2008년부터 한·몽 간 협력 사업을 진행하기로 합의하였다. 3개년 사업으로

설계된 사업은 1차 연도에 무형유산 보호 제도를 구축하고, 2차 연도에 무형유산 현지 조사를 실시하고, 3차 연도에는 그 결과들을 활용하여 홍보 도서를 발간하는 것이었다.

몽골의 인간문화재 제도 구축을 위한 지원 사업

2007년 '한·몽 무형문화재 제도 활용을 위한 전략회의'로 전문가 교류를 시작한 아태무형유산센터 설립기획단과 몽골은 후속 사업으로 2008년부터 '몽골 인간문화재 제도 구축 지원 사업'을 통하여 몽골에 유네스코의 인간문화재 제도를 도입하고 이를 이행하기 위한 기반을 조성하는 사업을 전개하였다.

해당 사업은 무형유산 및 그 보유자를 보전, 전승 및 진흥하기 위한 관련 제도를 구축하는 것에 중점을 두었으며 몽골 일부 지역에 대한 현지 조사도 실시하였다. 구체적으로 몽골의 무형유산과 보유자에 대한 과거의 연구 조사 자료와 데이터 정보 등을 검토 분석하여 무형유산 현황에 대한 예비 조사를 실시하였다. 또한, 인간문화재 제도 구축을 위해서 관련 법률 체제를 정비하였고 이를 위해 여러 나라의 무형유산 제도 관련 법률들을 번역하여 전문가들이 공유하였다. 그리고 무형유산 및 보유자에 대한 정보 구축을 위해서 몽골의 서부지역에 대한 현지 조사를 실시하였다.

몽골 무형유산 현황 파악을 위한 예비 조사

몽골은 먼저 예비 조사를 위하여 전문가팀을 구성하였다. 전문가팀

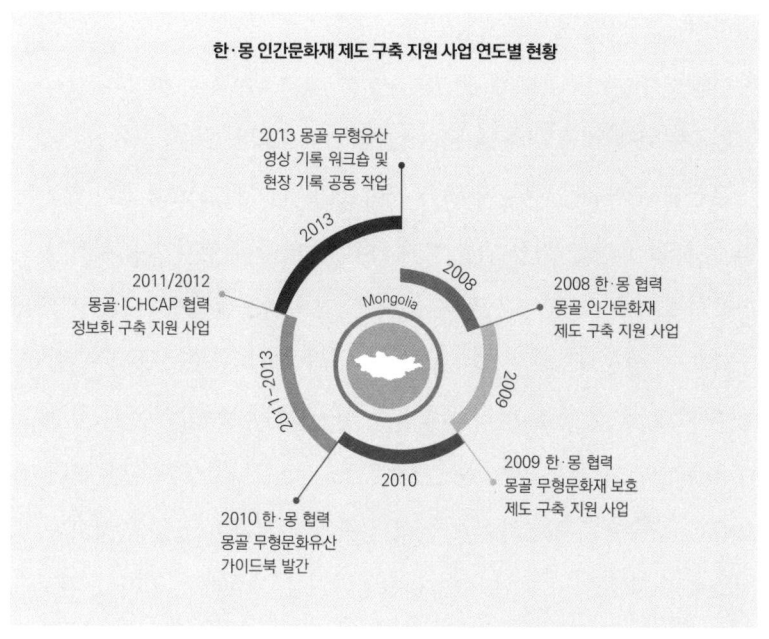

은 우선 몽골의 무형유산 현황을 분석하기 위하여 과학아카데미언어문학연구소, 유네스코몽골위원회, 몽골국립대학교 교수진 및 연구소, 문화예술연구소, 무형문화유산센터, 모린후르연주가협회, 후메이연주가협회, 기타 정부 및 비정부기구 등으로부터 제공받은 50권 이상의 학술 서적, 연구 브로슈어, 수백 건의 논문, 역사자료, 조사자료 및 보고서 등을 수집하여 검토하였다. 전문가팀은 또한 무형유산 관련 오디오 및 비디오테이프와 20시간 분량의 기록영화 등을 검토하였으며, 아이막과 울란바토르시 관계 공무원, 지역 내의 무형유산 전문가 및 보유자를 인터뷰하고 조사하였다. 전문가팀은 조사 작업의 결과에 기초하여 '몽골 지역 내 무형유산 보호 및 전승 현황'에 관한 보고서를 작

성하여 전문가들에게 배포하였다.

인간문화재 제도 구축을 위한 법률 체제 정비

몽골의 무형유산 현황에 대한 예비 조사와는 별도로 몽골의 인간문화재 제도 구축을 위한 법률 체제 정비 작업이 진행되었다. 일찍이 무형문화재 보존 및 전승을 위한 중요무형문화재(현 국가무형유산) 제도를 구축하여 성공적으로 시행하고 있는 우리나라의 무형문화재 관련 법률 및 주요 규정 등을 번역하여 몽골의 전문가 및 연구자들과 함께 그 내용을 검토하였다. 또한, 몽골은 베트남과 일본의 문화유산 관련 법 조항을 몽골어로 번역하여 한국의 법률과 비교하며 공통된 사고와 개념들을 법률 문서의 초안 작성에 반영하였다. 계속해서 필리핀, 캄보디아, 태국 등 유네스코 인간문화재 제도 프로그램을 성공적으로 시행하고 있는 여러 나라의 법률 문서들을 번역하여 해당 국가들의 무형유산 및 보유자 보호와 진흥 관련 법 조항을 검토하였다. 한편 유네스코에서 제공된 무형유산 관련 문서와 참고자료 또한 몽골어로 번역하여 몽골의 전문가들과 함께 지속적인 검토 작업을 수행하였다. 예를 들어 2003년 유네스코 〈무형문화유산보호협약〉의 개념을 분석하고 적용하여 몽골의 무형유산 종목 분류를 위한 카테고리를 개발하였다.

몽골의 전문가들은 이렇게 여러 나라의 무형유산 관련 법률에 대한 비교 검토와 유네스코의 〈무형문화유산보호협약〉 기본문서에 기반하여 몽골의 무형유산 보호를 위한 독자적인 법률 초안을 작성하였다. 그 내용은 몽골의 무형유산과 보유자들의 원형 보존을 위한 등록, 선정, 기록, 보호, 전승, 발전, 진흥 등 국가적 지원과 관련된 법률 및 규정의 초안이었다. 예를 들어 '무형유산의 등록, 선정, 보호, 전승, 진흥, 발전에 관한 국가 지원 규정'[18] 초안은 ① 목적, ② 정의, ③ 무형유산 및 보유자 원형 등록 및 선정(16개 항), ④ 문화유산 보호자의 권리(4개 항), ⑤ 문화유산 보유자의 책임(9개 항), ⑥ 문화유산 전수자의 권리 및 책임(4개 항), ⑦ 관련 공공기관의 권리와 책임(9개 항) 등으로 구성되었고, '무형유산 및 그 보유자의 등록을 위한 국가위원회 규칙'[19] 초안은 ① 일반 사항(4개 항), ② 국가위원회 조직(8개 항), ③ 국가위원회 구성원의 권한(6개 항), ④ 국가위원회 구성원의 의무와 책임(6개 항) 등으로 구성되었다. 해당 초안들은 정부기관, 비정부기구, 연구자, 학자, 무형유산 보유자 등에 배부되었고 그들의 의견과 권고에 기초하여 몇 차례에 걸쳐 보완 수정되었다.

서부지역 무형유산 및 보유자 현지 조사

몽골은 무형유산 등록 및 보유자 선정, 해당 무형유산의 위치와 분포 파악, 그리고 해당 무형유산에 관한 사진, 영상 등의 기록 자료 수집 등을 위해 조사팀을 구성하여 보유자 인터뷰 등 현지 조사를 실시하였다. 현지 조사는 몽골 서부지역, 즉 호브드, 바양 올기 및 오브스 아이막(행정구역 단위로 주에 해당)에 대한 조사로 2008년 11월 15일부터 29일까지 보름간 실시되었다. 이 조사는 2009 한·몽 협력 사업 2차 연도 사업에 계획된 본격적인 무형유산 현지 조사의 사전 작업의 일환

---

[18] ICHCAP(2008), *2008 Korea-Mongolia Joint Cooporation Project Report: Introducing the UNESCO Living Human Treasures System in Mongolia*, 32-37쪽 참조.
[19] ICHCAP(2008), 같은 보고서, 38-41쪽 참조.

보유자 및 전승자와 함께한 현지 조사팀

으로 진행되었다.

5명의 연구자와 1명의 카메라 기사로 구성된 조사팀은 울란바토르에서 코브드시, 우브 아이막에서 울란바토르 구간은 항공기로 이동하고 그 외의 지역은 자동차로 총 2,500km를 다니면서 해당 지역을 일일이 방문하여 조사하였다. 조사팀은 1인당 50명 이상의 사람들을 만났고 그들 중 24명에 대하여 질문지를 작성하였다. 그리고 500장 이상의 사진과 10시간 이상의 동영상을 촬영하였다.

조사는 주로 비옐게, 후메이, 초르, 이켈 쿠르, 툴리, 서사시와 같은 민속 연행 예술에 중점을 두었으며, 여기에 더하여 신성한 산과 관련된 사회적 풍습, 특정한 의식과 언어로 표현된 무형유산 등도 조사하였다. 조사팀은 현지 조사 지침서에 따라 보유자의 거주 위치, 해당 유산의 분포 및 범위 등을 특정하여 도식화하였다. 초르 등 악기 제작 기술과 관련해서는 필요한 원재료, 사용되는 식물, 야생 생태 등에 대한 기록까지 작성하였다. 무형유산 보유자와의 인터뷰는 동영상으로 촬영하여 기록하였다. 특히, 연행 예술의 경우 젊은 세대에 대한 전수 교육에 중점을 두고 그 과정을 기록하였다. 조사 대상자들은 조사팀이 제공한 제안서와 동의서에 서명하였고 그들의 뛰어난 재능과 기술이 유네스코 무형유산 목록에 등재되기를 기대했다.

몽골 인간문화재 제도 구축을 위한 전문가 회의

2007년 몽골 무형유산 보호 협력 사업 모델 개발을 위한 전략회의가 한국과 몽골에서 2차례에 걸쳐 개최된 이래, 2008년에는 몽골의 인간문화재 제도 구축을 위한 전문가 회의가 몽골의 수도 울란바토르에서 12월 12일과 13일 양일간 한국 및 몽골의 전문가들이 참석한 가운데 개최되었다.

해당 전문가 회의에서는 '몽골 무형유산 보호 현황'에 대한 발표를 비롯하여, '무형유산 등록, 선정, 보호, 전승, 진흥, 발전에 관한 국가 지원 규정' 초안, '유네스코 인간문화재 프로그램 시행을 위한 국가적 제도' 초안, '무형유산 보유자 선정 기준' 초안 등에 대한 자문이 있었다 그리고 '몽골 서부지역 무형유산 보유자 현황 조사'에 대한 보고도 있었다. 또한 '한국의 중요무형문화재 보호 제도', '한국의 무형문화재 제도 및 정부의 역할', '한국의 무형문화재 보호를 위한 법적 체제' 등에 대한 발표도 있었다. 전문가 회의의 발표 및 토론을 통하여 한국과 몽골의 전문가들은 서로의 경험을 공유하였고 제안된 몽골 인간문화재

몽골 인간문화재 제도 구축을 위한 전문가 회의 단체 사진

프로그램 시행을 위한 각종 규정 초안에 대한 상호 의견 교환의 기회를 가졌다.

몽골 무형유산 현지 조사 및 국가목록 작성

몽골의 무형유산 제도 구축을 위한 한·몽 협력 사업은 2008년에 이어 2009년에도 계속되었다. 2008년에 유네스코 협약 이전의 인간문화재 제도 보급 사업에 근거하여 '몽골 인간문화재 제도 구축을 위한 지원 사업'이라고 명명되었던 한·몽 협력 사업은 '몽골 무형문화재 보호 제도 구축 지원 사업'으로 명칭이 변경되었다. 2009년도 한·몽 협력 사업의 주요 내용은 중부, 동부, 고비 아이막 등에 대한 현지 조사와 함께 몽골의 무형유산 및 보유자에 대한 임시 목록 작성, 몽골 무형유산 가이드북 초안 작성, 무형유산 보호를 위한 심포지엄 및 워크숍 등이었다.

중부, 동부, 고비 아이막 등에 대한 현지 조사

몽골의 무형유산 보호 제도를 마련하기 위한 기반으로써 다양한 무형유산과 그 보유자 현황을 파악하기 위해 심층적인 조사가 2008년도 몽골 서부지역에 이어 2009년에는 중부, 북부, 남부(고비지역), 동부 지역에서 5회에 걸쳐 실시되었다. 현지 조사를 통해 해당 무형유산이 처한 현재의 여건과 상태를 파악할 수 있었다. 2009년도 현지 조사는 유네스코몽골위원회와 몽골문화유산센터가 주관하고 몽골문화학회, 지자체 문화예술 부서, 멜스필름스튜디오 등의 협력하에 관련 전문가, 연구원, 정부기관, 관련 단체들이 참여하였다.

조사팀은 먼저 문화유산 보호 분야에서 정책을 입안하고 시행하는 기관을 포함하여 지방의 현지 당국에 〈무형문화유산보호협약〉의 정신과 관점을 전파하고, 유네스코 인간문화재 제도의 의의와 몽골 무형유산 보호 제도 구축을 위한 해당 프로젝트의 목적과 활동을 소개 및 홍보하였다. 무형유산 보유자 및 전승자를 발굴하고, 이들의 일대기 및 유산 전수에 관한 관련 정보를 수집·기록하였다. 또한, 해당 유산 보유자들의 탁월한 기술과 재능을 디지털 형식으로 기록하고, 보유자들의 상주 주소 및 연락 정보를 파악·정리하였으며, 시청각 및 서면 자료 형태로 보유자들의 의견과 답변을 받았다.

조사팀은 총 1만 1,000km에 걸친 11개 아이막과 64개 숨(행정구역 군)을 방문하여 246명의 무형유산 보유자 및 전승자를 만났고 조사 결과를 문서로 작성하여 데이터베이스화 하였다. 뿐만 아니라 조사팀은 현지 조사를 하면서 지역 주민들과 만나 무형유산 보호의 중요성에 대해서 소개하고 현재 몽골 정부 및 비정부기구들이 펼치고 있는 무형유

현지 조사팀의 현장 방문(승려 Tseveensuren의 집, Khentii 아이막)

산 보호 제도 관련 활동에 대해서도 설명하였다. 이렇게 현지 조사는 각지에 흩어져 있는 무형유산 정보를 수집할 뿐만 아니라 무형유산 공동체의 인식 제고에도 크게 기여하였다.

인간문화재 제도 프로그램 시행을 위한 워크숍

몽골은 2009년 9월 7일부터 10일까지 '몽골 무형유산 보호와 진흥을 위한 심포지엄'과 '유네스코 인간문화재 제도 프로그램 시행을 위한 워크숍'을 개최하였다. 몽골 내 다양한 지역을 대표하는 무형유산 보유자 및 전승자를 비롯하여 문화예술 정책 및 의사결정자, 관련 단체 대표 및 이해관계자들이 참가했다.

해당 심포지엄과 워크숍은 몽골교육문화과학부, 유네스코몽골위원회, 몽골문화유산센터, 몽골문화학회, 몽골역사문화유산보호재단, 아태무형유산센터, 우리 문화재청 등이 주최 및 주관하고, 몽골과학아카데미, 몽골문화예술위원회, 몽골문화예술대학, 울란바토르 문화예술청, 몽골장가협회, 몽골게르개발센터, 한국문화재보호재단 등이 협력하였다.

먼저 심포지엄에서는 유네스코 〈무형문화유산보호협약〉, 몽골 정부의 무형유산 보호 조치 및 목표, 몽골의 무형유산 보호 제도 구축을 위한 한·몽 협력 사업, 전통 연행 예술과 그 보호 및 진흥, 무형유산의 전달 수단으로서 구전 및 언어적 표현과 그 보호, 몽골 전통공예와 그 보호 및 진흥, 자연과 우주 관련 지식 및 관습과 그 보호 및 진흥, 사회적 관습·의식 및 축제와 그 보호, 몽골 무형유산 보호를 위한 법적 체제, 형식교육 교과과정 내에서의 무형유산 교육의 이행, 무형유산과 도제제도 등에 대한 보고 및 발표가 있었으며 이후 질의응답과 의견 제시 등 몽골의 무형유산 보호 제도 구축과 관련한 실질적인 논의가 있었다.

워크숍에서는 무형유산 보호와 관련된 몽골의 규정 및 규칙, 한국의 무형유산 보호 제도, 무형유산 보유자 선정 기준, 무형유산 등록, 기록, 데이터베이스 이슈, 한국문화재재단의 무형문화재 활용 및 보급 사업 사례, 무형유산 보호를 위한 몽골의 법적 근거 개선, 몽골 민속춤 비엘게 전승, 몽골의 축원 및 찬가 전승, 몽골 서사시 툴리 전승, 현지조사팀의 몽골 농촌지역 무형유산 등에 대한 요약 보고 및 결과 보고가 있었다. 이후 질의응답과 의견 제시 등의 실질적인 논의가 있었다.

심포지엄과 워크숍에서 참가자들은 유산 전수 활동과 관련해서 유산 보유자들이 당면한 문제와 도전 과제를 논의하였다. 그 결과 다양한 무형유산 전승자 및 보유자 간 상호이해가 높아졌으며, 관련 공동체, 단체 및 개인과 NGO 및 정부기관 간 무형유산 보호에 대한 협력체계가 강화되었다. 무형유산 관련 이슈에 대한 인식을 전국적으로 확산하기 위해서 유산 보유자들이 심포지엄 및 워크숍에서 습득하고 이해한 모든 정보를 자신이 속한 공동체에 홍보 및 배포하는 메신저 역할을 해야 한다는 제안이 있었다. 또한, '무형유산 보호와 진흥을 위한 권고안'과 '무형유산 전수를 위한 임시 교육 모듈'이 마련되었다.

몽골 무형유산 국가목록 및 유산 보유자

몽골의 무형문화재 보호 제도 구축을 위한 한·몽 협력 사업의 실질적인 결과가 나타나기 시작하였다. 2009년 7월 몽골교육문화과학부 장관은 '몽골 무형유산 대표목록'과 '몽골 무형유산 긴급보호목록'을 승인하였다. 또한, 2009년 10월 교육문화과학부 장관은 '무형유산 및 보유자 발굴 및 등록 규정', '무형유산 및 보유자 등록을 위한 국가위원회 위원 구성', '무형유산 및 보유자 등록을 위한 국가위원회 규정' 등을 승인하였다.

몽골은 무형유산 대표목록의 범주로 유네스코 협약과 같이, ① 무형유산의 전달 수단으로서 언어를 포함한 구전전통, ② 연행 예술, ③ 사회적 관습, 의례 및 축제 행사, ④ 자연과 우주에 관련된 지식 및 관습, ⑤ 전통공예 등으로 분류하였다.[20]

---

20   교육문화과학부 장관 훈령 제293호 '몽골 무형유산 국가목록(2009년 7월 8일 승인)'. ICHCAP(2009), *2009 Korea-Mongolia Joint Cooperation Project Report: Establishing a Safeguarding System for Intangible Cultural Heritage in Mongolia*, 59-65쪽 참조.

'무형유산의 전달 수단으로서의 언어를 포함한 구전전통'에는 몽골어, 몽골 전래동화, 서사와 전설, 몽골어 축원 찬가, 몽골어 찬송, 몽골어 수수께끼, 몽골어 글자 맞추기, 몽골어 속담, 몽골어 기원과 구술 치료, 몽골어 서사시, 몽골의 민속 구전 놀이 '우주의 세 가지', 성스러운 몽골어 표현, 몽골어 일화들, 우유를 뿌리며 번지게 하는 몽골어 축원 표현 등 14종목이 등록되었다.

'연행 예술'에는 몽골어 자장가, 몽골어 민속 장가, 몽골어 민속 단가, 몽골 전통 모린후르(마두금) 연주 기법, 몽골 전통 후메이(목구멍 노래) 기술, 징구(말 기수의 구령), 전통 휘파람 기술, 뎀비(노래 선율) 놀이, 몽골 곡예, 몽골 전통 참 가면춤 등 10종목이 등록되었다.

'사회적 관습, 의례 및 축제 행사'에는 신생아를 씻기는 의식, 어린이의 첫 이발 의식, 신부에게 인사하는 풍습, 전통 결혼 예식, 게르의 새로운 천막을 짓는 의식, 장례 풍습, 동물 거세 풍습, 구니 우스 가르가 요손(유목 농업의 초봄 풍습), 구 바릭 요스(마유주 제조 시작을 위한 풍습), 우나가 타빅(마유주 제조 완료를 위한 풍습), 말에 낙인을 찍는 풍습, 가축에 표시하는 풍습, 아이락(마유주)을 만드는 풍습, 양 복숭아뼈 놀이, 음력설 축제, 몽골 축제와 의례, 독수리 축제, 신성한 장소에 대한 경배 의식, 몽골 샤먼 의식 등 19종목이 등록되었다.

'자연과 우주에 관련된 지식 및 관습'에는 몽골 민간 의료, 몽골 민간 수의료, 몽골 전통 천문학과 천체 관측술, 기상과 자연의 변화를 예측하는 전통 지식, 전통 퍼즐놀이 양식, 환경 보호를 위한 지혜와 전통 지식, 전통 유아교육 방식과 지혜, 전통 나뭇제품 제조 기술, 전통 발효유 및 유제품 제조 기술, 전통 펠트 제작 기술, 전통 가죽 제작 기술 등

11종목이 등록되었다.

'전통공예'에는 몽골 전통 문양, 전통 주거양식(게르) 건축을 위한 전통 기술, 전통 펠트 예술, 전통 가죽 공예, 몽골 의상 제작 기술, 몽골 부츠 제작 기술, 조독 슈닥(몽골 전통 씨름 의상) 제작 기술, 전통 활 및 화살 제작 기술, 전통 은그릇 제조 기술, 전통 몽골 말안장 제조 기술, 몽골 전통 조각 예술, 전통 수예 및 바느질, 전통 뜨개질, 전통 몽골화, 전통 아플리케 예술, 전통 조각 및 홍은지 예술, 전통 악기 제조 기술 등 17종목이 등록되었다.

'몽골 무형유산 긴급보호목록'에는 몽골 서사시, 몽골 전통악기 초르 제작 기술, 어미와 새끼 가축을 달래고 화합시키는 노래와 관습, 몽골 비옐게 전통무용, 철제 조각 예술, 전통 서적 제작 기술, 몽골의 다양한 소수민족의 전통 결혼 예식(보르지긴 축제, 바야드, 더르워드, 자크친, 카자크, 오리앙하이, 부리아드 결혼식), 전통 민속 음악 레퍼토리 및 연주 방식(쿠르 악기 연주, 에킬, 투슈르 멜로디 연주, 돔보르, 피리 및 나팔 연주) 등 8종목이 등록되었다.

몽골은 '무형유산 및 보유자 발굴 및 등록 규정' 및 '무형유산 및 보유자 등록을 위한 국가위원회 규정'에 따라 무형유산 보유자와 전승자 발굴 및 선정에 관한 전국적 공지를 대중매체를 통해 발표하였으며 후보가 될 만한 개인, 단체 및 공동체는 몽골문화유산센터에 유산 보유자 신청서를 제출하였다. 이를 통해 몽골은 공예가, 장가, 모린후르, 비옐게, 툴리, 초르, 부, 람, 민요, 후메이, 찬가, 이스게레, 캄니간, 베스레그, 샤가이 하르바크 등의 보유자 58명을 선정하여 '몽골 무형유산 보유자 임시목록'을 작성하였다.

가이드북 『몽골의 무형문화유산』 발간

한·몽 협력 사업 3차 년도인 2010년에는 2008년과 2009년도 사업의 결과로 구축된 몽골의 무형유산 및 보유자에 대한 정보, 특히 문자와 사진 자료들을 바탕으로 무형유산 보호 분야 종사자들의 조직적 실무 역량을 강화하고 무형유산 보호에 대한 대중의 인식 제고에 기여하고자 몽골의 무형문화유산 가이드북 발간 협력 사업이 진행되었다.

도서명 『몽골의 무형문화유산Intangible Cultural Heritage of the Mongols』은 영어판 및 몽골어판 2종으로 발간되었으며 '언어 및 구전전통', '연행 예술과 몽골의 놀이', '몽골의 전통공예', '전통적 지식과 기술', '전통적 관습, 의례, 의식 및 축제 행사' 등의 내용으로 구성되었다. 특히, 몽골어판 도서는 초등에서 고등교육기관까지 학교와 관련 기관에 배포되어 교육 및 전승 활동에 사용될 수 있도록 하였다.[21] 도서 발간에 맞춰 2010년 12월 8일 출판기념회가 유네스코 인류무형문화유산 사진전과 함께 몽골국립교향악전당 및 몽골국립현대미술관에서 개최되었다. 행사에는 집필자 및 편집자들, 유네스코 협동학교 학생, 무형유산 비정부기구NGO 및 협회, 연구소 및 박물관 관계자, 무형유산 보유자 및 전승자, 무형유산 전문가, 언론매체 관계자 등 다양한 사람들이 참여하였다.

12월 9일에는 한국과 몽골 양국 관계자들이 참가하여 사업 평가 회

---

21   ICHCAP(2010), *2010 Korea-Mongolia Joint Cooperation Project Report: Publishing the Guidebook on the Intangible Cultural Heritage of Mongolia*, 16-17쪽 참고 ; Urtnasan Norov etc.(2010), *Intangible Cultrual Heritage of the Mongolia*, Foundation for the Protection of Natural and Cultural Heritage 참조.

『몽골의 무형문화유산』 가이드북 홍보 이미지

의를 개최하였다. 해당 회의에서는 한국과 몽골은 지난 3개년 간의 몽골 무형유산 보호 제도 구축 협력 사업의 결과를 높이 평가하고 후속 사업으로 몽골의 무형유산 정보 역량 강화를 위한 새로운 협력 사업을 추진하기로 합의하였다. 12월 10일에는 몽골문화유산센터 주관으로 박물관 관장들과 몽골의 21개 아이막 및 울란바토르시 교육문화부서 담당자들이 참석한 가운데 '무형유산 목록 작성에 관한 심포지엄'을 개최하였다.

무형유산 정보 기반 조성 지원 사업

이상과 같이 무형유산 보호를 위한 제도적 기반을 마련한 후 유네스코아태무형유산센터와 몽골은 본격적으로 무형유산 보호와 관련한 정보화 사업에 초점을 맞추어 2011년부터 후속 사업으로 '몽골 무형유산 정보화 구축 지원 사업'을 진행하였다. 2011~2012년 2개년에 걸쳐 훼손되거나 보관 상태가 열악한 아날로그 자료를 디지털로 복원하는 사업을 전개하였다.

해당 사업은 2007년 한·몽 무형유산 협력 사업 개발을 위한 전략회의에서 몽골의 전문가들, 특히 언어문학연구소 및 문화예술연구소 관계자들의 요청으로 계획되었다. 해당 기관에서 오래전에 자기테이프 등으로 기록한 귀중한 음원 자료들이 몽골의 건조한 환경 속에서 훼손되고 있었기에 급하게 복원하여 디지털화할 필요가 있었다. 한국의 경우 국립문화재연구소(현 국립문화유산연구원) 또한 1960년대부터 중요무형문화재 지정 조사 등을 통하여 축적해 놓은 자기테이프 1,040롤이 습하고 더운 한국의 여름 날씨 속에서 훼손되어 가던 것을 긴급으로 국회에서 추경 예산을 세워 복원 및 디지털화한 경험이 있었다. 한국의 이러한 경험을 토대로 2010년에 개최된 한·몽 협력 사업 평가 회의에서 노후되거나 손상된 아날로그 자료 복원 및 디지털화 사업을 후속 사업으로 진행하기로 결정하였다.

한국과 몽골의 전문가들은 2010년 출판기념회 및 사진전 기간 동안 국영라디오방송국, 국가기록원, 과학아카데미 언어문학연구소 등을 방문하여 소장 아날로그 자료들의 수록 내용과 보존 상태에 대한 현지 실사를 하였다. 그리고 양측의 전문가들은 무형유산과의 연관성, 자료 훼손의 심각성, 복원 대상 자료의 양 등을 고려하여 과학아카데미 언어문학연구소가 소장하고 있는 자기테이프를 복원 및 디지털화하기로 결정하였다.

무형유산 자료 복원 및 디지털화 지원

1921년에 설립된 과학아카데미 언어문학연구소는 몽골의 구전 및 무형유산, 문학과 민속, 방언, 불교, 그리고 알타이어 등에 관한 선구적인 연구기관의 역할을 해왔다. 연구소의 설립 목적은 몽골의 언어와 문학 전통과 더불어 다양한 민속 유산 전통의 재활성화를 위한 연구 및 조사에 있다. 연구소의 풍부한 아카이브 자료들은 1930년까지 거슬러 올라간다. 따라서 노후되고 손상된 아날로그 자료의 복원과 디지털화가 시급하게 요구되었다.

연구소에 소장된 무형유산 관련 자기테이프 자료는 몽골의 서사시, 전설, 민속설화, 민요 및 기타 자료 등으로 구성되어 있었다. 총 1,013시간의 자기테이프 자료가 소장되어 있었다. 그중에서 713시간의 자료가 복원되고 디지털화되어야 할 것으로 제안되었다. 특히 1956년에서 1959년 사이에 만들어진 188개의 테이프, 총 202분 분량의 자료가 긴급히 복원되고 디지털화되어야 할 필요가 있는 것으로 판단되었다.

2011년 10월 17일부터 20일까지 한국에서 한국과 몽골의 전문가 회의가 개최되었다. 몽골에서는 자연문화유산보호재단, 국영라디오방송국, 언어문학연구소 관계자들이 참석하였으며, 한국에서는 국립문화재연구소, 국가기록원, 영화진흥위원회, 문화방송MBC, 국립민속박물관 관계자들이 참석하였다. 한국의 전문가들은 아날로그 자료 복원과 관련한 자신들의 경험을 공유하고 몽골의 무형유산 관련 노후 자료의 디지털화에 관한 자문을 실시하였다.

이후 몽골 언어문학연구소가 소장하고 있는 자기테이프의 복원과 디지털화를 위한 운영지침이 마련되었다. 사업의 실행을 위한 실무팀과 전문가팀의 구성 또한 운영 지침에 포함되었다. 업무 분담과 조건 등 세부적인 사업계획 역시 실행기관인 언어문학연구소에 의해 마련되었다.

2011년 11월, 사업의 진행 과정을 모니터링하기 위해 몽골 교육부, 문화과학부, 문화예술위원회, 문화유산센터, 언어문학연구소 및 국영라디오방송국 등 각 관련 기관에 소속된 6명의 전문가들로 전문가팀이 구성되었다. 전문가팀의 역할은 행정적 절차에 관한 자문 및 자료 복원 활동에 대한 지원과 관리, 유산의 지정과 분류, 보관 상태와 디지털화 등의 활동 모니터링 등이었다.

사업 실무팀은 몽골국영라디오방송국에서 10일 간의 훈련 프로그램을 수료하였다. 이 프로그램에서는 다양한 종류의 자기테이프의 구조를 파악하고 그것을 분류하는 방법, 큐베이스 프로그램을 활용한 작업 방법 및 기술 등에 대하여 다루었다. 또한, 3일간의 현장실습을 통해 언어문학연구소의 장비들을 실제로 설치하였다.

디지털화 자료에 대한 분류체계 구축

해당 아날로그 자료 복원 및 디지털화 사업의 또 하나의 중요한 작업은 디지털화 자료에 대한 분류체계를 구축하는 것이었다. 한국의 국립문화재연구소의 경험과 노하우를 배워 몽골이 나름대로 분류체계를 결정하였다. 특히 학자들의 조언을 받아 현대적 형태의 구비문학과 표현예술의 분류체계를 참고하였다. 그 분류체계는 다음과 같다.[22]

① 서사시(동물에 관한 서사시/영웅서사시), ② 멜로디가 있는 설화, ③ 설화, ④ 전설(기원에 관한 전설/역사적 사건에 관한 전설/교훈적 전설/땅과 물에 관한 전설), ⑤ 신화(창조신화/별에 관한 신화/식물과 물질에 관한 신화/가축, 야생동물, 새에 관한 신화/사람과 사회문화에 관한 신화), ⑥ 노래(장가/민속 단가/작사자가 있는 노래), ⑦ 민속극(대화 형식 노래/대화 형식 시/오락 용어), ⑧ 관습 및 의례와 관련된 기타 구전 표현(주문 및 주술/저주/신주 또는 성유와 관련된 용어/길조와 관련된 용어), ⑨ 축도, ⑩ 시, ⑪ 샤머니즘과 관련된 구비문학, ⑫ 불교와 관련된 구비문학, ⑬ 기타 구비문학(속담/몽골 삼화음/수수께끼), ⑭ 리듬이 있는 시, ⑮ 스토리텔링

전문가팀은 위와 같은 분류체계에 따라 자료들을 분류하였고, 특별히 몽골의 소수민족들의 각 지역 방언으로 이루어진 구비전통과 표현에 세심한 주의를 기울였다. 그 결과 할하, 오이라트, 브리야트, 우즘칭 등 소수민족들에 대한 학술적 연구를 위한 풍부한 자료를 수집할 수 있었고 데이터베이스를 구축하였다. 이러한 자료들은 15번 카테고리

---

22 ICHCAP(2012), *2011/2012 Mongolia-ICHCAP Joint Cooperation Project Report: Safeguarding Intangible Cultural Heritage by Utilising Information Technology*, 14-16쪽 및 120-122쪽 참조.

인 '스토리텔링' 항목 내에 '지역 방언'이라는 항목을 추가하여 분류하였다.

위에 소개된 자료들 외에도 주요 학술대회에서 학자들과 전문가들이 발표한 자료들이 1959년부터 언어문학연구소 아카이브에 축적되어 왔다. 따라서 다음과 같은 항목들이 분류체계에 추가되었다.

⑯ 학회 기록(몽골 학자들과 전문가들의 학회 발표 기록 / 학위 과정 학생들의 학회 발표 기록 / 기관의 보고 발표회 기록)

또한, 1950년대부터 민속 연행 예술에 대한 체계적인 연구가 시작됨에 따라 마두금, 초르, 후메이와 이스게리 등의 장단에 대한 후원이 국내에서 많이 이루어졌다. 이와 관련하여 국가적으로 대규모의 연행 예술 축제가 만들어지기도 하였다. 이러한 녹음 자료들은 다음과 같은 분류 항목에 추가되었다.

⑰ 연행 기록, ⑱ 민속 연행 예술, 독주 음악 녹음

무엇보다도 위의 녹음 자료들을 디지털 자료의 형태로 변환하는 과정에서 원본 자료의 보존도 함께 이루어지도록 노력하였으며, 원본 자료들 역시 위의 분류체계에 따라 분류되었다.

'초원을 달리는 소리' 오디오 CD 제작

본 사업의 결과로, '초원을 달리는 소리'라고 하는 총 10장으로 구성

'초원을 달리는 소리' 오디오 CD 선집

된 CD 세트가 제작되었다. 보급을 목적으로 제작된 CD 세트에 수록된 내용은 다음과 같다. 각각의 CD에는 내용에 대한 간략한 소개도 첨부되어 있다.[23]

① 서사시, ② 설화와 전설, ③ 축원, ④ 시, ⑤ 민속 연행 예술, ⑥ 샤머니즘 및 불교 유산, ⑦ 전통 민속 장가, ⑧ 전통 민속 단가, ⑨ 스토리텔링, 전통 관습 및 의례, ⑩ 악기와 함께하는 설화

이렇게 해서 약 713시간의 녹음 자료들은 총 700GB 분량으로 디지

---

[23] Urtnasan Norov etc.(2012), 'Sound from Mongoian Grasslands', CD1-10, Foundation for the Protection of Natural and Cultural Heritage 참조. 해당 음원들은 유네스코아태무형유산센터 누리집 이지식관 (e-knowledge center)에서 들을 수 있다(URL: https://www.unesco-ichcap.org/eng/ek/sub4/index.php).

털화되었다. 이 파일들은 언어문학연구소의 자료 복원과 디지털화에 사용된 컴퓨터의 하드디스크에 저장되어 있다.

무형유산 영상 기록 시범 사업

한·몽 협력 사업은 2013년에도 계속되어 몽골자연문화유산보호재단과 '무형유산 영상 기록 워크숍 및 현장 기록 공동 작업'이 수행되었다. 해당 사업은 아태무형유산센터가 영상 기록에 대한 중장기 사업을 개발하기 위한 시범 사업으로, 1차 시범 사업이 2012년에 베트남에서 있었고 몽골 이후 2014년에는 키르기스스탄에서 계속되었다.

몽골의 입장에서는 무형유산 영상 기록에 관한 워크숍을 개최함과 동시에 한국 전문가들과 공동으로 현장 기록을 수행함으로써 한·몽 전문가들의 영상 기록 경험과 기술을 공유하고 무형유산을 보호하는 상호 역량을 증진할 수 있었다.

영상 기록 대상은 '인류무형문화유산 : 몽골의 나담'으로 우부르항가이 지역의 예순 주일 마을에서 개최된 지역 행사와 울란바토르 종합경기장 및 쿠이 도룬 후닥 지역에서 개최된 국가 단위의 행사였다. 기록 작업에는 한국교육방송EBS과 몽골국영방송MNB이 협력기관으로 참가하였다.

아태무형유산센터는 몽골 무형유산 보호 제도 구축 3개년 사업을 모델로 중앙아시아 4개국(카자흐스탄, 키르기스스탄, 타지키스탄 및 우즈베키스탄)과 다자협력의 형태로 2011년부터 2013년까지 3개년 사업으로 제도 구축 지원 사업을 진행하였다. 그리고 2015년부터 2017년까지 무형유산 가시성 제고 사업을 2차 3개년 사업으로 계획하였으며 그 일

우브르항가이 지역 예순 주일 마을의 나담 축제 전야 의례 현장 기록 공동 작업

환으로 무형유산 영상 제작 및 보급 사업을 추진하였다. 이미 제도 구축 및 도서 발간 사업을 완료한 몽골은 중앙아시아 2차 3개년 사업 중 영상 제작 및 보급 사업에 다자협력의 형태로 참가하였다.

아태무형유산센터는 베트남, 몽골, 키르기스스탄에서의 영상 기록 시범 사업을 바탕으로 2015년부터 2024년까지 10개년 사업으로 영상 제작 및 보급 사업을 계획하고 1차 사업으로 상기 중앙아시아 4개국 및 몽골을 대상으로 해당 사업을 추진하였다. 해당 사업에 대해서는 중앙아시아 다자협력 사업에서 소개하도록 하겠다.

국가목록 작성을 위한 중앙아시아 다자협력 사업

중앙아시아는 광활한 영토와 다양한 민족의 독특한 생활 관습들로 인하여 풍부한 전통문화, 특히 살아 있는 유산인 무형의 문화유산을 다수 보유하고 있다. 그러나 지난 70여 년간의 소비에트 체제의 여파로 이들 유산의 보전과 전승은 단절의 위기에 처해 있었다. 독립 이후 각국은 국가와 민족의 정체성을 확립하기 위하여 무형유산을 부흥시키려는 욕구가 높았지만, 문화 분야에 대한 국가적 지원이 부족하여 어려움을 겪고 있었다. 따라서 유네스코아태무형유산센터는 중앙아시아 국가들의 무형유산 보호를 위해서 한·몽 양자 간의 무형유산 협력 사업의 경험을 바탕으로 카자흐스탄, 키르기스스탄, 타지키스탄, 우즈베키스탄 등 중앙아시아 4개국과 무형유산 국가목록 작성을 위한 다자 간 협력 사업을 추진하였다. 아태무형유산센터는 2010년부터 중앙아시아 국가들과 지속적으로 만나 논의를 진행하면서 해당 지역에서 우선적으로 필요한 무형유산 국가목록 작성을 지원하기 위한 정보 교류 및 네트워크 구축을 수행하였다.

2010년 3월 우즈베키스탄 타슈켄트에서 '중앙아시아 무형유산 보호를 위한 협력 네트워크 회의'를 처음 시작한 이래 2011년 7월 타지키스탄 두샨베에서 중앙아시아 4개국은 아태무형유산센터의 재정적, 기술적 지원하에 '온라인 툴을 활용한 무형유산 국가목록 작성 협력 사업 3개년 계획'을 채택하였다. 해당 3개년 사업의 주요 내용은 1차 연도인 2011년 하반기부터 2012년 상반기까지는 국가별로 무형유산 목록 작성을 위한 계획을 수립하고 현황 파악을 위한 예비 조사를 실시하며,

2차 연도인 2012년 하반기부터 2013년 상반기까지는 무형유산 목록에 대한 현지 조사를 실시하고 관리를 위한 온라인 시스템을 개발하며, 3차 연도인 2013년 하반기부터 2014년 상반기까지는 중앙아시아 무형유산에 대한 문화지도를 제작하고 가이드북을 발간하는 것이었다.

3개년 사업의 결과, 각국은 국가 차원의 무형유산위원회를 구성하고 관련 법적, 행정적 체계를 정비하는 한편, 전문가들로 현지 조사를 하게 하는 등 〈무형문화유산보호협약〉이 요구하는 무형유산 국가목록을 작성하고 관리하기 위한 행정 체제를 구축하게 되었다. 특히 국가목록에 대한 정보는 데이터베이스화 하여 웹사이트를 통해 자국어, 러시아어 및 영어로 소개하였으며 국가별로 무형유산 해설집도 발간하였다. 다음에서는 아태무형유산센터의 지원하에 추진된 중앙아시아 무형유산 국가목록 작성을 위한 3개년 협력 사업에 대해 보다 구체적으로 살펴보고자 한다.

중앙아시아 무형유산 보호를 위한 협력 네트워크 회의

유네스코아태무형유산센터는 아시아 태평양 지역 무형유산 보호 활동을 지원하는 역할을 수행함에 있어서 해당 지역을 중앙아시아, 동북아시아, 동남아시아, 남아시아, 태평양 등 5개의 소지역으로 나누어 해당 지역 내 다자간 협력 체제를 구축하기 위한 작업을 추진하였다. 그 일환으로 무형유산 보호를 위한 협력 네트워크 소지역 회의가 2010년에 처음 개최된 이래 2017년까지 우리나라를 포함한 중앙아시아 국가들을 순회하면서 매년 개최되었다. 이후 해당 회의는 2019년,

2021년(코로나19로 인한 온라인 회의), 2023년 등 현재 2년 주기로 개최되고 있다.

아태무형유산센터와 카자흐스탄, 키르기스스탄, 우즈베키스탄, 타지키스탄 등 중앙아시아 4개국은 2010년 3월, 우즈베키스탄 타슈켄트에 모여 첫 번째 중앙아시아 무형유산 보호를 위한 협력 네트워크 회의를 개최하였다. 해당 회의는 아태무형유산센터와 유네스코우즈베키스탄위원회가 공동으로 주최하였으며 4개국 대표뿐만 아니라 유네스코지역사무소, 국제중앙아시아학연구소의 대표들도 참가하였다. 해당 회의를 통해 '지속가능한 무형유산 보호를 위한 중앙아시아와 아태무형유산센터 간 파트너십'에 관한 액션플랜을 채택하였다.

2011년 7월에는 타지키스탄 두샨베에서 제2차 회의를 개최하였다. 해당 회의는 타지키스탄 문화부와 공동 주최하였으며 역시 중앙아시아의 4개국 대표 및 유네스코 관련 기관 대표들이 함께 참가하였다. 이 회의에서는 제1차 회의에서 논의한 무형유산 국가목록 작성 이슈를 발전시켜 '온라인 툴을 활용한 중앙아시아 무형유산 목록 작성 3개년 계획'을 수립하였다.

제3차 회의는 2012년 5월에 유네스코키르기스위원회와 공동 주최로 키르기스스탄의 수도 비슈케크에서 개최되었다. 해당 회의에는 국내외 전문가 및 유네스코 본부 정보통신기술 담당자도 함께 참석하였으며, 3개년 계획 1차 연도 사업결과에 대한 보고와 함께 목록 작성과 관련한 정보통신기술의 활용에 대해 논의하였다.

제4차 회의는 2013년 5월에 유네스코카자흐스탄위원회와 공동 주최로 카자흐스탄의 수도 아스타나에서 개최되었으며, 특히 해당 회의부터는 한·몽 양자 사업으로 무형유산 보호 제도 구축 사업 (2008~2010년)을 이미 진행했던 몽골이 참관하게 되었다. 본 회의에는 각 국가의 정보 관련 전문가들도 함께 참가하여 1차 연도 사업에서 수집된 자료를 관리하기 위한 데이터베이스 구축 문제를 심도 있게 논의하였다.

제5차 회의는 2014년 9월에 국제중앙아시아학연구소 및 유네스코 우즈베키스탄위원회 등과 공동 주최로 다시 우즈베키스탄 타슈켄트에서 진행되었다. 본 회의는 3개년 사업(2011년 하반기~2014년 상반기)의 추진 결과를 공유하는 한편, 구전전통 전문 연구자들이 참여하여 '중앙아시아의 구전전통과 서사시'를 주제로 학술회의를 함께 개최하였다. 본 학술회의는 중앙아시아 국가의 정체성을 상징하는 무형유산, 특히 구전전통과 서사시에 대해 깊이 있게 탐구하는 기회가 되었다. 관련 회의 결과는 『중앙아시아의 구전전통과 서사시』라는 제명하에 한국어판과 영어·러시아어 판 등 2종의 도서로 발간되었다.

무형유산 목록 작성 전문가 회의와 3개년 협력 사업

아태무형유산센터는 제1차 중앙아시아 협력 네트워크 회의 이후, 해당 지역 국가들이 그 필요성을 거듭 강조한 무형유산 목록 작성에 대해 논의하기 위해 2010년 10월에 서울에 위치한 국립고궁박물관에서 전문가 회의를 개최하였다. 참석국들은 중앙아시아 지역의 인식 제고 및 무형유산 목록 작성을 위한 혁신적인 접근 방법의 일환으로 온라인 툴을 활용한 사업 개발에 함께 노력하기로 합의하였다.

온라인 툴을 활용한 중앙아시아 무형문화유산 목록 작성 3개년 사업 계획

연도	활동	
	\$국가별 무형유산 목록 작성을 위한 계획 수립 및 예비 조사\$	
1차 년도	활동 1: 목록 작성을 위한 국가별 위원회 구성 및 사업 계획 수립	• 사업 참여를 위한 국가 및 기관 간 양해각서 작성 및 체결 • 목록 작성을 위한 국가별 및 국가 간의 위원회와 태스크포스팀 구성 • 목록 작성을 위한 국가별 및 소지역 차원 사업 계획 수립
	활동 2: 전문가들에 의한 국가별 무형유산 잠정목록 작성 실시	• 국가별 목록 작성을 위한 조사 항목 서식 및 목록 신청 양식 개발 • 무형유산 목록 작성을 위한 지역 전문가 선정 및 훈련 워크숍 • 지역 전문가에 의한 해당 지역별 무형유산 목록 작성 실시
	활동 3: 국가별 무형유산 분류체계 확정 및 잠정목록 작성	• 협약상의 무형유산 범주에 근거한 국가별 분류체계 확정 • 지역별로 작성된 무형유산 잠정목록에 대한 결과 보고서 제출 • 국가 수준의 위원회에서 심의하여 현지 조사 대상 목록 작성
	무형유산 목록에 대한 현지 조사 및 온라인 시스템 개발	
2차 년도	활동 1: 국가별로 선정된 무형유산 잠정목록에 대한 현지 조사 수행	• 전문가팀을 구성하여 위원회에서 선정된 종목 현지 조사 수행 • 해당 종목에 대한 진위 여부 판단 및 기술 자료와 미디어 자료 보충 • 국가목록 작성에 대한 해당 공동체의 사전 동의 수락과 협조 요청
	활동 2: 무형유산 데이터베이스 구축을 위한 온라인 시스템 개발	• 데이터베이스 및 온라인 시스템 개발을 위한 태스크포스팀 구성 • 국가별 및 소지역 무형유산 목록 작성을 위한 메타데이터 개발 • 웹사이트상에서의 무형유산 목록 작성이 가능한 프로그램 개발
	활동 3: 온라인 시스템을 활용한 무형유산 국가별 목록 작성 수행	• 무형유산 온라인 시스템 운영을 위한 포컬 포인트 및 관리자 선정 • 개발된 무형유산 목록 작성 온라인 프로그램에 대한 시범 운영 • 온라인 프로그램에 국가목록으로 선정된 종목들에 대한 자료 입력
	중앙아시아 무형유산 문화지도 제작 및 가이드북 발간	
3차 년도	활동 1: 목록 작성 온라인 시스템 운영 및 무형유산 문화지도 제작	• 온라인 시스템 관리를 위한 운영위원회 및 전문가팀 구성 • 수시 입력이 가능한 국가별 무형유산 목록 업데이트 시스템 구축 • 중앙아시아 무형유산 가시성 제고를 위한 문화지도 제작
	활동 2: 중앙아시아 지역 무형유산 홍보를 위한 가이드북 발간	• 가이드북 제작을 위한 자료 수집(사진, 이미지 등) 및 원고 작성 • 레이아웃 작성, 원고·사진 편집 등 가이드북 편집, 교정 및 출판 • 중앙아시아 무형유산 가이드북 출판기념회 및 관계기관 배포

전문가 회의 이후 두샨베에서 개최된 제2차 협력 네트워크 회의는 한·중앙아시아 협력 사업에 중요한 전기를 마련하였다. 향후 3년간 공동으로 추진할 '온라인 툴을 활용한 중앙아시아 무형문화유산 목록 작성 3개년 사업(2011년 하반기~2014년 상반기)' 계획을 수립한 것이다. 3개년 사업의 연차별 구체적 활동 계획은 표 〈온라인 툴을 활용한 중앙아시아 무형문화유산 목록 작업 3개년 사업 계획〉에서 확인할 수 있다.[24]

상기 계획에 따라 참가국들은 1차 연도에는 목록 작성을 위한 국가별 위원회를 구성하고 사업에 대한 계획을 수립하였으며, 국가별 무형유산 잠정목록 예비 조사를 실시하고 조사 항목에 대한 양식을 개발하였으며, 국가별 무형유산 분류체계를 확정하고 잠정목록을 작성하였다. 2차 연도에는 무형유산 목록 작성 온라인 데이터베이스 시스템 구축 워킹그룹을 구성하고, 오픈 소스 무형유산 데이터베이스 시스템을 개발하였으며, 무형유산 잠정목록에 대한 현지 조사를 수행하여 해당 무형유산에 대한 정보를 수집하였다. 3차 연도에는 국가별 무형유산 데이터베이스 운영 시스템을 구축하였고, 국가별 무형유산 웹사이트 시안을 제작하였으며, 마지막으로 국가목록 해설집 발간을 위한 초고를 작성하였다. 중앙아시아 각국은 서로 내용상의 차이는 있으나 3개년 사업을 모두 충실히 수행하였으며 이들 국가들의 열정과 부단

---

[24] ICHCAP(2011), *Action Plan on Cooperation between the International Information and Networking Centre for Intangible Cultural Heritage in the Asia-Pacific Region(ICHCAP) and Central Asian Countries on the Utilisation of Online Tools for the Safeguarding Intagible Cultural Heritage*, Dushanbe, Tajikistan, 29 July 2011.

한 노력, 자국 무형유산에 대한 끊임없는 애정은 단기간에 상당한 성과를 얻는 데 크게 공헌하였다.

무형유산 목록 작성 다자협력 사업 성과

중앙아시아 다자협력 사업의 일환으로 2011년 하반기부터 2014년 상반기까지 진행된 온라인 툴을 활용한 무형유산 국가목록 작성 3개년 사업은 유네스코아태무형유산센터가 재정적, 기술적 지원을 담당하고 카자흐스탄, 키르기스스탄, 우즈베키스탄, 타지키스탄 등 중앙아시아 4개국은 상기 언급한 3개년 계획에 따라 각국이 저마다의 방법으로 무형유산 국가목록 작성 및 관리 체계 구축을 수행하였다. 물론 해당 사업은 아태무형유산센터의 재정 및 기술 지원만으로 진행되었다기보다 이를 기반으로 각국은 자국의 모든 역량을 동원하여 여러 연계사업을 함께 추진하였다. 따라서 해당 사업은 유네스코의 〈무형문화유산보호협약〉이 무형유산 목록 작성 및 그 보호 활동에 있어서 각국이 처한 저마다의 상황과 여건을 충분히 반영할 수 있도록 보장하고 있듯이 중앙아시아 4개국 각국이 자율성을 가지고 사업을 추진하는 것을 전제로 하였다.

아태무형유산센터의 후원하에 중앙아시아 4개국의 대표들과 전문가들은 매년 당해 연도 사업이 끝나는 상반기에서 새로운 연도가 시작되는 하반기 사이에 중앙아시아 각국을 순회하며 한데 모여 과년도 사업에 대한 결과 보고와 함께 익년도 사업에 대한 구체적인 추진 방안에 대해 논의하였다. 기술적, 재정적, 인력적 한계 등으로 인해서 수시 입력이 필요한 무형유산 목록 작성 온라인 시스템의 개발은 국가별 데이터베이스 구축에 만족해야 했고 중앙아시아 문화지도 제작 사업은 개별 국가의 무형유산 웹사이트를 제작하는 수준에서 종료되었지만 3개년 다자협력 사업은 무형유산에 대한 개념조차 희박했던 중앙아시아 국가들에게 무형유산 국가목록을 작성하도록 하였고 해당 유산들에 대한 보호 체계를 구축할 수 있도록 기여하였다.

카자흐스탄

3개년 사업 평가를 겸한 제5차 중앙아시아 협력 네트워크 회의에서 카자흐스탄은 해당 사업이 자국의 무형유산 보호의 첫걸음이 되었다고 자평하였다. 특히, 카자흐스탄은 해당 사업이 국가, 지역, 국제 차원의 긴밀한 협력을 가져왔으며, 무형유산에 대한 대중적 인식과 정책결정자들의 관심을 제고했다고 평가하였다.

무형유산 국가목록 작성과 관련하여 카자흐스탄은 먼저 해당 유산의 역사, 유산에 대한 설명, 보유자 및 연행자 정보, 지리적 위치 등의 항목이 포함된 무형유산 목록 작성용 조사 양식을 채택하였으며, 무형문화유산보호국가위원회와 카자흐스탄 국립예술대학 산하 코르키트 아타민속연구소를 주축으로 무형유산 현지 조사를 실시하였다. 조사자들은 구전전통, 민간 설화, 서사시, 공연예술, 공예기술, 의례 및 의식 등 다양한 무형유산에 대한 기록 및 목록 작성을 목적으로 수많은 마을과 무형유산 공동체를 방문하였으며, 공동체 대표들 및 개별 연행자들을 대상으로 기록 작성 및 수집된 자료의 출간 등에 대한 동의를 구하고 개별 혹은 집단 인터뷰를 진행하였다. 연차별 주요 활동은 다음

과 같다.[25]

카자흐스탄은 1차 연도 2012년 1월에 무형문화유산보호국가위원회를 구성하고 산하 기술위원회를 통해 6월에 18개 종목을 대상으로 한 국가무형유산 잠정목록을 작성하였다. 또한, 카자흐스탄 무형유산 보호의 주요 법적 근거가 될 '무형유산 보호 및 증진을 위한 국가 구상'을 수립하였으며, 향후 4~5년간의 활동 계획 초안을 작성하였다. 그리고 무형문화유산보호국가위원회 주도로 '매사냥', '나브루즈'(이상 공동 등재), '오르테케 인형극', '카라 죠르가 무용'(이상 단독 등재) 등 4개 종목을 유네스코 인류무형문화유산 대표목록에 등재 신청을 하였다.

2차 연도 2013년 3월에 무형문화유산보호국가위원회는 45개 종목을 국가무형유산으로 채택하였다. 이와 더불어, 무형문화유산보호국가위원회 회의의 결과로, 2013년 3월 키르기스스탄과 공동으로 '아이티스', '유르트', 카자흐스탄 단독으로 '돔비라 쿠이 연행 전통'을 유네스코 인류무형문화유산 대표목록에 등재 신청을 완료하였다. 특히, 5월에 개최된 무형유산 관련 주요 부처 장관들과 관계 전문가들이 참석한 회의에서는 무형유산 보호 및 증진 조치, 보유자들의 지위 향상, 무형유산 목록 작성 및 개방형 데이터베이스 개발 등을 위한 법적 절차와 재정 확보의 촉진이 필요하다는 것에 대한 동의가 있었다.

3차 연도 2013년 10월에 무형문화유산보호국가위원회는 다양한

25　Bota Khabibulla(2014), *Report on the outcomes of the three-year project and suggestions on the future collaboration*, ICHCAP, Fifth Central Asia Sub-regional Network Meeting on the Safeguarding of Intangible Cultural Heritage, 2014, 154-161쪽 참조.

의식, 공예, 전통 스포츠 등과 관련한 무형유산 국가목록을 강화하고 관련 사진 및 영상과 함께 등재 초안을 준비할 수행 당사자를 지명할 것을 결의하였다. 그리고 2014년 3월에 개최된 무형문화유산보호국가위원회는 '독수리 사냥', '카작 악기 돔비라 제작 기술', '아시크(양의 복숭아뼈)를 활용한 민속놀이', '서카자흐스탄 스타일의 은 보석 공예', '카작의 서사시 전통', 서사시 '코르키트 아타 쿠이', '코비츠', '키츠 지벡' 등 8개 종목에 대한 등재 신청서 초안을 제출하였다.

무형유산 온라인 시스템 구축과 관련해서 코르키트아타민속연구소, 문화체육부, 무형문화유산보호국가위원회로 구성된 전문가팀이 무형유산 데이터베이스 시스템을 구축하여 운영하기로 하였으며, 현지 조사 등을 통해 수집된 정보는 카자흐어, 러시아어, 영어 등 3개 언어로 관리하기로 결정하였다. 해당 데이터베이스에는 무형유산 다큐멘터리, 오디오 및 비디오 기록, 관련 사진 등 문화부, 코르키트아타민속연구소, 무형문화유산보호국가위원회, 기타 유관기관, 센터 및 NGO에서 수집한 자료와 대표목록 등재 신청서 및 유네스코 제출용 자료가 모두 수록되었다.

키르기스스탄

키르기스스탄은 3개년 사업을 통해 무형유산 보호를 위한 연행자, 전문가 및 비정부기구 간 상호 협력 네트워크를 구축할 수 있었고 이를 통해 전문인력을 양성하는 등 무형유산 보호를 위한 국가적 기반을 조성할 수 있었다고 평가하였다. 특히, 보유자를 비롯한 연행자들의 참여를 보장함으로써 무형유산 보호에 대한 인식을 보다 폭넓게 제고하는 계기를 마련하였다고 자평하였다.

유네스코키르기스스탄위원회는 키르기스스탄 국립과학아카데미 전문가의 협력하에 2011년부터 해당 사업을 수행하였다. 키르기스스탄은 3년에 걸친 사업을 통해 다음과 같은 성과를 얻었다. 전체적인 프로젝트의 성과는 국가위원회 조직(1차 연도), 종목 현지 조사(2차 연도), 웹사이트 구축(3차 연도) 등으로 나눌 수 있다.[26]

1차 연도에는 문화관광부 내에 국가무형문화유산보호위원회를 신설하여, 무형유산 보호 관련 이슈를 다루는 전문적인 국가 협의체를 구성하였으며, 2003년 협약과 무형유산 국가목록 작성을 위한 방법론과 관련한 워크숍을 개최하였다. 또한, 무형유산 국가목록 작성을 위한 종목 조사 양식을 채택하였고, 위 표와 같이 국가목록의 분류체계를 확립하였다.

2차 연도에는 무형유산 정보를 관리하기 위한 데이터베이스를 개발하고, 워크숍 등을 통해 연구 인력에 대한 훈련을 수행하였다. 또한, 이치쿨 지역의 제티오구즈와 나린 지역의 코취코르에 대한 현지 조사를 실시하였으며 구전전통, 민속 음악, 공예 기술, 민속놀이, 전통 지식에 관한 조사 양식을 작성하였다.

3차 연도에는 데이터베이스에 조사 종목에 대한 정보를 입력하는 한편, 무형유산 웹사이트를 구축하였다. 또한 무형유산 국가목록에 대한 정보를 보급하기 위하여 종목에 대한 브로슈어를 발간하였다. 해

26　Sabira Soltongeldieva(2014), 'Report on the project: Promotion of the inventory of ICH and the use of online tools for the conservation of ICH in Central Asia', 프레젠테이션 자료, 2014 참조.

키르기스의 무형유산 국가목록 분류체계

구전전통 및 표현	민속 이야기, 서사 노래(소서사시), 서사시(대서사시), 격언 및 속담
연행 예술	노래, 무용, 음악 및 악기 연주, 구연
축제 및 의례	축하 및 기념 행사, 의식, 의례
공예 및 기술	공예품 관련 기술, 악기 관련 공예 및 기술, 의복 관련 공예 및 기술, 음식 관련 공예 및 기술
민속놀이	스포츠 게임, 어린이 놀이
전통 지식	사람들의 생활을 지속가능하게 하기 위해 자연 자원을 이용하는 지식(목축, 유목 관련 지식), 생태학 및 민족학적으로 중요한 정보를 대대로 전승하는 방법 및 전통 자치 체제 관련 지식, 개인 및 집단의 건강 관련 체계화된 전통 지식(전통 의술인 제티아타 체제 등)

당 브로슈어는 키르기스스탄의 무형유산에 대한 보호 제도 및 관련 종목을 소개하는 일종의 해설서로 총 114개 종목에 대한 해설을 수록하고 있다.

키르기스스탄은 3개년 사업을 통해 무형유산 분야에 활동하는 비정부기구들의 전국 네트워크 조직을 구축했고 지역마다 무형유산을 발굴하여 보고하기 위한 현지 큐레이터도 지명하였다. 이들의 활동 결과 전통공예 기술, 전통 민간요법, 서사시, 이슬람 이전의 민간신앙 및 그와 관련된 전통 지식 및 표현 등을 데이터베이스 시스템에 탑재할 수 있었다. 이 모든 작업에는 보유자를 비롯한 연행자들이 직접 참여하였다.

타지키스탄

타지키스탄은 해당 사업을 통해서 타지키스탄 무형유산 보호에 상당한 기여를 하였으며, 무형유산에 내재된 본질에 주목하여 유산을 보호하기 위한 구체적인 활동을 구상하고 현대사회에서 무형유산을 되돌아볼 수 있었으며, 유산의 의미를 현세대에 전수하는 등 다양한 활동을 전개할 기회를 가질 수 있었다고 보고하였다. 해당 사업은 타지키스탄 문화부와 무형유산 비정부기구인 오담바올람의 주도로 진행되었다.[27]

타지키스탄은 1차 연도에 무형문화유산국가위원회를 조직하였으며, 위원회의 논의를 통해 무형유산 보호를 위한 국가 특별 프로그램을 제안하기도 하였다. 또한, 2003년 협약을 기반으로 하여 무형유산 현지 조사 및 보유자 인터뷰를 위한 질문지를 제작하였으며, 해당 질문지는 현지 조사 시 기본 양식 및 무형유산 관련 활동의 가이드라인으로 활용되었다. 또한 목록 작성을 수행하는 현지 실무 조직을 구성하였으며, 각 지역의 다양한 교육기관, 박물관, 비정부기구 등을 현지에서 무형유산 목록 작성을 담당할 지역 센터로 지정하여 사업에 활용하였다.

2차 연도에는 무형유산의 충실한 목록 작성을 위한 세미나를 개최하였다. 이를 통해 목록의 형식과 질문지가 보완되었으며, 이스타라브샨, 쿨롭, 코발링 및 쿠르간 듀베 시의 실무 조직은 더욱 전문성을 지닌 인력으로 조직될 수 있었다. 또한 야그놉, 코발링 지역 현지 조사를 실시하고 수집된 자료를 데이터베이스에 입력하는 등 목록 작성을 위

---

[27] Faroghat Azizi(2014), *The report on the results of implemented three phases of the Project of Safeguarding the Intangible Cultural Heritage in Tajikistan*, ICHCAP, Fifth Central Asia Sub-regional Network Meeting on the Safeguarding of Intangible Cultural Heritage, 2014, 162-169쪽 참조.

한 준비도 진행하였다.

3차 연도 사업의 주요 활동은 데이터베이스 시스템 및 웹사이트를 구축하는 것이었다. 2014년도에 총 217개 페이지로 구성된 웹사이트를 제작하였으며, 181개 종목의 무형유산에 대한 정보를 공개하였다. 모든 종목은 사진과 영상 자료가 첨부되어 있다. 그 외에도 무형유산 보호 및 활동에 대한 서적을 출판하였으며, 관련 분야에서 활동하는 많은 관계자들에게 배포하여 참고자료로 유용하게 사용할 수 있도록 하였다.

우즈베키스탄

우즈베키스탄은 무형유산 전 분야 전문가들의 역량을 개발할 수 있었고, 무형유산에 대한 인식을 제고할 수 있었으며, 무형유산 관계자의 경험과 지식을 발전시킬 수 있었다고 평가하였다. 그리고 인류의 공통된 문화적 자산으로서 무형유산의 무한한 가능성을 발견하였고, 유산의 세대 간 전승 및 보전 차원에서 보호할 필요성을 재확인하였다고 보고하였다.

2011년 11월에 우즈베키스탄 국립민속예술연구소와 문화체육부는 유네스코우즈베키스탄위원회의 협력하에 3개년 사업을 수행하기 위한 협정을 체결하였다. 국가 차원의 무형문화유산위원회 및 목록 작성을 위한 실무 그룹을 신설하고, 정기적으로 워크숍 및 훈련을 실시하였다. 또한 〈무형문화유산보호협약〉을 기반으로 우즈베키스탄의 무형유산 분류체계를 확립하고 이에 따라 무형유산 종목을 조사하는 양식을 개발하였다. 그리고 2012년부터 2014년까지 3차에 걸쳐 무형유산 종

우즈베크스탄 무형유산 웹사이트

목에 대한 현지 조사를 실시하였다.[28]

첫 번째 지역은 안디잔, 나망간, 페르가나 등의 페르가나 계곡 지역으로, 이 지역에서 회교적 관습, 의례 및 축제와 자연과 우주에 대한 지식 및 관습에 대한 자료를 수집하였다. 연행 예술 분야 106명의 예술가를 대상으로 의례 관련 노래, 자장가, 가사가 있는 노래, 기악, 카타 아슐라 등과 관련한 216건의 영상을 기록하여 총 18시간 분량의 오디

---

28 Gularo Abdulloeva(2014), *The final report of a three-year project to assist in carrying out an inventory of the Intangible Cultural Heritage and the use of online tools for safeguarding Intangible cultural heritage in the Central Asian region*, ICHCAP, Fifth Central Asia Sub-regional Network Meeting on the Safeguarding of Intangible Cultural Heritage, 2014, 178-183쪽 참조.

오와 15시간 분량의 비디오, 1,200장의 사진 등의 기록 자료를 확보하였다. 두 번째 지역은 지작, 사마르칸트, 퀴시콰다리아, 수르칸다랴 등 자라프샨과 우즈베키스탄 남부지역이고 세 번째 지역은 나보이, 부하라, 코레즘과 카라칼팍스탄공화국이다. 여기에서는 ① 전설, 설화, 속담, ② 전통 기악, 마브리기, 샤쉬마콤, 코레즘마콤 등 장르 노래, 서사시, 전설, 민속 무용 등의 연행 예술, ③ 친족관계, 공동체, 종교적 의례와 휴일 등의 의례 및 관습, ④ 전통 의학, 전통 요리 등, ⑤ 직조, 자수, 장신구, 모든 방면의 공예품 등의 전통 기술과 관련한 정보 및 자료를 수집하였다. 무형유산 5개 분야 전반에 걸친 방대한 양의 자료를 수집하여 20여 시간의 영상, 1.5시간 분량의 인터뷰, 음원 자료, 5,000여 장의 사진 자료 등을 확보하였다.

상기 현지 조사를 통해 각 분야별 무형유산에 대한 방대한 양의 자료를 수집하였으며, 특히 페르가나 지역에서 수집된 자료를 바탕으로 우즈베크어, 영어, 한국어 등 3가지 언어의 설명 자료가 포함된 CD 및 DVD 10장짜리 선집을 제작하였다. 이는 중앙아시아뿐만 아니라 해외에서도 좋은 평가를 받았다. 또한 사업을 통해 수집된 정보 중에 '아스키야, 재치의 예술', '다르보즈의 줄타기' 등에 대한 자료들은 유네스코 인류무형문화유산 대표목록 등재 신청 준비 단계에서 활용되기도 하였다.

그밖에도 우즈베키스탄은 8차의 국제 워크숍, 4차의 국가 워크숍, 4차의 지역 워크숍을 개최하였다. 또한 2013년부터 2014년까지 지방 및 국가목록 작성을 위한 방법론을 위한 참고자료로 무형유산 목록 작성에 대한 우즈베크어 브로슈어 2종을 발간하였고 무형유산 국가목록을 바탕으로 우즈베키스탄 무형유산 소개를 위한 우즈베크어, 영어, 러시아어 등 3개 언어로 된 책자 발간을 위한 원고 180여 장을 준비하였다.

우즈베키스탄은 또한 통합된 온라인 데이터베이스를 개발하여 온라인상에 각종 무형유산 정보를 구축하였으며, 우즈베키스탄의 무형유산을 일반에 공개하기 위한 웹사이트를 개발하였다. 웹사이트에는 국가 목록에 수록된 74개 유산을 5개 분야로 정리하여 우즈베크어, 러시아어, 영어 등 3개 언어로 게시하였다.

무형유산 가시성 제고를 위한 다자협력 사업

2차 3개년 사업을 위한 협력 네트워크 회의

무형유산 목록 작성을 위한 지난 3년간의 사업의 성과를 평가하고 향후 새로운 협력 사업을 논의하기 위해서 중앙아시아 무형유산 보호를 위한 제6차 협력 네트워크 회의가 2015년 4월에 전주에 위치한 국립무형유산원에서 개최되었다. 특히 6차 회의부터는 지난 5차 회의에 초청되었던 몽골이 정식 협력 대상 국가로 참석하였다. 해당 회의에서 각국을 대표한 참가자들은 2011년 하반기에서 2014년 상반기까지 진행된 1차 3개년 사업에 대한 사업 평가와 함께 미진한 부분에 대한 보완 작업에 대해서 논의하였고 2015년 하반기에서 2017년 상반기까지의 2차 3개년 사업 계획을 수립하였다.

중앙아시아 무형유산 보호 협력 네트워크 회의 일람

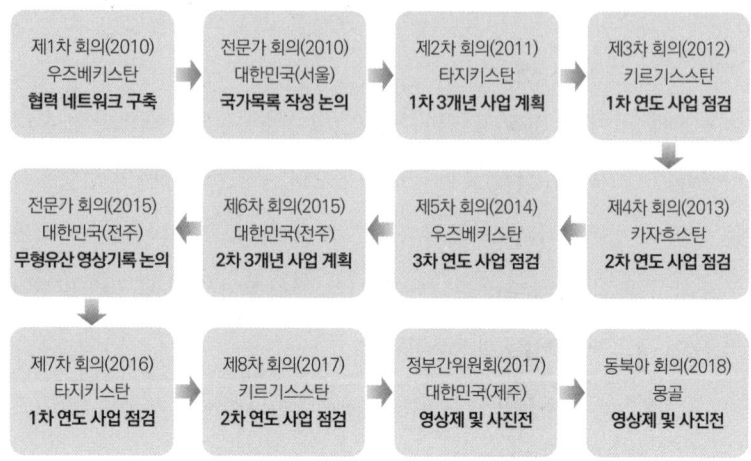

계속해서 제7차 회의가 2016년 5월에 유네스코타지키스탄위원회와 공동 주최로 타지키스탄의 수도 두샨베에서 열렸다. 해당 회의에서는 공개 행사로 '중앙아시아 무형유산과 성스러운 문화 공간'이라는 주제의 심포지엄이 함께 개최되었다. 이어진 실무회의에서는 2차 3개년 사업의 일환으로 진행된 국가별 영상제작 사업에 대한 중간보고와 함께 타직필름 영화관에서 각국에서 제작 중인 무형유산 샘플 영상들에 대한 시사회가 있었다. 또한 해당 회의에서는 아태무형유산센터가 한국교육방송EBS을 통해 협찬 받은 파나소닉코리아의 UHD 카메라 전달식도 있었다.

제8차 회의는 2017년 7월, 유네스코키르기스스탄위원회와 공동 주최로 키르기스스탄의 수도 비슈케크에서 개최되었다. 해당 회의에서는 '무형유산과 직업교육'을 주제로 한 심포지엄과 함께 2개년에 걸쳐 각국에서 제작한 영상과 사진을 가지고 '중앙아시아 무형유산 영상 시사회 및 사진 전시회'를 함께 개최하였다. 2차 3개년 사업에 참여한 중앙아시아 4개국과 몽골은 각각 10편씩 총 50편의 무형유산에 관한 영상을 제작하였다. 또한, 가시성 제고 3개년 사업의 일환으로 진행된 우즈베키스탄과 타지키스탄의 무형유산 홍보 도서 가제본이 검토되었고 키르기스스탄 도서 발간 계획이 발표되었다.

이후 중앙아시아 및 몽골의 협력 사업 관계자들은 2017년 12월에 대한민국 제주에서 개최된 제12차 〈무형문화유산보호협약〉 정부간위원회 회의에서 부대 행사로 중앙아시아 무형유산 영상 및 사진전을 대대적으로 개최하였다. 또한, 2018년 8월에는 몽골의 수도 울란바토르에서도 중앙아시아 무형유산 영상제 및 사진전을 개최하였다. 특히 중고등학교 및 대학을 순회하면서 청소년들을 대상으로 영상 상영회 및 사진 전시회를 개최하였다. 2018년에는 타지키스탄과 우즈베키스탄의 무형유산 홍보 도서가 발간되었으며 2019년에는 키르기스스탄 홍보 도서가 출판되었다.

무형유산 가시성 제고를 위한 2차 3개년 사업

유네스코아태무형유산센터와 중앙아시아 4개국은 1차 3개년 사업을 통해 축적된 관련 정보들을 활용하여 무형유산의 가시성을 제고하는 사업을 계획하였다. 2차 3개년 사업은 '영상 라이브러리 제작을 통한 중앙아시아 무형유산 가시성 제고'로 그 내용은 ① 중앙아시아 무형유산 영상 기록 라이브러리 제작, ② 국가별 무형유산 홍보 도서 발

무형유산 가시성 제고를 위한 2차 3개년 사업

연도	활동	
	무형유산 영상 기록 체계 구축 및 홍보 도서 원고 작성	
1차 연도	활동 1: 중앙아시아 무형유산 영상 기록 체계 구축 및 계획 수립	• 영상 기록 사업 참여 국가 및 기관 간 양해각서 체결 • 영상 기록 전문가위원회 및 국가별 전문가 회의 구성 • 영상 기록 국가별 사업 계획 수립 및 대상 종목 선정
	활동 2: 무형유산 영상 기록 가이드라인 개발 및 훈련 워크숍	• 전문가위원회 중앙아시아 영상 기록 가이드라인 개발 • 전문가위원회 가이드라인에 따른 훈련 프로그램 개발 • 무형유산 및 영상 기록 전문가가 참여하는 훈련 워크숍 실시
	활동 3: 국가별 영상 기록팀 구성 및 대상 종목별 구성안 작성	• 국가 영상 기록팀 구성 및 현장 기록을 위한 세부 계획 수립 • 영상 기록 대상 종목에 대한 사전조사 및 구성안 작성 • 영상 기록팀에서 대상 종목별 구성안에 따라 현장 촬영 개시
	활동 4: 국가별 무형유산 도서 발간 계획 수립 및 원고 작성	• 도서 발간 사업 참여 국가 및 기관 간 양해각서 체결 • 도서 발간 국가별 편집위원회 구성 및 책자 구성안 작성 • 도서 발간을 위한 자료 수집(사진, 이미지 등) 및 원고 작성
	영상 기록 촬영·편집 및 홍보 도서 발간(1차)	
2차 연도	활동 1: 영상 기록 대상 종목별 구성안 작성 및 현장 촬영 계속	• 1차 연도 현장 촬영 평가 및 2차 연도 영상 기록 계획 수립 • 영상 기록 대상 종목에 대한 사전조사 및 구성안 작성 계속 • 영상 기록팀에서 대상 종목별 구성안에 따라 현장 촬영 계속
	활동 2: 시나리오 작성, 영상 자료 편집 등 영상 기록 후반 작업	• 영상 자료 편집을 위한 무형 및 영상 전문가 훈련 워크숍 • 영상 기록 대상종목별 시나리오 작성 및 영상 자료 편집 • 국가별 전문가 회의에서 영상 기록 내용 검토를 위한 시사회
	활동 3: 국가별 무형유산 도서 발간 및 출판 기념회 개최(2개국)	• 레이아웃 작성, 원고 편집, 교열 및 인쇄 • 국가별 무형유산 도서 발간 홍보를 위한 출판기념회 개최 • 출판기념회의 부대 사업으로 순회 무형유산 사진전 개최
	영상 라이브러리 제작 및 홍보 도서 발간(2차)	
3차 연도	활동 1: 무형유산 멀티미디어 콘텐츠 및 영상 라이브러리 제작	• 온라인상에 중앙아 무형유산 영상 라이브러리(웹사이트) 제작 • 교육 및 배포용 영상 기록 멀티미디어 콘텐츠(DVD) 제작 • 중앙아 무형유산 홍보를 위한 방송용 콘텐츠(클립형 등) 제작
	활동 2: 중앙아시아 무형유산 영상 기록 라이브러리 런칭 기념 행사	• 국가별 무형유산 영상 기록 전문가 회의 주최 공개 시사회 • 각국 방송사를 통한 중앙아시아 무형유산 영상 기록 방영 • 무형유산 영화제 등에 중앙아시아 무형유산 영상 기록물 출품
	활동 3: 국가별 무형유산 도서 발간 및 출판기념회 개최(2개국)	• 레이아웃 작성, 원고 편집, 교열 및 인쇄 • 국가별 무형유산 도서 발간 홍보를 위한 출판기념회 개최 • 출판기념회의 부대 사업으로 순회 무형유산 사진전 개최

간, ③ 중앙아시아 무형유산 순회 사진전 개최 등이었다. 특히, 2차 3개년 사업에는 이전에 아태무형유산센터와 양자협력 차원에서 무형유산 보호 제도 구축 사업과 무형유산 정보 기반 조성 사업을 진행했던 몽골이 합류하였다. 2015년 전주에서 개최된 제7차 협력 네트워크 회의에서 채택된 '영상 라이브러리 제작을 통한 중앙아시아 무형유산 가시성 제고 3개년 사업'의 연차별 구체적 활동 계획은 표 〈무형유산 가시성 제고를 위한 2차 3개년 사업〉에서 확인할 수 있다.[29]

중앙아시아 무형유산 영상 제작 2개년 사업

유네스코아태무형유산센터와 몽골 및 카자흐스탄, 키르기스스탄, 타지키스탄, 우즈베키스탄 등의 중앙아시아 4개국은 제6차 협력 네트워크 회의에서 무형유산 가시성 제고 사업의 일환으로 2015년 하반기부터 2017년 상반기까지 '중앙아시아 무형유산 영상 제작' 사업을 추진하기로 합의하였다. 이에 따라 아태무형유산센터는 해당 사업에 대한 가이드라인 및 훈련 프로그램을 개발하였으며 2015년 11월 9일부터 15일까지 각국의 영상 및 무형유산 전문가를 전주에 위치한 국립무형유산원에 초청하여 전문가 워크숍을 개최하였다. 그리고 아태무형유산센터는 2015년 11월에서 12월 사이에 국가별 포컬 포인트를 지

---

[29] ICHCAP(2015), *Outcome Document of the Sixth Central Asia Sub-regional Network Meeting on the Safeguarding of Intangible Cultural Heritage and Plan for Three-Year(Medium-Term) Cooperative Project to Raise the Visibility of Intangible Cultural Heritage in Central Asia*, Jeonju, Republic of Korea, 1 May 2015 참조.

무형유산 영상 제작 조직체계

정하여 사업 계획서를 접수하고 1차 연도 사업에 대한 계약을 체결하였으며, 각 포컬 포인트는 국가별로 영상 기록을 담당할 전문가 회의 및 영상 기록팀을 구성하여 영상 제작을 추진하였다. 각국의 포컬 포인트는 2016년 2월말까지 아태무형유산센터에 중간 보고서를 제출하였으며 2016년 5월 15일부터 20일까지 두샨베에서 개최된 제7차 협력 네트워크 회의에서 작업 중인 영상 제작 샘플을 가져와 시사회를 하면서 검토 회의를 개최하였다.

이후 계속해서 각국은 구성안에 따라 대상 종목의 보호 환경, 시연 내용, 전승 현황 등 영상 제작에 필요한 내용에 대해서 현장 촬영을 진행하였고 촬영된 영상을 편집 및 더빙, 필요에 따라 자막 등의 작업을 진행하였다. 그리고 아태무형유산센터는 2016년 10월에 몽골의 울란바토르에서 몽골과, 12월에는 서울에서 우즈베키스탄 및 키르기스탄과, 2017년 2월에는 두샨베에서 타지키스탄과 각각 진행 중인 사항에 대한 점검 회의를 개최하였다. 그리고 영상 제작 공동사업 대표들은

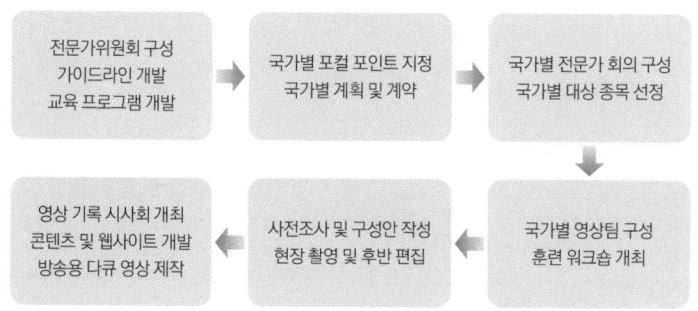

무형유산 영상 제작 업무 프로세스

2017년 7월 26일부터 28일까지 키르기스스탄 비슈케크에서 개최된 제8차 협력 네트워크 회의에 함께 모여 그동안 진행된 각국의 영상 기록에 대한 결과를 보고하고 최종 결과물 납품에 대한 논의를 진행하였다. 특히, 아태무형유산센터와 각국은 영상 제작 과정에서 획득된 사진 자료와 각국이 제작한 영상 중 대표작들을 일반에 공개하는 '중앙아시아 무형유산 영상제 및 사진전'을 개최하였다. 각국은 2017년 하반기부터 2018년 상반기에 걸쳐서 국가별로 무형유산 영상 10편씩 총 50편의 최종 결과물을 아태무형유산센터에 납품하였다.

중앙아시아 무형유산 영상 목록

중앙아시아 무형유산 영상 제작 2개년 사업을 통해 제작된 영상의 제목과 내용은 다음과 같다.

몽골

번호	제목	내용	종목명
1	마두금 멜로디의 비밀	몽골의 전통 악기, 모린후르(마두금) 전통 예술	모린후르
2	바람의 말들	준마의 경주 훈련 인지의 전통과 민속 지식	준마 관련 전통
3	휘파람 노래, 후메이	목으로 소리를 내는 후메이 전통 예술	쿠메이
4	게르 이야기	게르의 전통공예 및 게르와 관련된 의례와 관습	게르
5	태양의 후예들	양육과 관련된 전통 의례와 의식	양육 의례와 의식
6	지혜의 성스러운 멜로디	몽골 전통 장가, 우르틴 두우	우르틴 두우
7	몽골 활 장인의 지혜	활쏘기 및 활과 화살을 만드는 관행과 전통 지식	활과 활쏘기
8	초원의 선물, 아이락	발효된 말 젖인 아이락을 만드는 몽골의 전통 지식과 이와 관련된 의례 및 장인 정신	아이락
9	신들의 땅	성지숭배와 관련된 전통 관습과 관행	성지 숭배와 전통 관습
10	뼈주사위, 샤가이	복사뼈 놀이 관습	복사뼈 놀이

카자흐스탄

번호	제목	내용	종목명
1	나무염소의 춤	카자흐스탄 전통 음악 인형극	오르테케
2	줄 자르는 아이, 투사우 케수	유아 성장 의례, 걷기 시작하는 아이의 발에 묶인 끈 자르기	투사우 케수
3	봄과 함께 달리다	말 사육과 관련된 봄 축제	말 사육
4	돔부라, 신비한 나무의 노래	카자흐스탄 전통 악기, 돔브라 제작 예술	돔브라 공예
5	자연의 문장, 카자흐 펠트	펠트 제작 전통	키이즈 바수
6	위대한 시인, 코르키트 아타	전통 코비즈 제작 방식과 위대한 시인 이야기	코비즈

7	카자흐, 빛을 새기다	카자흐 귀금속 공예	귀금속 공예
8	케스테, 천그림 이야기	카자흐스탄 자수	케스테
9	돔부라, 신비한 나무의 노래	카자흐 전통 악기, 돔브라 연행 예술	돔브라 큐이
10	복사뼈 놀이, 아시크 아투	양의 무릎 관절뼈를 활용하는 전통 놀이	아시크

키르기스스탄

번호	제목	내용	종목명
1	크므즈, 맛의 비밀	전통 음료 자르마, 찰랍, 보조, 쿠미즈 만들기에 관한 전통 지식	전통 음료 만들기 전통 지식
2	에르 이야기	키르기스 전통안장 제작법	키르기스 전통 안장
3	비탄의 노래, 코쇼크	민속 애가	전통 애가 코쇼크
4	시간의 모자이크	키르기스 전통 카펫 알라키이즈와 쉬르닥	전통 카펫
5	코무즈의 멜로디	민속 악기 코무즈 제조 및 연주	코무즈
6	권위의 모자, 칼팍	남성모자 칼팍의 제작에 관한 공예 기술	전통 모자
7	마자르, 신들의 땅	키르기스 성소 관련 예식	성소
8	행복한 카페트, 투쉬 키이즈	전통 카페트 투쉬 키이즈 제작	전통 카펫 투쉬 키이즈
9	40일 잔치	탄생 및 어린이 관련 의례	탄생 의례
10	유르트 이야기	전통 주택 유르트 건축 지식	유르트

타지키스탄

번호	제목	내용	종목명
1	위대한 무덤, 구르굴리	악기 돔브라 반주와 함께 영웅 서사시 구르굴리	구르굴리
2	소리 깎는 장인	목재를 사용하는 현악기 전통제작 기술 및 과정	현악기 제작

3	새봄 축제, 나브루즈	봄 축제 나브루즈 기간의 전통 어린이 놀이	나브루즈 놀이
4	축하의 노래, 낙쉬 호니	결혼식 또는 기타 행사에서 연행되는 민속 노래 낙쉬	낙쉬 호니
5	자연의 몸짓, 타직 댄스	남성 그룹이 결혼식 또는 기타 행사에서 음악 반주에 맞추어 동물 흉내를 내는 민속 춤	동물 모사 민속춤
6	미니어처 회화	전통 미니어처 회화 그리기	미니어처 회화
7	바늘그림, 수자니두지	면, 실크, 울 등에 수를 놓는 자수 공예 수자니	자수 공예 수자니
8	비단 천 이야기	면이나 실크 원단에 꽃 이미지 및 상징적 그림을 넣어 장식품을 만드는 예술 공예	직물 공예
9	더 아티스트	보석 구슬 등을 사용하는 황금색 스레드 자수 공예	자르두지
10	리브창을 기억하며	전통 악기, 라브창 연행	라브창

우즈베키스탄

번호	제목	내용	종목명
1	도스톤 서사시	도스톤 구술 서사시	도스톤 서사시
2	줄타기, 허공의 여행	전통 줄타기	줄타기
3	우즈베크의 멜로디, 마콤	우즈베크 전통 음악, 마콤의 예술	마콤 예술
4	우즈베크 신부	우즈베크 혼인 의례	혼인 의례
5	새봄 명절, 나브루즈	춘분 절기의 새해 봄맞이 축제	나브루즈
6	팔로프 만찬	목화씨 유, 쌀, 당근, 고기 등으로 요리하는 팔롭	팔로프 문화
7	할아버지의 비밀 정원	농업 및 과수농사와 관련된 기술과 전통 지식	농업과 과수 농사
8	흙의 일기	우즈베크 도기 공예	도기공예
9	꿈의 컬러, 이카트	우즈베크 올치기 전통 방직	전통 이카트 방직
10	문화의 고장, 보이순	우즈베크 남부 보이순 지역의 문화 공간	보이순 지역의 문화 공간

무형유산 다큐멘터리 제작 컨소시엄

한편, 유네스코아태무형유산센터는 중앙아시아 영상 제작 협력 사업을 측면에서 지원하고 사업의 성과를 극대화하기 위해서 한국교육방송EBS 및 국립아시아문화전당ACC과 컨소시엄을 구성하고, 2016년 1월 29일 '아시아 지역 문화다양성 증진 및 가치 확산을 위한 업무 협력' 약정을 체결하였다. 아태무형유산센터의 네트워크, 국립아시아문화전당의 아카이브, 한국교육방송의 영상 제작 등 각각의 전문성을 확장하여 새로운 결과물을 만들어내고 그 활용을 극대화하자는 취지이었다. 이에 근거하여 국립아시아문화전당과 한국교육방송은 2016년부터 2017년까지 2개년에 걸쳐서 중앙아시아 무형유산 다큐멘터리 3부작 '위대한 유산 중앙아시아'를 제작하였다. 다큐멘터리는 유네스코가 강조하고 있는 국경을 초월한 '공유유산'이라는 개념에 착안해 수차례에 걸친 자문회의와 여러 지역 전문가들의 의견을 반영하여 제작되었다. 2016년 6월 14일부터 30일까지 17일간의 중앙아시아 4개국에서 사전조사, 같은 해 8월 14일부터 31일까지 18일간의 키르기스스탄에서 1차 촬영, 2017년 3월 12일부터 4월 9일까지 29일간 타지키스탄과 우즈베키스탄에서 2차 촬영, 같은 해 5월 16일부터 6월 5일까지 21일간 3차 촬영을 하였다. 각각의 촬영에는 각국의 포컬 포인트와 영상기록팀이 함께 하였으며 이를 통해 무형유산 영상 기록에 대한 노하우를 공유할 수 있었다.

해당 프로그램은 2017년 9월 28일에 제1부 '이스파라의 봄', 10월 12일에 제2부 '노래하라, 삶을 노래하라', 10월 19일에 제3부 '유목, 천

무형유산 다큐멘터리 제작 컨소시엄 영상

년의 지혜'가 각각 한국교육방송 제1채널을 통해 방영되었다. 제1부 '이스파라의 봄'에서는 중앙아시아 전역에서 공통적으로 볼 수 있는 신년 봄맞이 축제인 나브루즈와 잔치 음식인 플로프를 다루면서 중앙아시아 문화의 특징에 대해서 소개하였다. 제2부 '노래하라, 삶을 노래하라'에서는 페르가나 계곡의 구전 음악인 샤쉬마콤과 카타아슐라, 키르기스 민족의 영웅서사시인 마나스, 카자흐 민족의 전통 악기인 돔브라를 차례로 보여주었다. 마지막으로 제3부 '유목, 천년의 지혜'에서는 키르기스스탄과 카자흐스탄 산간지역 유목민들의 전통 가옥인 유르트와 펠트 수공예 등을 통해서 유목 문화와 전통 지식에 대해서 다루었다. 다큐멘터리팀은 해당 유산에 대한 사진 촬영과 함께, VR촬영도 진행하였다. 이를 통해 무형유산의 새로운 기록 매체로서 VR의 가능성을 실험해보는 동시에 젊은 세대들의 기호에 맞는 새로운 형태의 무형유산 콘텐츠 개발을 위한 기반을 마련하였다.

중앙아시아 무형유산 영상제 및 사진전 개최

유네스코아태무형유산센터는 2차 3개년 사업 중 특히 무형유산 영상 제작 2개년 사업과 국립아시아문화전당 및 한국교육방송과 함께 수행한 중앙아시아 무형유산 다큐멘터리 제작 컨소시엄 사업을 통해서 편집본, 클린본, 원본 영상 자료와 각 영상들에 대한 시나리오, 관련 사진 자료 등을 포함한 50편의 영상 기록물과 3편의 방송용 다큐멘터리, 그리고 관련 사진 및 VR 자료 등을 확보할 수 있었다. 해당 자료와 콘텐츠는 우리나라의 컨소시엄 참여 3개 기관을 비롯하여 협력 사업에 참여한 몽골 및 중앙아시아 각국의 기관들이 저작권과 활용권을 공유하여 사용할 수 있도록 하였다. 즉, 영상 제작 협력 사업 관련해서는 아태무형유산센터와 해당 영상을 직접 제작한 국가의 포컬 포인트가 공동으로 저작권을 가지며 그 외 참여 국가 및 기관은 해당 영상을 활용할 수 있는 권리를 가진다. 그리고 한국교육방송의 다큐멘터리 3부작 영상에 대한 저작권은 비용을 부담한 국립아시아문화전당과 한국교육방송이 가지며 아태무형유산센터와 다른 참여 국가 및 기관은 해당 영상을 활용할 수 있는 권리를 가진다. 아태무형유산센터와 참가 국가 및 기관들은 협력 사업과 컨소시엄 사업을 통해 생성된 자료에 대한 활용을 극대화하기 위해 여러 가지 활동을 전개하였다.

무형유산 영상 제작 중앙아시아편 브로슈어

아태무형유산센터는 납품된 중앙아시아 무형유산 영상 제작 사업 결과물들을 활용하여 2017년 12월 3일부터 9일까지 제주에서 개최된 유네스코 〈무형문화유산보호협약〉 제12차 정부간위원회 기간 중에 부대행사로 '중앙아시아 무형유산 영상제 및 사진전'을 개최하였다. 그리고 아태무형유산센터는 2018년 8월에 몽골의 포컬 포인트인 자연문화유산보호재단과 공동으로 몽골의 울란바토르에서 무형유산 영상 50편과 관련 사진 자료를 가지고 '무형유산 영상제 및 사진전'을 개최하였다. 중앙아시아 사진 및 영상들은 몽골의 국립현대미술관에 전시되었고 러·몽 제3중등학교, 국립음악학교, 유네스코협동학교 및 몽게니종합학교 등에서 청소년들을 대상으로 영상 상영회가 개최되었다. 부대행사로 무형유산 콘텐츠의 교육현장 활용을 위한 전문가 콘퍼런스가 개최되었으며, 특히 개막식에서는 몽골이 무형유산 영상 50편을 방영할 수 있도록 아태무형유산센터와 자연문화유산보호재단, 한국교육방송 및 몽골국영방송MNB 간 양해각서가 체결되었다.

한편, 아태무형유산센터는 아시아 태평양 지역 무형유산에 관한 온라인 콘텐츠를 제공하고 있는 아태무형유산센터 누리집 내 'e-지식관'에서 상기 50편의 영상물과 100장의 관련 사진들을 서비스하였다. 아태무형유산센터와 중앙아시아 각국은 또한 일반대중, 특히 청소년을 대상으로 무형유산 가시성을 제고하기 위하여 국내외에서 영상제 및 사진전을 개최 혹은 참가하였다. 예를 들어 국내에서는 국립민속박물관, 국립무형유산원, 국립아시아문화전당, 국립중앙박물관 등과 협력하여 영상 기록 결과물을 대중에게 공개할 수 있는 기회를 넓혀 나갔다. 또한, 아태무형유산센터와 한국교육방송은 3편의 다큐멘터리를 포함해서 50편의 중앙아시아 영상물들을 해외 여러 방송사에 보급하기 위해 배급 계약을 체결하였다. 뿐만 아니라 국립아시아문화전당은 사업 결과물을 활용하여 아시아 문화에 대한 아카이브를 구축하는 한편, 해당 자료들을 활용하여 관련 전시와 함께 도서를 발간하였다. 국립아시아문화전당은 '송 오브 펠트'라고 하는 주제로 키르기스의 영상 중 하나인 양모 직조기술인 '쉬르닥'에 대한 전시를 2017년 11월 17일부터 2018년 2월 4일까지 개최하였다.

국가별 무형유산 홍보 도서 발간 및 보급

영상 제작 및 순회 선시와 별도로 가시성 제고를 위한 2차 3개년 사업의 또 한 가지 작업은 각국을 대표하는 무형유산 홍보 도서를 발간하는 것이었다. 1차 3개년 사업에서 각국은 이미 자국의 무형유산에 관한 사진을 포함한 해설집을 발간한 경험이 있기 때문에 홍보 도서 발간은 그다지 어려운 작업이 아니었다. 다만 해당 도서는 1차 사업에

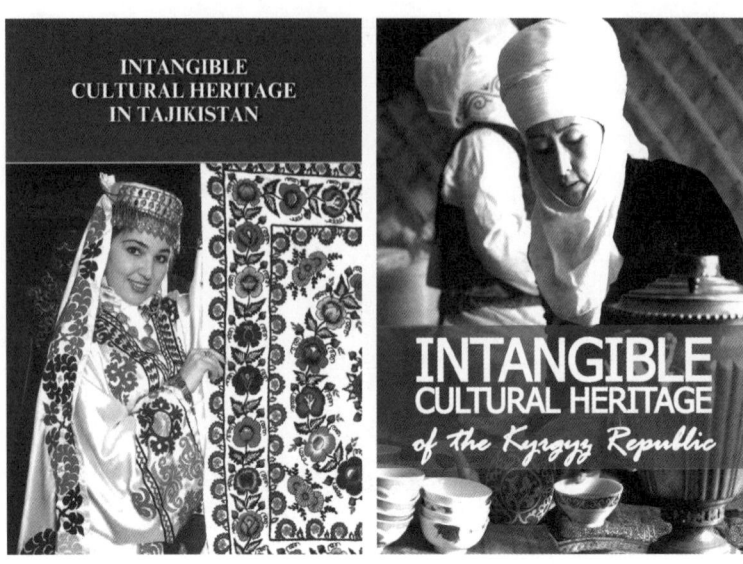

← 타지키스탄 무형유산 홍보 도서
→ 키르기스스탄 무형유산 홍보 도서

서 발간된 해설집처럼 종목에 대한 설명보다는 해당 국가의 무형유산 전반에 관한 이해를 도모하기 위한 홍보 성격이 강하였다. 여기에는 이미 한·몽 양자협력 사업을 통해 제작된 『몽골의 무형문화유산』이 모델이 되었다. 해당 도서는 350페이지 분량의 화보를 포함한 양장 도서로 영어판 및 몽골어판 2종으로 출판되었다. 2017년에 『타지키스탄의 무형문화유산』 타지크어판 및 영어판이 출간된 이래, 2018년에는 『우즈베키스탄의 무형문화유산』 우즈베크어판 및 영어판이 발간되었고, 2019년에는 『키르기스스탄의 무형문화유산』 키르기스어판과 영어판이 각각 발간되었다.

가장 먼저 출간된 『타지키스탄의 무형문화유산』에는 타지크의 무형

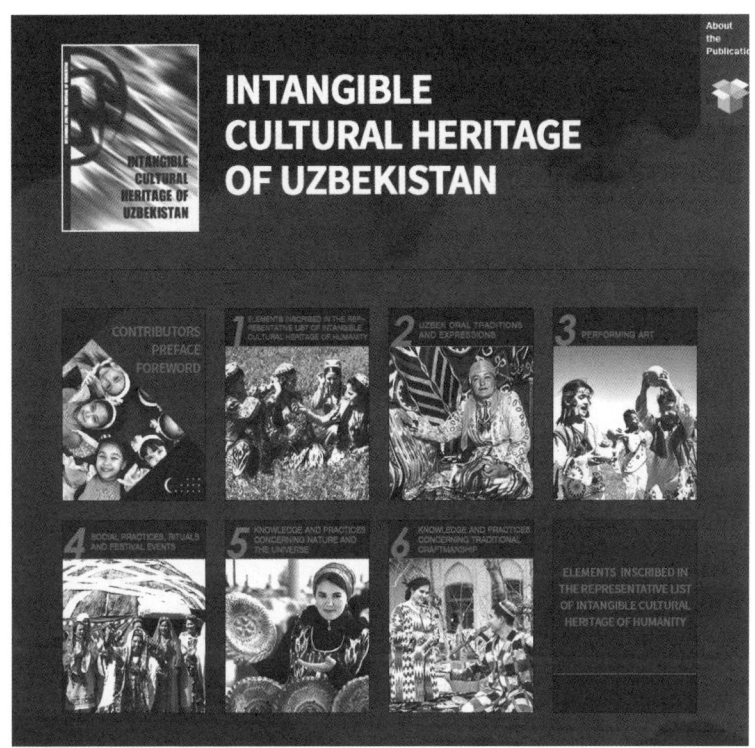

우즈베키스탄 무형유산 홍보 도서 온라인판

유산 전반에 대한 소개와 함께 구전전통, 연행 예술, 전통 축하 행사 및 외례, 전통 지식과 사회적 관습, 전통 민속 공예, 전통 음식, 전통 스포츠와 어린이 놀이 등이 설명되어 있다. 그리고 『우즈베키스탄의 무형문화유산』에는 우즈베크의 무형유산 보호 관련 법적 체제 및 유네스코 인류무형문화유산 대표목록 등재 종목에 대한 소개와 함께 우즈베크 구전전통 및 표현, 연행 예술, 사회적 관습, 의례 및 축제 행사, 자연과 우주에 관한 지식 및 관습, 전통공예에 관한 지식과 관습 등이 기술되어 있다. 또한, 『키르기스스탄의 무형문화유산』에는 키르기스의 무형유산에 관한 소개와 함께 자국의 무형유산을 크게 전통공예, 전통놀이 및 스포츠, 전통과 의례, 구전전통, 사회·생태적 전통 지식, 전통 음식 등으로 나누어 소개되어 있다. 카자흐스탄의 경우는 무형유산 국가 목록의 건수가 한정되어 있고 1차 연도에 발간된 해설집만으로도 당시까지 등록된 무형유산을 충분히 설명하고 있다고 판단하여 따로 홍보 도서를 발간하지 않았다. 100페이지 가량의 해당 해설집은 칼라 화보와 함께 카자흐어, 러시아어, 영어 등의 3가지 언어로 설명하고 있다.

각국은 자국의 주요 인사들과 관계자들을 모아놓고 해당 도서의 발간을 축하하는 출판기념회를 개최하였다. 국가에 따라서는 출판기념회와 함께 심포지엄을 연계한다던가 혹은 사진전 등을 병행하여 무형유산의 가시성을 제고하기 위해 노력하였다. 또한, 몽골 무형유산 홍보도서를 포함한 2차 3개년 사업의 일환으로 제작된 4권의 도서 자국어 판들은 각국에서 무형유산 보전 및 진흥을 위해 학교, 기관, 전문가 등에 배포되었으며 영어판은 한국 국립중앙도서관의 협력하에 아태무형유산센터가 전 세계 주요 국가 및 대학 도서관에 배포하였다. 해당 도서들은 아태무형유산센터 누리집에서 내려받을 수 있다.

무형유산 국제개발협력의 성과와 과제

앞에서 언급했듯이 우리나라의 무형유산 공적개발원조는 1993년 유네스코에서 채택된 '인간문화재 제도 보급 사업'에서부터 시작되었다. 우리나라는 해당 사업과 관련하여 유네스코 프로그램의 일환으로 국제 전문가 회의 및 4회에 걸친 국제 훈련 워크숍을 개최하고 인간문화재 제도 구축을 위한 가이드라인을 개발하여 보급하였다. 물론 해당 국제 훈련 워크숍은 저개발국가 및 개발도상국만을 대상으로 한 것이 아니고 몇몇 선진국들도 함께 참가했는데, 이는 서로의 경험을 공유하고 필요에 따라 서로 협력할 수 있는 기반을 구축하기 위해서였다. 이러한 지원 활동은 이후 유네스코가 전통문화 및 민속에 대한 새로운 국제적 규범으로서 2003년 〈무형문화유산보호협약〉을 채택하는데 많은 기여를 하게 된다.

우리나라가 본격적으로 무형유산 국제개발협력 사업을 전개한 것은 2003년 협약이 채택된 이래, 유네스코 카테고리 II 기관을 유치하면서부터이다. 우리나라는 유네스코아태무형유산센터를 통해 설립기획단 시절인 지난 2006년부터 아시아 태평양 지역 국가들이 〈무형문화유산보호협약〉을 충실히 이행할 수 있도록 지원하고 있다. 특히 아태무형유산센터는 정보기술 강국이라는 우리나라의 강점을 반영하여 '정보 및 네트워킹'을 기반으로 국제협력을 추진하고 있다.

몽골 및 중앙아시아의 국가들은 모두 소련의 영향하에 있었기 때문에 독립 이후 국가의 정체성을 확립하는 것이 주요한 과제였다. 무형유산은 공동체의 정체성을 보여준다. 따라서 몽골을 포함한 중앙아시아 국가들은 2003년 협약 이행에 적극 참여하였고 우리나라의 지원은 해당 국가들이 무형유산 보호 체제를 구축하는데 중요한 토대가 되었다.

2003년 협약 초기, 각국에 아직 무형유산의 개념조차 확립되어 있지 않은 상황에서 유네스코아태무형유산센터는 우리나라의 무형문화재 보호 경험과 유네스코의 2003년 협약의 지침을 기반으로 '무형유산 보호 제도 구축 사업'을 지원하였다. 무형유산을 보호하기 위한 법적 제도적 장치를 마련하고 무형유산 목록을 만들어 국가가 지속적으로 관리할 수 있도록 하는 사업이다. 처음 몽골과 베트남을 대상으로 무형유산 보호 제도 구축 지원 사업을 진행하였으며, 특히 몽골과의 경험을 일반화하여 중앙아시아 및 다른 아시아 태평양 지역 국가들의 무형유산 보호 제도 구축 지원 사업을 진행하였다.

유네스코의 적극적인 역량 강화 활동 덕분에 2010년대 중반에 이르면 많은 국가들이 〈무형문화유산보호협약〉 이행을 위한 체제를 어느 정도 갖추게 된다. 그래서 아태무형유산센터는 무형유산 보호 제도 구축 지원에서 무형유산 정보 기반 조성으로 사업을 전환하였다. 아태무형유산센터는 무형유산 자료 수집을 통한 국가목록 해설집 발간, 훼손 위기에 처한 무형유산 아날로그 자료의 디지털화, 가시성 증진을 위한 무형유산 영상 제작, 무형유산 온라인 웹사이트 개발 및 운영 등 무형유산 정보와 관련한 다양한 사업을 전개하고 있다.

본문에서 필자는 대표적인 무형유산 제도 구축 지원 사업인 '몽골 인간문화재 제도 구축 지원 사업'과 무형유산 정보 기반 조성을 위한 몽골 및 중앙아시아 협력 사업을 소개하였다. 마지막으로 지난 10여 년간 진행된 해당 사업에 대한 경험과 성과 그리고 과제를 정리해보고자 한다. 먼저 지난 협력 사업의 사업 절차를 정리해보면 다음과 같다.

첫째, 아태무형유산센터는 무형유산 보호 제도 구축 지원 사업을 추진함에 있어서 해당 지역의 무형유산 보호 현황을 파악하는 것이 우선적으로 필요했다. 따라서 먼저 국가별 무형유산 보호 현황을 조사하기 위해 질문지를 만들어 해당 국가의 전문기관에 의뢰하여 조사 보고서를 작성하여 제출하도록 하였다. 해당 보고서에는 각국의 당면과제와 요구사항을 포함하도록 하여 협력 대상 국가의 현황을 파악하고 지원 계획을 수립하는데 참고하였다.

둘째, 아태무형유산센터는 인적 네트워크를 구축하는 작업을 진행하였다. 지원 대상 국가 전문가들을 초청하거나 우리나라 전문가들을 파견하여 전문가 회의 및 워크숍 등을 개최하여 대상국 전문가들의 역량을 강화하는 한편, 우리나라 전문가들이 지원 사업에 대한 자문을 적절히 할 수 있도록 인적 네트워크 체계를 구축하였다.

셋째, 지원 대상 국가들이 자국의 무형유산 보호를 위한 법적·제도적 체계를 구축함에 있어서, 우리나라 전문가들과 아태무형유산센터는 해당 국가의 특수성과 자율성을 철저히 존중하고 보장하였다. 즉 전문가 자문이나 현장 방문 등에 있어서 우리나라의 법률이나 제도를 그대로 답습하기보다는 장점과 단점을 함께 공유함으로써 보다 효율적인 보호 제도를 구축하도록 자문하였다. 이는 2003년 협약이 권고하는 사항이기도 하다.

넷째, 각국이 자국의 무형유산 보호를 위한 국가 차원의 조직을 구축하도록 하였다. 각국은 관계 전문가 등으로 무형문화유산국가위원회를 구성하고 관계부서를 문화부 혹은 외교부 등의 산하에 두어 해당 업무를 담당하도록 하였다.

다섯째, 무형유산 목록 작성을 위한 현지 조사 등을 지원함으로써 해당 국가의 무형유산 보호 역량을 강화할 수 있는 기회를 제공하였다. 물론 당시 국가에 따라서는 개별 연구소나 전문기관이 특정 영역에 대한 무형유산 목록을 소장하고 있는 경우도 있었지만 이러한 목록들을 검토하여 국가목록으로 전환하도록 했을 뿐만 아니라 지속적으로 해당 목록을 갱신할 수 있는 체제를 구축하도록 하였다.

여섯째, 아태무형유산센터는 우리나라의 강점이라고 할 수 있는 정보기술 역량을 적극 활용하여 각국의 국가목록 정보에 대한 데이터베이스 구축과 웹사이트를 통한 온라인 서비스를 제공할 수 있도록 정보 기반 조성에 많은 노력을 기울였다. 그러나 제한된 예산과 인적 역량의 한계로 해당 작업을 지속적으로 유지하는 것이 쉽지는 않았다.

일곱째, 아태무형유산센터와 몽골 및 중앙아시아 국가들은 정보 역량 강화를 위한 사업의 일환으로 일반 대중, 특히 청소년들의 무형유산에 대한 가시성 제고를 위한 후속 사업을 추진하였다. 후속 사업의 주요 내용은 무형유산 영상 제작, 무형유산 홍보 도서 발간, 무형유산 문화지도 개발 등의 사업이었다.

몽골 및 중앙아시아 국가들과의 무형유산 목록 작성을 포함한 보호제도 구축 및 정보 기반 조성을 통한 가시성 제고 협력 사업은 여러 가지 한계에도 불구하고 또한 많은 성과를 남겼다.

첫째, 몽골 및 중앙아시아 각국은 무형유산 보호를 위한 적절한 법적 체제를 구축하였으며 관련한 국가조직을 마련하였다. 또한 각국은 저마다의 방법으로 무형유산 국가목록을 작성하여 관리할 수 있는 체제를 구축하였다. 즉, 각국에는 현재 우리나라의 지원 없이도 지속적으로 자국의 무형유산을 보호할 수 있는 체제가 마련되었다.

둘째, 이러한 과정을 통해 해당 분야의 전문가뿐만 아니라 공무원 및 관련 비정부기구 등 다양한 이해관계자의 역량이 강화되었으며 더불어 무형유산 공동체의 인식도 많이 제고되었다. 특히, 무형유산 공동체가 협력 사업에 적극 참여할 수 있도록 기회를 제공함으로써 전승의 주체로서 공동체, 단체 및 개인의 유산 보호의 중요성에 대한 인식이 크게 향상되었다.

셋째, 몽골 및 중앙아시아 각국은 해당 협력을 통해서 자국의 무형유산에 관한 기본적인 정보를 축적할 수 있었다. 현재 각국이 보유한 무형유산 정보는 국가의 역량에 따라 다소 차이는 있으나 2003년 협약이 요구하는 무형유산 국가목록에 대한 최소한의 정보를 구축하고 관리할 수 있는 체제를 갖춘 상태이다. 현재 각국은 해당 정보들을 2003년 협약 목록에 자국의 무형유산을 등재하기 위한 자료로서 적극 활용하고 있다. 몽골 및 중앙아시아 국가들은 2003년 협약 목록에 다른 지역의 국가들에 비해 비교적 많은 유산을 등재하고 있다.

넷째, 각국은 지난 10여 년간 협력 사업을 진행하는 가운데 일반 대중을 대상으로 하는 다양한 인식 제고 사업 및 프로그램 또한 다수 진행하였다. 온라인을 통한 자국의 무형유산 정보 보급뿐만 아니라 무형유산 도서 발간 및 보급, 무형유산 영상제 및 사진전 주관 등 다양한 무형유산 홍보 행사를 개최하였다. 해당 행사들은 자국의 무형유산뿐만 아니라 해당 지역 국가들의 무형유산을 함께 소개함으로써 무형유산의 보호가 인류가 함께해야 하는 과제임을 공감하는 기회를 제공하였다.

다섯째, 사업을 통해 전 세계에서 몽골 및 중앙아시아의 무형유산에 대한 가시성이 증진되었다. 협력 사업의 일환으로 제작된 무형유산 영상은 방송 등을 통해서도 소개되었지만, 관심 있는 많은 사용자들에 의해 유튜브 조회수도 증가하고 있다. 또한 각국의 무형유산을 소개하는 양장의 도서들은 세계 각국의 유수 대학 및 공공 도서관에 배포되었다. 뿐만 아니라 해당 협력 사업의 결과물들은 2003 협약 정부간위원회 등 유네스코의 각종 행사에서 부대 행사로 전시되기도 하였다.

여섯째, 사업 초기에는 러시아어를 기반으로 해서 의사소통이 이루어졌다. 당시까지 관계기관의 중추적인 역할을 담당하고 있던 소련 체제하의 인물들이 중심이 되었다. 그러나 시간이 지나면서 영어를 기반으로 하는 젊은 새로운 세대의 인재들이 등장하게 되었다. 그리고 현재 국가별로 젊은 인재들이 2003년 협약을 강의할 수 있는 유네스코의 퍼실리테이터로 선정되어 활동하고 있다.

이상과 같은 국가 및 지역 내 성과에도 불구하고 몽골 및 중앙아시아 국가들과의 협력 사업은 몇몇 한계와 함께 과제를 남기고 있다.

첫째, 언어적인 제약과 국제협력에 대한 경험 부족으로 일부 국가에서는 주무 부서인 문화부 등이 아니라 의사소통이 가능한 외교부나 유네스코국가위원회가 창구 역할을 할 뿐만 아니라 해당 업무 또한 해당 기관이 주도적으로 지속하게 되었다. 그러다보니 해당 국가의 무형유산을 총망라하여 목록을 작성하기보다 2003년 협약 목록 등재에 초점이 맞춰지는 국가도 있었다.

둘째, 협력 사업이 10여 년이 지나면서 초기에 열정을 가지고 참여했던 관계자 및 전문가들이 교체되거나 국가에 따라서는 담당부서가 바뀌면서 새로운 네트워크를 끊임없이 만들어야 하는 상황이 도래하기도 하였다. 국가에 따라서는 전문적인 조직이나 인물로 교체되는 경우도 있었지만 그렇지 못한 경우도 있었다.

셋째, 협력 사업 주관기관으로서 아태무형유산센터의 전문성 또한 지적하지 않을 수 없다. 해당 사업을 위해서는 무형유산에 대한 전문성과 함께 언어 능력을 포함한 국제적 역량과 해당 지역에 대한 충분한 이해 또한 필요하였다. 그리고 이러한 역량과 함께 해당 사업을 중장기적 관점에서 지속적으로 추진해 나갈 수 있는 의지력 또한 요구되었다.

넷째, 정보 기반 조성과 관련하여 시간이 갈수록 각국 데이터베이스의 업데이트가 중단되기도 하고 웹사이트에 대한 접속이 차단되기도 하였다. 따라서 현재 아태무형유산센터는 ichlinks라고 하는 아시아태평양 지역 무형유산 정보 공유 플랫폼을 구축하고 각국의 대표기관이 참여하는 운영협의회를 조직하여 해당 작업에 대한 협력을 지속할 수 있는 체제를 구축하고 있다.

아태무형유산센터는 현재 이전의 보호 제도 구축이나 정보 역량 강화 이외에 여러 영역으로 사업을 더 세분화하고 구체화하고 있다. 특히 무형유산 공예 기술과 관련하여 이들이 자생력을 가질 수 있도록 상품 디자인 개선, 공동체 역량 강화, 국내외 판로 개척 등 다양한 사업을 개발하고 있다. 현재 키르기스스탄을 대상으로 이러한 새로운 공적개발원조 사업을 추진하고 있다. 아태무형유산센터는 무형유산과 관련한 학교교육 협력 사업 등을 적극 추진하고 있다. 현재 2003년 협약의 주요 과제 중의 하나로 형식 및 비형식 교육에 어떻게 무형유산 교육을 접목할 것인가에 대한 여러 시도가 진행되고 있다. 현재 몽골 및 중앙아시아 국가들도 아태무형유산센터와 함께 학교교육 협력 사업을 통해 무형유산에 대한 저변을 확대하고자 노력하고 있다.

무형문화유산으로서의 전통무예와 국제개발협력

한창희[1]

전통무예의 가치와 세계무예

무예Martial Arts, 武藝는 문화유산이다. 그냥 문화유산이 아니라 한 나라의 역사와 혼이 깃든 문화의 본질이자 정수다. 무예는 여러 가닥으로 다양하게 정의되고 설명될 수 있으나 무형문화유산으로서의 무예는 무武에 관한 재주이며 무기를 다루는 기술과 그와 관련된 신체적 능력

---

[1] 영국 더럼대학교에서 국제관계학을 전공한 후, 벨기에 루벤대학교에서 유럽정책학, 서울대학교 국제대학원에서 국제협력학 석사과정을 마쳤다. 유네스코 국제무예센터 창립 이후 2018년부터 개발도상국과 아프리카 지역의 국제협력 및 교류사업을 담당했다. 전문관으로서 국제회의 기획 및 운영, 조사 및 연구, DB 구축, 공모전, 현지 무예교육 사업 등을 수행했다. 현재는 인사혁신처 국가인재원에서 글로벌역량팀장(사무관)으로 근무하며 대한민국 공직자들의 국외훈련과 글로벌역량교육을 담당하고 있다. hch313@korea.kr

을 말한다. 또한 우리가 흔히 알고 있는 무술武術, 무도武道 등으로 칭하기도 하며, 영어로는 Martial Arts로 표현한다. 국내에서는 전통무예를 '정형화되고 체계화된 무적 공법, 기법 격투체계로서 국가적 차원에서 진흥할 전통적, 문화적 가치가 있다고 인정되는 것'을 말한다.

단순한 사전적인 정의를 넘어서 무예는 인류의 생존과 함께 발달해 온 문화유산인 동시에 나라와 민족을 지켜온 전투기술이자 호신의 상징이다. 따라서 오늘날 세계 각국에 분포된 전통무예는 오랫동안 각 나라의 민족과 문화와 삶을 유지하는 문화유산으로서 그 나라와 지역의 정체성을 대표한다. 여기서 무예의 예藝는 예술, 표현, 미를 의미하며, 기술적 의미가 실전적 가치를 넘어서 미적, 예술적 경지를 지향하는 관점으로 설명된다.

이처럼 문화유산인 무예는 인류무형문화유산으로서 개인, 집단 및 공동체 등이 자신의 문화유산의 일부분을 인식하는 관습, 표현, 지식 및 기술의 형태로 이와 관련된 전달 도구이자 수단이자 사물이자 공예이자 문화 공간으로서의 역할을 한다. 그리하여 무예는 언어와 몸짓을 포함해 구전으로 내려오거나 표현으로 남아 공연예술이 되기도 한다. 우리는 지금도 사회 관습, 의례, 축제 행사에서도 무예를 쉽게 접할 수 있다.

이와 같이 과거와 현재를 넘나드는 무예는 단순히 육체적, 훈련적, 수련적인 단련 활동이 아닌, 다양한 사회와 역사 구조 속에서 공동체의 사회문화적 역할을 수행하고 민족의 혼과 얼을 구성하는 기능을 한다. 이를 통해 공동체와 구성원 간의 결속력이나 유대감을 강화시키고 사회 통합적 기능을 수행하기도 한다. 전통무예는 무형유산 중의

무예의 유형

구분	주요 특징
순수	무기나 기타 도구를 사용하지 않고 **맨손 상태를 중심**으로 공법, 기법, 격투체계를 갖춘 무예
무기술	**특화된 무기(병기)를 사용**하여 공법, 기법, 격투체계를 갖춘 무예
종합	순수무예와 무기술 무예를 하나의 체계 안에 포함하고 있으며, 공법, 기법, 격투체계를 갖추고 **종합적인 체계를 추구**하는 무예
정신	무적 공법·기법·격투체계보다 **명상·호흡·수양 등을 중심**으로 하는 무예

하나로 분류되고, 세대를 걸쳐 대대로 전승되고 사회적 환경에 따라 끊임없이 재창조된다. 무예는 형태에 따라 순수, 무기술, 종합, 정신 등 크게 4가지 유형으로 구분된다.

우리가 잘 알고 있는 무예인 택견 또한 순수무예로, 1983년 문화재보호법에 의해 국가무형문화재로 지정된 우리의 전통문화유산이다. 문화적 소산으로서 역사적이고, 예술적이며, 학술적이고 사회적인 가치를 입증 받은 우리의 소중한 유산이다. 택견은 유네스코 인류무형문화유산으로도 등재되어 무형문화유산 국제협약에 의해 세계적으로 보호받는 대표목록이다. 무예의 다채로운 가치를 전 세계에서 인정하는 것이다.

또한 무예는 심신 수련과 호신, 상호 존중, 다양성 존중, 약자 배려의 교육적 가치를 가지고 있다. 무예 수련을 통해 아이들과 청소년들은 서로 이해하고 협력을 도모한다. 무예는 자기 방어 및 공격 기술 습득, 정신적 성장 및 자기 고양이라는 목적을 가지고 단련하고 수련하는 수행체계다. 자기 내면을 정신적으로 성찰하고 무예 수련으로 육체를 단련해 자아를 형성하고 해탈하는 경지로 완성된다. 경쟁 상대가 상대방이 아닌 나에게 수렴한다. 무예의 이러한 내재적 가치는 철학적이며, 원리와 이해를 통한 자신의 반성이며, 나아가 자신의 정신과 신체를 단련하는 기술이자 예도다.

최근 개인주의가 팽배하고 전쟁과 분쟁으로 얼룩진 세계사회에서 무예는 타인에 대한 연대의 가치, 나를 지키는 호신의 가치, 학교폭력과 성폭력 등 여러 사회문제를 해결하는 사회적 가치, 존중하고 배려하는 예절의 가치 등 다원적인 가치를 전파하는 요소를 가지고 있다. 무예는 자기 자신을 수양하고 마음을 다스리는 정신적 성장과 수련을 통한 신체 기술 습득을 목적으로 하고 있다. 여러 국가의 전통무예를 수련하면서 다양한 문화 교류를 할 수 있고, 전인교육, 사회성 발달, 그리고 공동체 의식 확산 등에 기여한다. 특히 무예는 성장의 중요한 시기를 보내는 청소년들에게 필수적인 교육 수단이다.

무예는 교육의 기회로부터 소외된 여성뿐만 아니라 성인, 청소년, 아동 등에도 공평하다. 장애인을 위한 무예교육, 노년층을 대상으로 한 평생학습의 수련 방법도 있다. 이는 우리가 앞서 살펴본 무예의 본질과 궤를 같이하고 평등하게, 공정하게, 가깝게, 자연스럽게 다가가는 모두를 위한 무예Martial Art for All이다.

이 밖에도 무예는 문화 콘텐츠로서 문화산업 발전의 원동력이 될 수 있는 경제적 가치를 가지고 있다. 나아가 무예는 역사와 전통을 지니고 있어서 문화다양성 확보에 기여할 수 있는 문화적 가치가 있다. 비폭력, 평화, 화해 문화 확산과 가치 재정립을 위한 인류애적 가치, 그리고 인간이 자연과 동화되어 일체가 되는 친환경적 가치로도 확대된다. 이처럼 무예는 문화유산으로서 잘 보존하고 전승해야 할 우리의 소중한 자산이다. 그래서 유네스코에서는 세계 여러 나라의 무예를 인류무형문화유산으로 등재하여 보호하고 있다.

유네스코 등재 세계무예 현황

인류무형문화유산은 지역과 국가, 그 나라의 역사와 문화를 대표하는 하나의 지표이자 전승 수단이다. 특히 무예는 인류무형문화유산 중 하나로 민족이나 지역의 정체성과 보편성을 확립하여 후세에게 다양한 문화적 가치를 고양한다. 전 세계 19개국의 23개 무예 종목(관련 문화도 포함)이 유네스코 인류무형문화유산 대표목록과 긴급목록으로 등재되었으며, 대한민국의 경우, 씨름과 택견이 등재되었다.

씨름은 2018년 11월 제13차 무형문화유산 정부간위원회에서 남북한 공동으로 유네스코 인류무형문화유산 대표목록에 등재되었다. 씨름은 한국의 전통 레슬링으로 우리나라 전역에서 널리 즐기는 무예 스포츠다. 샅바를 허리와 허벅지에 두른 2명의 선수가 상대의 샅바를 잡고 다양한 기술을 발휘하여 상대를 땅바닥으로 쓰러뜨리면 이기는 무예다. 어린이부터 노인까지 누구나 할 수 있으며, 명절이나 잔칫날에 씨름 경기가 열린다. 부상 위험이 적으면서도 쉽게 접할 수 있는 운동인 씨름은 정신 건강은 물론 신체적인 건강을 증진하면서도, 공동체의 연대와 협력을 강화하는 사회 통합적 기능을 가진다. 각 마을이나 동네의 연상사는 씨름에 관한 전문 지식과 기술을 가지고 있으며, 어린이들은 이들로부터 배운 씨름을 전승하고 있다.

유네스코 등재 세계 무예 현황

번호	국가명	등재명칭	무예명	분류	등재유형	성격	등재연도	비고
1	이란	Pahlevani and Zoorkhanei rituals	Pahlevani	이슬람 및 고대 페르시아적 요소가 결합된 이란 무예	대표목록	고대운동 의식	2010	무예, 의식으로서 등재
2	이란	Chogān, a horse-riding game accompanied by music and storytelling	Chogān	전통놀이	대표목록	전통놀이	2017	전통놀이로서 등재
3	몽골	Naadam, Mongolian traditional festival	Bukh	전통 레슬링	대표목록	축제	2010	축제로서 등재
4	터키	Kirkpinar oil wrestling festival	Oil wrestling	전통 레슬링	대표목록	대회, 축제	2010	대회, 축제로서 등재
5	터키	Traditional Turkish Archery	Turkish archery	전통 궁술	대표목록	무예	2017	순수무예로서 등재
6	대한민국	Taekkyeon, a traditional Korean martial art	Taekkyeon	전통무예	대표목록	무예	2011	순수무예로서 등재
7	대한민국	Traditional Korean wrestling (Ssirum/Ssireum)	Ssirum/Ssireum	전통무예 및 춤 (남·북 공동등재)	대표목록	무예	2018	순수무예로서 등재
8	브라질	Capoeira circle	Capoeira	전통무예 및 춤 (음악)	대표목록	무예, 문화	2014	문화로서 등재
9	카자흐스탄	Kuresi in Kazakhstan	Kuresi	전통 레슬링	대표목록	무예	2016	전통레슬링으로서 등재
10	이집트	Tahteeb, stick game	Tahteeb	고대 이집트 스포츠	대표목록	전통놀이	2016	전통놀이로서 등재
11	키르기스스탄	Kok boru, traditional horse game	Kok boru	전통놀이	대표목록	전통놀이	2017	전통놀이로서 등재

12	모로코	Taskiwin, martial dance of the western High Atlas	Taskiwin	전통무예 무용 (서부 아틀라스 산맥 부족)	긴급목록	전통춤	2017	전통춤으로서 등재
13	조지아	Chidaoba, wrestling in Georgia	Chidaoba	전통 레슬링	대표목록	무예	2018	전통 레슬링으로서 등재
14	말레이시아	Silat	Silat	전통무예	대표목록	무예	2019	전통무예로서 등재
15	인도네시아	Traditions of Pencak Silat	Pencak Silat	전통무예 및 문화	대표목록	문화	2019	전통문화로서 등재
16	중국	Taijiquan	aijiquan	전통무예 (철학)	대표목록	무예	2020	전통무예로서 등재
17	캄보디아	Kun Lbokator	Bokator	전통무예	대표목록	무예	2022	전통무예로서 등재
18	아제르바이잔	Pehlevanliq culture :traditional zorkhana games, sports and wrestling	zorkhana	전통무예	대표목록	문화	2022	전통문화로서 등재
19		Chovqan	Chovqan	전통무예	긴급목록	무예	2013	전통무예로서 등재
20	벨기에	Ommegang of Brussels, an annual historical procession and popular festival	Jousting	전통축제	대표목록	축제	2019	전통축제로서 등재
21	크로아티아	Sinjska Alka, a knight's tournament	Sinjska Alka	전통경기	대표목록	마상 시합	2010	전통경기로서 등재

무예와 관련된 인류무형문화유산 목록

| 22 | 벨기에 | Namur stilt jousting | Namur stilt jousting | 전통놀이 | 대표목록 | 시합 | 2021 | 전통놀이로서 등재 |
| 23 | 중국 | Yueju opera | Yueju opera | 전통무예 경극 | 대표목록 | 전통 공연 | 2009 | 전통공연으로서 등재 |

↑ 강릉단오제 씨름대회에서 승부를 겨루는 아이들(출처: 대한씨름협회)
↓ 수련하는 택견 전수생(출처: 국가유산청)

택견은 2011년 인류무형문화유산으로 등재되었다. 유연하고 부드러운 움직임을 가지고 상대를 공격하거나 다리를 걸어 넘어뜨리는 무예다. 외적으로는 부드러우나 내적으로는 강한 무예로, 우아함과 품위를 강조하고 자연스럽고 배려심이 있다. 택견은 다른 무예와는 달리 상대를 무너뜨리는 대신 살리는 무예이며, 현재까지 전승되어온 동작과 기술은 그 예술적 가치가 매우 크다. 민중들의 유희이자 공동체의 응집력을 강화하는 수단으로, 씨름과 함께 단오나 백중날 민속놀이로서 행해졌다. 잔치에서 덩실거리며 춤을 추는 전통적 몸짓은 품밟기와 활갯짓으로 승화되고, 흔들흔들 굼실거리며 내뱉는 기합소리 '이크, 에크'는 상대와의 경기에 임하는 긴장감을 이겨내도록 자연스럽게 뱃심을 내고 호흡을 유지할 수 있도록 하는 기합법이다. 택견이 추구하는 철학은 '참' 정신이다. '참'은 거짓 없는 진실함 즉 인간적 성실함이면서 우주 자연의 진리에 순응함이다. 이는 공존과 상호 존중의 전통적 가치를 품고 있다.

유네스코 인류무형문화유산의 가치와 활용

앞에서 예로 보여준 우리 전통무예 씨름과 택견을 포함하여 전 세계 다양한 무예들이 유네스코 인류무형문화유산으로 등재되어 전승되고 보호받고 있다. 이란의 전통 레슬링 주르카네, 몽골의 부흐, 카자흐스탄의 쿠레스도 레슬링류의 무예다. 또한 터키의 궁술과 중국의 태극권, 브라질의 가포에이리, 말레이시아의 실랏과 인도네시아의 펜칵실랏도 각각의 고유성과 특수성을 보여준다. 이처럼 유네스코 인류무형문화유산으로서 세계 각국의 전통무예는 문화다양성 확보에 기여한다. 저소득국 및 개도국의 경우 자국의 문화유산에 대한 자부심을 높여 문화적 자아와 정체성을 강화한다. 스포츠 및 체육 산업으로 연결되어 국가의 소득 증대 및 지역 발전에 중요한 역할을 한다. 나아가 국가 간 문화 교류를 통한 교육 및 수련 기회 제공 등 현장에서 실질적인 성과를 기대할 수 있다는 점에서 의미가 있다.

코로나19 시기에도 전통무예는 사람들의 심신 수련 및 건강 증진을 도왔다. 이는 무예가 전통을 넘어서 현대사회에서도 효용성을 가짐을 의미한다. 무예가 지닌 체계적인 운동과 신체 활동이 심신을 수련하고 건강을 증진하는 데 도움이 된다. 특히, 청소년들의 스마트폰 사용량과 온라인 게임과 같은 비육체적 디지털 활동이 증가하여 학생들의 학업 성취도 저하와 건강과 면역력 약화라는 사회문제를 유발했다. 무예는 청소년들의 신체 활동 부족과 그로 인해 발생한 면역력 약화 등의 문제를 해결하고 청소년들의 건강 증진과 체력 회복에 기여할 수 있다. 즉 무예는 자기방어, 정신 수양과 자기 성찰과 자아 완성의 가치를 함양하여 개인의 문제를 해결한다. 이와 동시에 역사와 전통이 깃든 무예의 보존과 계승을 통해 문화다양성 및 상호 존중의 가치, 특히 청소년들에게 연대가 무엇인지, 비폭력, 평화, 화해의 가치가 무엇인지 설명해줄 수 있는 좋은 수단이자 도구가 될 수 있다. 이는 가장 오래된 전통무예가 가장 현대적이고 효과적인 방법으로 승화되어 우리 세대들에게 많은 가르침과 교훈을 줄 수 있음을 의미한다.

무예를 통한 국제개발협력의 증진

유네스코 국제무예센터의 역할과 활동

유네스코 국제무예센터는 유네스코 카테고리 II 기관으로 대한민국 정부와 유네스코 간의 협정을 통해 설립되었다. 센터의 설립 목적은 무예의 역할과 기여에 대한 연구와 그 결과물 공유, 무예교육 및 훈련을 통한 청소년의 발달과 지역사회 참여 증진, 세계 무예에 관한 기록과 자료 수집 및 보급을 위한 자료처리센터의 설립과 운영, 무예를 통한 선진국과 개발도상국 간의 협력 증진, 세계 전통무예의 보존 및 진흥이다.

국제무예센터는 무예를 통한 국제협력 증진, 세계 무예 지식 체계 구축, 무예 활동을 통한 청소년과 여성의 발달, 세계 각국과의 무예 교류를 통한 문화다양성 보호 및 상호 존중을 도모한다. 즉, 무예를 통해 양성평등과 아프리카에 대한 유네스코 글로벌 우선순위를 달성하고, 청소년과 여성의 역량 강화를 도모한다. 또한, 2030 지속가능발전목표SDGs 달성에 기여하기 위해 무예 수련과 가치 교육의 기회를 소외 계층에 제공하고 무예의 가치와 철학에 관한 문화를 확산하기 위해 다양한 활동을 한다.

국제무예센터는 세계 청소년을 위한 무예 세미나 실시, 여름학교 운영, 무예 관련 공동체 및 문화센터 설립 협조, 무예에 관한 국제 세미나와 학술회의 조직 및 개최, 세계 무예 청소년 캠프 운영 등을 한다. 전 세계 무예에 관한 기록과 자료를 수집 및 활용하여, 온라인 데이터베이스 구축 및 운영, 웹사이트 개발 및 운영, 온라인 소식지를 포함한 정기적인 정보지 발행, 세계 무예 도서관 겸 박물관 운영 참여, 국제 무예 축제 및 박람회 개최, 세계전통무예 용어집 편찬 등을 하고 있다.

또한 사하라 사막 이남 아프리카 지역 및 개발도상국에 평화와 화해의 문화를 공고히 하고, 청소년들을 전통무예 활동에 참여시키기 위해 무예 교류에 힘쓰고 있다. 특히 학술적으로 무예의 사회적 영향에 대한 비교분석 및 청소년의 발달, 폭력 방지에 대한 무예의 기여 분야 연구와 공유를 지속하고 있다.

이 밖에도 무예 관련 교육과 보존, 진흥 등과 같은 다양한 국가정책 개발도 활발히 한다. 국민체육진흥법을 통한 태권도와 씨름의 진흥, 문화재보호법을 통한 택견의 보호와 보전, 그리고 전통무예진흥법을 통해 국가 차원에서 무예의 효용성과 의미 찾기 등 다양한 노력을 하고 있다. 무예는 국제개발협력 증진에 좋은 도구다. 자료 조사를 통해 세계 무예의 지식체계를 구축할 수 있고, 궁극적으로 무예를 활용하여 건전하고 활기찬 청소년의 발달과 여성 참여 증진을 이끌 수 있다. 부수적으로 세계 각국과의 무예 교류를 통해 문화의 다양성 보호 및 상호 존중의 가치를 이뤄내는 것은 덤이다.

국제개발협력 차원에서 국제무예센터는 유네스코 카테고리 II 기관으로 다자원조 기구에 속한다고 말할 수 있으며, 센터의 여러 국제 사업은 문화유산 ODA 형태로 들어갈 수 있다. 국제무예센터의 목적에서도 문화유산 ODA로서의 역할을 확인할 수 있다. 국제무예센터의 목적은 국제협력 확대 및 유네스코의 전략목표 이행, 나아가 UN 지속가능발전목표 SDGs 달성을 위해 선진국-개도국 협력 증진과 세계 전통무예의 보전과 진흥이다. 세계 청소년을 위한 사업, 특히 사하라

사막 이남 아프리카 지역과의 무예 교류도 한다. 대한민국은 2009년 OECD 개발원조위원회DAC 가입 이후, 그리고 2010년 G20 정상회의 개최 이후, 2011년 부산 세계개발원조 총회 개최 이후, SDGs 실행 과정에 적극적으로 참여하여 국제사회의 개발협력 어젠다를 주도적으로 이끌고 있다. 선진국과 개도국 간 가교 역할을 수행하고 SDGs의 달성 노력을 통해 전 세계가 당면한 다양한 문제를 해결하기 위해 국가적 차원에서 노력하고 있다. 청소년과 여성의 역량 강화, 무예교육을 통한 신체 및 정서 발달 촉진, 무예를 통한 평화 및 화해 문화 정착 등이 SDGs의 양질의 교육(목표 4), 양성평등(목표 5), 정의, 평화, 효과적인 제도(목표 16), 글로벌 파트너십(목표 17)과 연계된다. 대한민국과 국제무예센터는 국제사회에서 요구하는 역할과 위상에 응답하고 국제사회의 보편적 가치를 추구하고 보존해야 한다. 우리나라가 국제사회로부터 받은 원조에 보답하고, 세계에 유례없는 성공적인 발전과 개발 경험을 공유해야 한다. 특히, 다자개발기구에 속하는 센터는 국내 사업을 포함하여 해외 사업(ODA 등)의 일관적인 수행을 통해 국제개발협력에 기여하고 무예를 통해 세계 청소년과 여성의 발달, 세계 무예의 보전과 진흥, 그리고 유네스코 우선순위 지역인 아프리카 및 저소득 국가에서 사업을 실시해야 하는 명분과 당위성이 있다.

이처럼 국제무예센터는 유네스코 카테고리 Ⅱ 기관으로서 최빈국, 저소득국, 개도국의 청소년 및 여성을 대상으로 다양한 국제 프로젝트를 실시하고 있다. 센터는 대한민국 정부와 유네스코 간의 설립 협정에 명시된 센터의 기능 및 목적을 성실히 이행하고 국내를 넘어 세계시민을 대상으로 사업을 시행해야 하는 당위적 목표가 존재한다. 그렇다면 왜

무예와 관련된 해외 사업이나 ODA 사업을 해야 하는가? 이 물음에 대한 답변은 지구촌 빈곤의 이해를 시작으로 정의된 국제개발협력과 ODA 개념의 이해가 필요하다.

국제사회에서는 개발협력에 대해 원조 옹호, 원조 비판, 원조 무용 등 다양한 시각이 존재한다. 원조옹호론은 공여국의 ODA 규모 증액, 국제기구 역할 확대 및 공공관리 능력 개선, 면밀한 분석과 모니터링 강화를 핵심으로 한다(Jeffrey Sachs). 원조비판론은 효율적인 원조 운영과 개도국의 자립 노력, 시장 중심의 전략, 현장 중심 원조를 주장한다(William Easterly). 원조무용론은 원조가 수원국의 자발적 개선과 경제 상황을 오히려 더 악화시킨다고 주장한다(Dambisa Moyo).

또한 개발협력도 시대를 반영한다. 과거는 퍼주기라고 불렀으나, 최근에는 선진국-개도국 협력 증진의 일환으로 파트너십 또는 주인의식을 강조하고 있다. 이러한 개발협력은 인도주의적 동기(인류애적 당위성), 정치적인 동기(공공외교 및 국가 이미지 제고), 경제적 동기(투자 및 사회 발전)로 설명하기도 한다. 또한, 범세계적인 문제 해결을 위해 필요한 가치의 확장(청소년 보호/양성평등), 테러 방지 차원(안보 및 안전)으로 보기도 한다. 이러한 측면에서 전통무예 ODA는 사회적 가치의 확장이라 볼 수 있다.

센터는 국내외 유일한 무예 분야 국제기구로 지속가능발전목표SDGs 달성에 기여한다. 유네스코 글로벌 사업 우선순위에 따라 세계 무예 진흥 및 발전을 지원하고 무예를 활용하여 청소년의 신체와 정서 발달과 사회 참여 증진에 기여하고 있다. 또한 유네스코 본부 및 지역사무소와의 네트워크를 적극 활용하여 다양한 이해관계자들과의 협력을 확대하고 있다. 특히 다년간 아프리카 국가들을 대상으로 시행한 아프리카 무예 회의는 지역별 순회 회의 개최를 통해 아프리카 지역의 무예 네트워크 구축 및 전문가 그룹 확보에 도움을 주었다. 무예를 통한 아프리카 청소년과 여성의 발달과 참여를 증진시키고, 유네스코가 지향하는 비폭력 문화 확산 및 학교폭력 방지, 궁극적으로 아프리카 평화 유지에 기여할 수 있는 기반을 마련했다.

무예 열린학교 사업의 성과

유네스코는 스포츠와 신체 활동이 폭력을 예방하고 건전하고 지속가능한 사회를 형성하는 데 중요한 기반이라고 본다. 카잔액션플랜Kazan Action Plan이 바로 그것이다. 무예는 스포츠와 체육교육의 일종이며, 현대사회에서 신체 활동과 체력 증진을 위한 중요한 활용 도구다. 특히 국제무예센터는 유네스코의 '핏포라이프Fit For Life' 정책에 따라 스포츠, 체육, 신체 활동에 모두가 포용적으로 접근할 수 있는 포괄적 비전을 개발하고, 유엔 지속가능발전목표SDGs를 이행한다. 양질의 체육교육 실시, 활발한 학교 활동, 양성평등의 달성, 여성 및 소녀들의 권한 강화 등의 노력을 한다. 그리고 무예 활동을 통해 스포츠의 지속가능한 발전과 평화 증진에 대한 기여를 극대화한다. 전 연령의 건강과 복지 증진, 양질의 무예교육 제공 및 체육을 통한 모두의 평생학습 능력 함양을 도모하고 어린이와 청소년 및 취약계층을 보호하고자 한다.

본 센터는 세계 각지 청소년과 여성들을 대상으로 무예교육 사업을 시행하고 있으며, 특히 유네스코 인류무형문화유산으로 등재된 무예인 택견과 실랏, 카포에이라 등의 세계 무예를 활용해 소녀들과 여성들, 그리고 소외된 지역의 청소년과 어린이들의 무예에 대한 관심을 증진시키고, 나아가 유엔 지속가능발전목표(건강을 위한 양질의 교육 제공과 양성평등 달성)의 성취와 유네스코 이념을 실현하기 위해 지속해서 노력하고 있다.

본 센터의 사업 중 '무예 열린학교'는 무예에 대한 교육적 토대가 미흡한 최빈국 또는 저소득 국가의 청소년 및 여성을 대상으로 전통무예 전문가를 파견하여 무예에 대한 관심과 참여 증진에 기여하는 사업이다. 참가자들의 신체와 정서 발달, 사회적 공동체 의식 함양을 도모하고 자기 계발 기회를 제공한다. 특히 유네스코 인류무형문화유산으로 등재된 전통무예를 현지에 보급하고 전통무예 계승과 발전에 대한 사회적 관심 창출 및 가치 증대와 지속가능한 발전을 도모하고 있다.

유네스코는 2016년부터 전 세계 소녀 및 여성 교육에 기여한 프로젝트 또는 프로그램을 진행하는 개인, 기관, 단체를 선정하여 '유네스코 소녀·여성 교육상'을 수여하고 있다. 국제무예센터가 2017년부터 매년 시행하는 '무예 열린학교 프로그램'으로, 2020년에 대한민국이 수상 후보로 지명되기도 했다. 모든 사람이 평등하게 교육받을 기회, 특히 남성의 전유물이었던 무예 분야에 여성들의 참여 증진과 긍정적 인식 제고에 기여한 공로를 인정받았고, 무예교육을 통해 참가자들의 심신 수련 및 체력 증진과 사회적 발달에 기여하여 현지 관계자와 수혜자들에게 큰 호응을 얻었다.

본 센터는 2017년 케냐, 캄보디아, 네팔을 시작으로 2018년에는 요

↑ 제주도 무예 열린학교 수업(코로나19로 마스크 착용 교육)(출처: 유네스코 국제무예센터)
↓ 2020년 울산 현대외국인학교 다문화 가정 아이들을 위한 무예 열린학교(출처: 유네스코 국제무예센터)

르단, 키르기스스탄, 캐나다, 케냐, 2019년에는 태국, 인도, 가나, 2020년 코로나19 확산에도 대한민국, 폴란드, 2021년에는 수단, 시에라리온, 스페인, 싱가포르, 우즈베키스탄, 2022년에는 르완다, 네팔, 튀르키예, 말라위, 2023년도에도 멕시코, 나이지리아 등에서 '무예 열린학교'를 열었다. 전 세계 25개국, 무예 12종, 전체 3,200여 명의 청소년들과 여성이 참여하였고, 파견된 지도자는 50여 명, 30여 개의 현지 협력기관과 협조하였다.

2021년 제5회 무예 열린학교는 아프리카 수단과 시에라리온에서 열렸는데, 특히 수단 카르툼에서 열린 레슬링 교육은 아주 특별한 경험이었다. 수단레슬링협회와의 협력을 통해 수단 카르툼 거주 취약계층인 남녀 청소년들을 대상으로 5주간 수단의 전통 레슬링인 누바 레슬링을 교육하였고, 그 반응은 굉장히 뜨거웠다. 수단레슬링협회의 현지 레슬링 교육에 대한 요청을 받아 사업을 진행했으며, 참가자 150명 중 75명이 여성 청소년이었다. 수단 현지에서도 큰 관심을 가지고 국영방송 및 지역 언론에서 기사를 보도하고 일간지에도 센터의 사업에 대한 기대가 실렸다.

수단의 전통 레슬링인 누바 레슬링 교육은 실제 경기가 펼쳐지는 원형경기장에서 실시하여 참가자들이 직접 경기를 해볼 수 있었으며, 주 3일, 1일 4시간 수업을 통해 수업 초반에는 누바 레슬링의 역사와 이론을 수업하고 이어서 레슬링의 기본 기술과 1:1 대련으로 참가자들의 흥미를 자극했다. 200년 전통 수단 누바족의 전통무예인 누바 레슬링 교실을 통해 아이들이 자국 문화에 대한 자부심과 자긍심을 가졌다. 교육 종료 후에도 수단 정부의 지원으로 지속적으로 누바 레슬링 교실을 추진하고 있다.

코로나19 확산으로 저소득국 및 개도국 청소년들의 비육체적 디지털 활동의 증가로 면역력 저하 및 신체 활동 감소가 이어지는 상황에서 전통무예를 통한 ODA 사업은 현지 청소년들과 취약계층의 심신 수련과 체력 향상에 큰 기여를 하였다.

2022년 제6회 무예 열린학교 사업의 경우, 아프리카 르완다와 말라위를 중심으로 실시되어 아프리카 지역의 무예 저변을 확대하고, 지역

↖ 2021년 수단 무예 열린학교(레슬링 교실)(출처: 유네스코 국제무예센터)
↗ 2022년 네팔 무예 열린학교(택견 교실)(출처: 유네스코 국제무예센터)
↙ 2022년 네팔 무예 열린학교(택견 교실)(출처: 유네스코 국제무예센터)
↘ 2020년 코로나19 위기에도 지속된 폴란드 무예 열린학교(출처: 유네스코 국제무예센터)

사회 및 학교를 대상으로 한 무예 활동 확산에 기여하였다. 총 537명의 청소년과 여성 등 취약계층의 신체 및 정서 발달과 기초 체력 단련에 이바지하였다. 네팔의 경우, 유네스코 인류무형문화유산 등재 무예인 택견 교육을 실시했으며, 이중 여성청소년의 참여율이 45%에 달했다. 택견의 전 세계적 보급에 기여하고, 수혜자들의 체력 증진뿐만 아니라 단체 무예 활동을 통한 공동체 의식 함양, 타 문화에 대한 이해도가 향상되어 문화다양성 증진에도 기여하였다.

특히 교육 종료 후 한국의 전통무예와 한국문화에 관심을 가지는

무예 열린학교 사업 운영 결과 요약(1-7회)

회차	국가	종목	기간	참가인원(명)
제1회 (2017)	케냐	태권도	2017.11.22. ~ 12.19. (4주)	107
	캄보디아	택견	2017.11.13. ~ 12.08. (4주)	109
	네팔	국선도	2017.11.13. ~ 12.08. (4주)	131
제2회 (2018)	요르단	태권도	2018.07.09. ~ 08.17. (6주)	111
	키르기스스탄	태권도	2018.07.09. ~ 08.17. (6주)	137
	캐나다	택견	2018.09.17. ~ 11.16. (9주)	39
	케냐	켄포	2018.06.25. ~ 08.03. (6주)	115
제3회 (2019)	태국	태권도	2019.06.08. ~ 08.16. (10주)	94
	인도	택견	2019.06.24. ~ 08.16. (8주)	86
	가나	카포에이라	2019.06.24. ~ 08.02 (6주)	100
		태권도	2019.06.24. ~ 08.16. (8주)	80
제4회 (2020)	대한민국/울산	태권도	2020.07.18. ~ 08.01. (2주)	31
	대한민국/제주	택견	2020.09.13. ~ 09.29. (3주)	407
	폴란드	택견	2020.09.07. ~ 10.11. (5주)	130
제5회 (2021)	수단	레슬링	2021.06.14. ~ 07.18. (5주)	150
	시에라리온	카포에이라	2021.05.06. ~ 06.27. (8주)	60
	스페인	태권도	2021.05.11. ~ 06.19. (6주)	41
	싱가포르	실랏	2021.07.05. ~ 07.30. (4주)	50
	우즈베키스탄	택견	2021.07.01. ~ 07.26. (4주)	51
제6회 (2022)	르완다	가라테	2022.06.11. ~ 07.15. (5주)	248
	네팔	택견	2022.06.20. ~ 08.02. (7주)	125
	튀르키예	태권도	2022.06.27. ~ 08.21. (8주)	64
	말라위	태권도	2022.06.29. ~ 08.26. (8주)	100

회차	국가	종목	기간	참가인원(명)
제7회 (2023)	몰도바	택견	2023.06.05. ~ 07.07. (4주)	100
	멕시코	택견	2023.06.10. ~ 07.09. (4주)	150
	나이지리아	태권도, 크라브마가	2023.06.19. ~ 08.14. (8주)	100
	인도네시아	펜칵시랏	2023.06.12. ~ 09.25. (14주)	100
	방글라데시	가라테	2023.07.05. ~ 08.30. (8주)	200
누계	25개국	12종목	50여 명의 무예 지도자 파견 30여 개 현지 협력기관	총 3,216 명

학생들이 많았으며, 인근 학교 학생들에게도 긍정적인 영향을 주어 전통무예교육과 그 활동의 인식 개선에 긍정적으로 기여하였다. 지속적으로 무예교육을 제공받기를 희망하였다. 코로나19로 체육 활동이 지체되던 시기에 움직임이 많은 무예 활동을 통해 참가자들이 유산소 및 근력운동을 즐기고 학교생활에도 활력이 생겼다. 현지 사업이 성황리에 종료된 후, 유네스코네팔사무소, 유네스코네팔국가위원회, 학교 네트워크, 네팔체육회 등 현지 유관기관과 지속적으로 협력하고 소통하여 사업 확대 방안을 모색하고 향후 본 센터와의 협업 기회를 모색하고 있다.

1회부터 6회까지의 무예 열린학교 참가자들의 참여 만족도가 매우 높으며(참여자 중 95% 이상), 또 다시 참여하고 싶다는 의견 또한 상당히 높은 수치(93% 이상)를 보였다. 본 센터의 ODA 사업은 청소년과 여성의 역량 강화의 일환으로 앞으로도 단위사업 형태로 해외에서 지속적으로 시행하고 더 나아가 국가 및 참여자 수를 대폭 확대하여 실시하는 것이 필요하다. 또한 성과관리M&E, Monitoring and Evaluation 측면에서 참가자들의 체력 측정 기초선 조사나 학업 성취도 영향 평가 등 다양한 성과 척도와 지표를 마련하여 사업의 지속가능성을 마련해야 한다.

무예 열린학교와는 다른 사업이긴 하나, 본 센터와 세계무술연맹이 공동으로 추진하는 '청소년무예체력인증' 사업을 소개한다. 코로나19 확산으로 야기된 청소년들의 신체 활동 부족과 면역력 약화 등의 문제를 해결하고 청소년들의 건강 증진과 체력 회복을 위해 실시한 청소년무예체력인증 사업은 2023년부터 관내 청소년들을 대상으로 진행하고 있다. 실제 교육부 학생건강체력평가PAPS[2] 결과, 코로나19 기간 4, 5등급의 저체력 학생이 증가했다. 다년간의 코로나19 확산으로 야기된 청소년들의 디지털 과의존, 디지털(스마트폰, 비디오게임) 중독 및 지속되는 학교폭력 문제와 관련하여 청소년무예체력인증 사업의 효율적인 운영과 효과성에 대한 연구도 진행 중이다.

체력 측정 데이터의 분석 결과로 개인별 운동법 처방 및 종합적 평가가 가능해지고, 실제 사업 중심 활동으로 국내외 청소년의 체력 향상 및 무예 활동 활성화에 기여하며, 연구 자료를 활용하여 사업의 효과를 높이고 있다. 본 센터는 2023년에 이어 2024년에도 충청북도와 충주시 소재 학교의 청소년들을 대상으로 청소년무예체력인증 사업을 실시하였다.

---

2   PAPS: 초5부터 고3의 학생들의 심폐지구력, 유연성, 근력, 근지구력, 순발력 등을 측정하고 그 결과에 따른 신체활동을 권장하는 의무평가 제도이다.

2023 찾아가는 청소년무예체력인증 사업(출처: 유네스코 국제무예센터)

아프리카 무예회의 사업의 성과

국제무예센터는 설립 이래로 아프리카 지역 유네스코 회원국들을 대상으로 사업을 구상했다. 그 결과 2018년 '제1회 아프리카 지역 무예 회의'가 케냐 나이로비에서 개최되었다. 유네스코케냐국가위원회와의 협력을 통해 가나, 남수단, 르완다, 말리, 모리셔스, 수단, 에티오피아, 우간다, 지부티, 케냐, 탄자니아 등 12개국 60여 명이 참가했다. 아프리카 지역에서의 무예 활동 확산 및 현황을 파악하고, 아프리카 청소년들의 무예 활동 독려와 참여 증진 방안 등 다양한 도전 과제를 토론했다. 이를 통해 아프리카 지역 사업 추진을 위한 인적 네트워크가

제1회 아프리카 무예 회의 발표 및 토론 내용

구분	세미나/토론 발표 주제	발표자
소개 발표	유네스코 국제무예센터 소개	유네스코 국제무예센터 한창희 전문관
기조 연설	아프리카 전통무예의 세계화와 유네스코 비전	국립강원대학교 한건수 교수
무예의 역할	인류와 무예 : 아프리카 무예 유산의 노출	국립가나대학교 오바델레 캄본 교수
	인간의 삶 속에서 무예의 역할	남수단 대법원 판사 알라라 뎅 박사
아프리카 무예 현황	수단 누바 민족의 레슬링과 스틱파이팅	수단 바리대학교 구마 쿤다 코메이 교수
	탄자니아의 전통무예	탄자니아 문화유산보존회 곤체 마테레고 국장
청소년 발전을 위한 무예의 역할	평화와 번영을 위한 도구로서의 무예	마운트케냐대학교 피터 완더리 교수
	무예 참여 촉진을 위한 방안 및 효과적인 접근	말리 케이타 티에모코 사범
청소년 무예 참여를 위한 도전 과제	마음 속의 무기(무예에 대한 마음가짐)	ICM MARIE 1기 에반스 오루루
	다양한 무예 프로그램과 발전 방안	ICM MARIE 2기 로나 아비에로
그룹 토론	아프리카 무예 현 이슈, 협력 방안, 조치계획 등	3개 그룹 토의

구성되었고, 사라져가는 아프리카 전통무예를 보전하기 위한 무예 자료 수집 플랫폼도 구축되었다.

 무예 회의는 궁극적으로 유네스코 국제무예센터의 아프리카 홍보 및 평화와 화해 문화 정착에 기여하는 것을 목표로 했다. 제1회 케냐 나이로비 무예 회의를 통해 아프리카 지역 무예 현황 및 사안에 대한 상호 이해와 관심 증가로 자료 수집 및 아프리카 인적 사업망이 구축되고 국가별 포컬 포인트가 확보되었다. 유네스코 글로벌 사업 우선순위 지역인 사하라 이남 아프리카 지역에서 개최된 첫 국제회의로 선진국과 개발도상국가 간의 협력 증진 및 참여국과의 관계가 증진되었다.

아프리카 가나에서 개최된 제2회 아프리카 무예 회의(출처: 유네스코 국제무예센터)

제2회 아프리카 지역 무예 회의는 2019년 아프리카 가나 아크라에서 개최되었다. 서아프리카 지역의 국가들을 대상으로 유네스코가나 국가위원회와의 협력을 통해 가나, 감비아, 기니, 말리, 베냉, 시에라리온, 코트디부아르, 토고, 케냐, 우간다, 짐바브웨 등 12개국 80여 명의 인사들이 참석했다. 학자, 정부 관계자, 유네스코 관계자, 현지 무예 기관, 무예 수련자 등이 참여하여 성대하게 치러졌다. 아프리카 지역 무예 분야 교류를 통해 평화와 화해, 비폭력 문화를 정착시키고, 사하라 사막 이남 아프리카 지역의 무예 발달 및 현안 파악과 네트워크 구축에 기여하고, 전통무예의 활동으로 무예의 긍정적 역할 및 가치를 전파하고, 청소년과 여성의 무예 참여 증진을 위한 정책을 제안하는 의미 있는 자리였다.

이번 회의에서는 아프리카 호신 전통의 역사적 배경을 공유하고, 아프리카 전통과 현대 무예의 조화를 논의했다. 또 유네스코가나사무소와 공동으로 대한민국의 택견과 씨름 등재를 소개하며 아프리카 전통 무예의 유네스코 인류무형문화유산 등재 가능성을 발표했다. 다양한 세션 구성으로 의미 있는 결론을 도출하였고 그 결과 아프리카 지역 무예에 대한 이해와 관심을 높일 수 있었다.

제3회 아프리카 무예 회의는 당초 짐바브웨 수도인 하라레에서 개최하려 했으나, 전 세계 코로나19 확산으로 온라인 비대면 웨비나 방식으로 변경되어 추진되었다. 유튜브 및 페이스북 라이브를 통해 발표자와 시청자들의 실시간 소통이 이뤄지고 지역에 상관없이 누구나 세미나에 참여할 수 있는 기회를 제공했다는 점과 코로나19 상황 속에서도 아프리카 사하라사막 이남 아프리카 회원국들과 지속적으로 협력했다는 유의미한 성과를 이뤘다. 특히 3회 회의의 특징은 참신하고 발전된 온라인 웨비나 방식과 분야별 주제 다양화를 들 수 있다. 이로 인해 참가도도 높이고 주제에 따라 사업 형태를 다변화할 수 있는 위기 속의 기회였다.

'아프리카 청소년과 여성을 위한 무예'라는 주제로 기조연설, 주제별 연사 초청, 홍보 영상 송출, 온라인 무예 시범 등 행사 전체를 온라인으로 진행하고, 시청자 조회수 총 3,370여 회를 달성하였다. 2020년 센터의 신축 개관을 온라인 플랫폼을 통해 홍보하고, 포스트 코로나19 시대의 무예교육 패러다임 전환을 논의했다. 회의 기간에 참여하지 못한 전 세계 시청자들이 언제든지 시청하고 참여할 수 있는 온라인 회의장이 개설되었다. 코

제3회 아프리카 무예 회의(출처: 유네스코 국제무예센터)

로나19 등 전 세계적 보건 위기 속에서도 아프리카 사업을 지속적으로 수행했다는 점은 유네스코 중장기 계획과 목표를 중단 없이 실천했고 아프리카와 함께하는 사업의 큰 발전이었다.

  지속되는 코로나19 확산을 고려하여 2021년 제4회 아프리카 무예회의도 온라인으로 개최하였다. 누적 참가 인원 4,543명과 실시간 시청 인원 403명을 달성했다. 온라인 웹 세미나는 기존 대면회의의 참가 인원 제한성을 극복하고 회의가 종료된 이후에도 시청하는 빈도가 상승했다. 회의에서는 아프리카 청소년과 여성 발달을 위한 본 센터의 역할 및 협력 방안을 논의하고 아프리카 지역 무예 현안에 대한 상호 이해와 관심을 제고했다. 특히 코로나19 지속 확산에도 불구하고 아프리카 지역과의 지속적인 교류와 협력 증진으로 유네스코 전략목표 달성과 글로벌 파트너십 네트워크를 구축하는 데 기여했다.

  강원대학교 산학협력단과 공동으로 본 센터-아프리카 무예액션플랜 연구를 완료하고 향후 아프리카 지역과의 다양한 협력 방안을 모색하였다. 세션 별로 아프리카 및 국내외 전문가를 초빙하여 다채롭게 구성했다. 특히 아프리카 청소년을 위한 양질의 무예교육 세션을 위해 청소년 및 무예교육 전문가를 섭외하였고, 아프리카 여성의 역량 강화 세션을 위해 아프리카 여성 무예인과 여성학 전문가를 섭외하였다. 실시간으로 교류하며 무예교육의 필요

제4회 아프리카 무예 회의(출처: 유네스코 국제무예센터)

제4회 아프리카 무예 회의 발표 및 토론 내용

구분	세미나/토론 발표 주제	발표자
기조 강연	유네스코의 전략적 전환과 센터의 새로운 구상	국립강원대학교 문화인류학과 한건수 교수
	스포츠(무예)의 권리와 효과를 통한 센터의 역할	국립가나대학교 Bella Bello Bitugu 교수
세션 1 아프리카 청소년을 위한 양질의 무예교육과 리더십 증진	좌장 : 아프리카 TSG 유니언 Michael Shamsu Mustapha 사무총장	
	무예를 통한 청소년 발달과 참여 증진	공주교육대학교 조혜영 교수
	수단의 전통무예교육을 통한 청소년 발달	수단레슬링협회 Allagabo Suleiman Cabo 회장
	양질의 무예교육을 통한 아프리카 청소년 발달	르완다 올림픽 위원회 Jean Claude Rugigana
	도구로서의 무예: 청소년 발달과 권리 신장	모리셔스 그랜드 리버 사우스이스트 유스 서클 Sarvesh Lutchmun
세션 2 아프리카 여성의 역량 강화와 양성평등 증진	좌장 : 탄자니아 문화보존위원회 Ghonche Materego 위원	
	벽을 넘어 아프리카 여성을 위한 도전 과제	케냐 통일무도 협회 국가대표 Lona abiero 선수
	아프리카 여성 무예인을 위한 역량 강화 방안	시에라리온 가라데 협회 Vicklyn Fudia Dosunmu 선수
	무예를 통한 아프리카 여성의 여권 신장	짐바브웨 2018 스포츠우먼 수상자 Grace Chirumanzu 선수
	아프리카 소녀와 여성을 위한 평등과 역량 강화	미국 노스캐롤라이나 센트럴 대학교 Jerono Phylis Rotich 교수
세션 3 글로벌 파트너십 및 네트워킹 구축	좌장 : 케냐 Aghan Odero Agan 국장(前 ICM 아프리카 이사)	
	무예 열린학교의 경험과 코로나19시대의 무예	아프리카 인사이트 (NGO) 허성용 대표
	아프리카 무예 발전을 위한 국가위원회의 역할	유네스코가나국가위원회 Apollonius Osei-Akoto 본부장
	센터와 IICBA의 글로벌 파트너십 구축 방안	UNESCO IICBA(역량개발강화연구소) Yokozeki Yumiko 소장
	무예를 위한 네트워크 확장: 미션과 도전 과제	現 세계무술연맹(WoMAU) 허권 이사(前 ICHCAP 사무총장)

성과 효과 증진에 대해 실질적인 방법을 논의했다.

특히 중장기적으로 아프리카 대륙 내 권역별 무예센터 설립 및 거점화 방안이 논의되어, 2018년 개최지 케냐, 2019년 개최지 가나, 그리고 2020년 MOU 체결국인 짐바브웨에 무예센터를 만들자는 구체적인 제안이 나왔으며, 이는 본 센터의 아프리카 사업이 일회적으로 끝나는 것이 아니라 연례적으로 축적되는 회의 데이터베이스 구축, 그리고 본 센터-아프리카 무예액션플랜 도출로 장기적 협력체계를 마련하는 좋은 기회였다.

2022년 제5회 아프리카 무예 회의는 아프리카 지역의 무예 발전 및 지속적 협력관계를 구축하기 위해 대한민국 충주에서 대면으로 개최하였다. 4회에 걸쳐 개최되었던 아프리카 무예 회의(2018~2021년)의 결과를 종합하고 향후 아프리카 지역의 무예 발전과 지속적 협력관계를 유지하기 위해 아프리카 지역 무예 관계자를 국내로 초청하여 전략적 무예 파트너십을 강화했다. 특히 본 센터-아프리카 무예액션플랜의 중장기 초안을 마련하고 아프리카 청소년과 여성들을 위한 실질적인 무예 증진 방안을 도출했다. 이는 아프리카 지역 무예 현안에 대한 상호 이해 증대 및 현황 파악, 그리고 분야별 전문가 교류를 통한 본 센터의 중장기 아프리카 사업 발전 방안을 모색하기 위한 마침표였다.

아프리카 청소년과 여성의 발달을 위한 본 센터의 역할 및 협력 방안 논의로 실질적인 무예 사업 정책을 논의하였다. 방문 중 유네스코 등재 무예인 택견(한국)과 보카토(캄보디아)를 체험하고 세계 전통무예 수련을 통해 무예에 대한 관심을 제고하고, 탄금대 및 비무장지대(판문점) 방문을 통한 문화 탐방, 가야금 및 국궁 체험을 통한 한국문화 경

↑ 2022년 제5회 아프리카 무예 회의(충북 충주 개최)(출처: 유네스코 국제무예센터)

↑ 제5회 아프리카 무예 회의 단체 사진(출처: 유네스코 국제무예센터)

↓ 제5회 아프리카 무예 회의-택견원 방문(출처: 유네스코 국제무예센터)

험 등 문화와 무예 인프라 체험을 실시했다. 특히 사하라사막 이남 아프리카 지역의 무예 거점화를 위한 네트워크 구축 및 기초 단계로서의 국가별 무예 포컬 포인트를 지정하고, 글로벌 파트너십을 구축했다.

유네스코 우선순위 지역인 아프리카와 중점 수혜자인 여성과 청소년을 대상으로 한 사업 발전 방향과 목표를 설정하고 전통무예의 연구 및 계승을 통한 양질의 무예교육 연계 방안을 논의했다. 포괄적이고 공평한 양질의 무예교육을 제공하고, 무예 분야에서 글로벌 파트너십을 구축해 아프리카 청소년과 여성의 역량을 강화하고 아프리카 사업을 심화하는 방안을 도출했다. 특히 본 센터의 해외 사업의 다변화와 아프리카 무예 자문그룹 조직 및 지역 여성 무예인 네트워크 구성 등 실제적인 이야기가 오갔다. 무예는 아프리카 청소년과 여성을 위해 꼭 필요하며 그들의 신체 발달 및 정서 활동 증진에 도움을 준다. 소외된 아프리카 여성들의 무예 활동 참여도 독려하고, 윤리 및 성 문제 대처 방안 논의 및 여성 무예 전문가들을 위한 프로그램에 대한 제안도 쏟아졌다.

전통무예 사업의 향후 과제

소프트 파워, 문화의 힘은 강력하다. 선진국들도 발 벗고 나서 국가의 브랜드 가치를 높이고 이미지를 제고하기 위해 정책 목표를 수립하고, 다양한 문화 분야의 경쟁력을 강화하고 있다. 우리나라 또한 문화교류와 전파를 통한 외교를 활발하게 전개하고 있다. BTS, 봉준호, 손흥민, K-pop, K-drama, K-food 등 여러 방면으로 다채롭게 이뤄지고 있다. 그렇다면 우리는 전통무예를 활용한 교류와 외교가 가능하지 않을까 반문해볼 수 있다. 전 세계 곳곳에서 울리는 태권도의 기합 소리, 땀을 흘리면서 택견을 수련하는 인도 청년을 보면 정답은 이미 나와 있다. 위 여러 사례를 통해 알 수 있는 것처럼, 무예는 문화다양성 보전, 평화와 비폭력 문화 확산, 청소년과 여성의 발달과 참여 증진, 그리고 국가 간의 협력 증진에 크게 기여한다.

우리나라는 태권도장, 유도장, 검도 및 합기도장 등, 무예 수련장이 넘쳐나고 수련을 원하는 무예가 있다면 쉽게 접해볼 수 있는 좋은 인프라를 가지고 있다. 우리나라와는 달리, 체육교육이 미비하거나 무예교육이 전무한 아프리카 지역 및 중앙아시아 저소득 국가, 동남아 소외 지역에서 정기적인 무예교육을 지원하는 것은 국제무예센터의 목적과 기능에 부합한다. 참가자들은 무예의 필요성과 효과성을 체감하고 지역사회의 무예 활동에 직접 참여하거나 자체적으로 그 기회를 만들고 있다. 이는 단순히 개인의 무예 수련 차원을 넘어서 지역사회의 활성화에도 기여함을 의미한다.

또한, 무예 ODA 사업을 통해 본 센터는 8년마다 이뤄지는 센터 갱신(센터의 존립 및 지속 여부를 결정하는 중대한 문제)을 위한 사업 평가 시, 유네스코 전략목표와 중장기 사업계획에 대해 얼마나 충실히 달성하였고 목표와 합치되어 유의미한 기여를 했는지 평가 받는다. 즉, 협정과 정관에 따른 센터의 임무와 역할이 유네스코 전략목표와 합치되는지가 중요하다. 협정에 명시된 기능과 목적을 달성하는 것이 궁극적인 사업의 추진방향이 되어야 하는 것이다.

본 센터는 앞으로도 저소득 국가 및 아프리카 지역 청소년 및 여성을 대상으로 양질의 무예교육 사업을 시행하여 무예에 대한 관심 증진과 참가자의 신체와 정서 발달을 도모하고 유네스코 등재 전통무예의 진흥과 현지 무예 인프라 확대를 도모하는 것이 좋겠다. 나아가, 지역학교의 체육교과과정의 하나로 전통무예교육 커리큘럼을 도입하고, 다양한 체육 및 스포츠, 무예 콘텐츠 개발 및 보급을 통해 학생들의 활동적인 학교생활 증진을 도모하는 것이 좋겠다. 전통무예 영상 교육, 시연, 체험, 수련 프로그램을 운영하고 초등, 중등, 고등 교사들과 방과후 학교 강사들을 대상으로 무예교육 연수를 실시하는 것이 좋겠다. 무예를 통해 학생들이 자기 계발과 수양, 힐링할 수 있는 프로그램을 운영하고, 아이들은 전통무예와의 만남을 통해 자국의 무예와 문화에 자부심을 가지게 될 것이다.

국제무예센터는 국제기구로서 충청북도 충주시에 자리해 있다. 전

↑ 2021년 말라위 무예 열린학교(태권도 교실)(출처: 유네스코 국제무예센터)
↓ 2021년 르완다 무예 열린학교(가라테 교실)(출처: 유네스코 국제무예센터)

세계 무예를 대표하는 국제 무예 네트워크의 구심점 역할을 한다. 본 센터는 유네스코의 우선순위에 따라 아프리카 지역을 사업의 우선순위로 두고 지속적인 연구 활동과 파트너십 확장을 통해 아프리카 지역 대상으로 본 센터의 가시성을 확대하는 것이 좋겠다. 지역 내 무예 기관들과 협력하고, 특히 사라지고 있거나 밝혀지지 않은 아프리카 무예에 관한 자료 개발과 연구 활동을 지속하여 본 센터가 세계 유일 무예 국제기구로서의 역할과 정보 센터(세계 무예 데이터베이스에 대한 정보 수집, 사라지는 무예의 보존)의 기능을 수행하는 것이 바람직할 것이다. 특히 아프리카 지역 유네스코 지역사무소와 협력하여 아프리카 지역의 잘 알려지지 않은 무예를 기록하고 보존하는 것이 좋겠다.

본 센터는 유네스코가 추구하는 기능과 목적에 부합하는 ODA 활동을 일관적으로 시행해야 하는 당위성이 있다. 또한 센터의 운영 재원은 국민의 세금에 의해 조성되고 정부 조직, 지자체 및 공공기금을 통해 집행되는 만큼 원조를 제공하는 정부의 국가 목표와 외교 기조, 국익의 영향을 받기 쉬우므로 사업의 평가와 모니터링을 철저히 하고 차기 사업에 그 성과와 한계를 충분히 반영하는 것이 좋겠다.

본 센터는 특히, 유네스코 전략의 중점 목표인 아프리카 지역 우선과 양성평등 실현, 청소년과 여성의 발달과 참여 증진, 저소득 지역 및 국가의 무예 진흥과 보급, 사라져가는 세계 전통무예의 보전과 기록을 위해 그 기능과 목적에 부합하는 의무를 성실히 이행하고 지속적으로 발전된 형태의 사업을 발굴하고 수행하는 것이 바람직할 것이라 생각한다.

디지털 문화자원 관리와 공적개발원조

전봉수[1]

아시아문화중심도시 조성과 문화 공적개발원조

아시아문화중심도시 조성 사업은 「아시아문화중심도시 조성에 관한 특별법」(이하 아시아문화도시법)에 근거해 2031년까지 광주광역시를 아시아문화의 중심 도시로 조성하는 국가 문화 프로젝트이다. 노무현 정부에서부터 시작된 이 사업의 기본 방향은 대한민국 정부가 2007년

---

[1] 전북대학교에서 문화인류학을 전공하고, 러시아 부랴트국립대학교에서 시베리아 소주민족의 역사와 문화를 주제로 박사학위를 받았다. 부랴트국립대, 선북대, 충북대 등에서 강의했으며, 유네스코아태무형유산센터에서 전문관으로 중앙아시아 협력 사업을 수행했다. 현재는 문화체육관광부 국립아시아문화전당에서 학예연구사로 일하며 ODA 담당관으로 라오스 및 키르기스스탄 등과 협력 사업을 주관하고 있다. gosiberia@korea.kr

아시아문화중심도시 조성과 국립아시아문화전당 ODA 사업의 관계

에 발표한 '아시아문화중심도시 조성 종합계획'(이하 종합계획)에서 구체적으로 제시되어 이후 여러 차례 수정을 거쳤다. 이 프로젝트의 목표는 광주를 아시아문화가 교류·집적되고 연구, 교육, 창조가 순환적으로 이루어지는, 세계를 향한 아시아문화 교류의 중심 도시이자 미래형 문화 경제 도시로 구현하는 것이다. 이 사업은 대외적으로 아시아문화의 교류와 발전의 장을 마련하고, 국내적으로 평화와 인권을 상징하는 도시인 광주의 풍부한 문화자원과 자연환경을 토대로 신개념의 문화도시를 조성함으로써 국가 균형 발전과 국민의 삶의 질 향상을 목표로 한다.

아시아문화도시법 및 종합계획에 따르면, 대한민국 정부는 국립아시아문화전당ACC, National Asian Culture Center을 설립해 아시아문화에 대한 교류, 교육, 연구, 문화 콘텐츠 및 프로그램 제작·개발 등을 수행하게 함으로써 아시아문화중심도시를 조성하는 역할을 부여하였다. 국립아시아문화전당은 대한민국 문화체육관광부 소속기관으로 5.18민주화운동의 인권과 평화의 의미를 예술적으로 승화한다는 배경에서 출발하였고, 민주평화교류원, 문화창조원, 문화정보원, 어린이문화원, 예술극장 등 총 5개 조직으로 구성되었다. 2005년 착공 선포식, 2007년 기본설계 완료, 2008년 건축 공사 착공, 2014년 준공되었다.

국립아시아문화전당 개관(2015년 11월 25일) 직전인 2015년 3월 아시아문화도시법이 개정되면서 아시아문화중심도시 조성을 위해 공적개발원조ODA 예산의 일부를 아시아문화중심도시 ODA 사업에 지원할 수 있도록 했다. 이를 통해 국립아시아문화전당은 아시아 개도국 문화 기반의 지속가능한 발전을 지원하면서 광주의 아시아문화중심도시를 조성하는 ODA 사업 시행기관의 지위를 확보했다. 제19대 대한민국 국회에서 개정된 아시아문화도시법 개정안 제42조 4항 9호는 "국제개발협력 기본법에 따라 수립된 ODA 예산액의 일부를 아시아문화중심도시의 ODA 사업에 지원"으로 수정, 의결되었다.

2015년 3월 아시아문화도시법의 개정 과정에서 국립아시아문화전당의 ODA 사업 추진이 아시아문화중심도시 조성의 정책적 틀에서 기획되었다는 점은 국립아시아문화전당의 ODA 사업이 아시아문화중심도시의 조성과 직접적인 관계가 있음을 시사한다. 국립아시아문화전당 운영은 기관 내부에서는 순환 구조에 따라 아시아문화 조사 연구 및 디지털 아카이브 구축, 아시아 정부·문화예술 기관·전문가 그룹과의 국제협력 네트워크 구축, 공연 및 전시 등 문화 콘텐츠 창·제작 및 유통, 문화전문가 양성 및 시민 아카데미 운영과 같은 문화교육 프로그램 운영 등이 연동되도록 하였다. 동시에 국제개발협력의 기획 및 운영의 관점에서는 국립아시아문화전당의 ODA 프로그램을 전당 내부 프로그램과 연동하여 개발하고, 아시아 개발도상국 문화 담당 부처를 협력 파트너로 설정하고, 정부 간 개발협력을 추진해 아시아 국가의 문화 분야 지속가능발전을 지원할 수 있도록 하였다.

이러한 배경은 국립아시아문화전당의 ODA 사업이 여타 문화 콘텐츠 제작 및 유통 프로그램처럼 독립적이며 개별적으로 기획·운영되기 어렵다는 점을 시사한다. 이는 국립아시아문화전당의 ODA 사업이 아시아문화 조사 연구·박물관 전시 및 디지털 아카이빙, 문화 콘텐츠 창·제작, 문화 관련 교육 프로그램과 연계되어 기획 및 운영되어야 하며, 국립아시아문화전당의 주제 영역별 성공적 활동이 아시아 개도국의 지속가능한 문화 발전을 지원하는 ODA 프로그램으로 구성될 수 있음을 말해주고 있다.

국립아시아문화전당 ODA 사업의 성공적인 추진을 위해서는 전략과 방향이 필요하다는 외부 전문가의 지적도 계속되어 왔다. 하지만 필자는 국립아시아문화전당이 협력 국가와 ODA 프로젝트를 운영하면서 쌓은 직접 경험이 있어야지만 성과와 부족한 점을 기반으로 구체적인 전략을 수립할 수 있다는 점을 강조하고 싶다. 실제로 미얀마와의 ODA 사업은 한국의 문화 ODA가 갖는 일반적 한계를 반영해서 진행했다. 즉, 문화와 개발 간의 직접적 연계성 확보의 어려움, 문화를 위한 발전 지표 부족, 해외 원조 기관의 문화 분야 경험 부족 등을 고려했다. 동시에 문화 ODA의 기본 방향인 문화다양성의 보존·증진, 수원국 문화와 경제 및 산업 성장, 수원국 주민들의 문화 복지 증진이라는 전략으로 추진했다. 또한 한국문화 ODA의 자문화중심주의적ethnocentric 문화 홍보에 초점을 둔 연수 사업, 그리고 문화 ODA 평가 기준 부족을 극복하는 것을 고려했다. 동시에 구체적인 실행 방안 구축과 전문성 강화를 통한 지속가능한 후속 프로그램을 개발하였다.

미얀마 ODA 사업을 추진하던 당시 국립아시아문화전당은 사업 내용의 전문성을 갖추었지만, 체계적인 문화 ODA 사업 경험은 부족했다. 하지만 미얀마 사업의 경험을 토대로 향후 구체적인 문화 ODA의 추진 전략과 방향을 마련하는 것이 필요하다. 이 장의 목적은 아시아문화중심도시 조성의 관점에서 국립아시아문화전당이 완료한 미얀마 ODA 사업의 구체적인 경험을 살펴보고 성과를 분석하고자 한다. 이를 통해 국립아시아문화전당의 ODA 추진 전략을 제시하며, 문화 ODA의 성공 사례를 공유하여 활용하고자 한다.

주요 내용은 국립아시아문화전당이 2018년부터 2021년까지 미얀마 종교문화부와 협력하여 시행한 '미얀마 문화 역량 강화 지원 ODA 사업'의 세부 과업으로 이루어졌다. 미얀마 디지털 문화자원 관리 시스템 구축, 미얀마 문화 발전 마스터플랜 공동개발, 미얀마 종교문화부 관계자들의 역량 강화 등의 성과를 구체적으로 살펴보았다. '미얀마 문화 역량 강화 지원 ODA 사업'의 연구개발 및 공동 기획, 타당성 조사, 시행, 모니터링 등의 경험과 성과를 국내외 사업 참여 전문가, 사업 수혜자, 수원국 정부 관계자 등 다양한 이해관계자와 관련하여 살펴보았다. 이 글의 특징은 ODA에 관한 정책 또는 학술 연구자의 관점과는 달리 ODA를 직접 실행하는 시행기관의 관점에서 ODA 프로젝트 사례의 기획 발굴과 수행 과정에서 나타나는 경험과 성과를 기술했다는 점이다.

아시아문화중심도시 조성과 공적개발원조의 확장 가능성

앞에서 필자는 국립아시아문화전당이 아시아문화중심도시 조성을 위한 센터로 기능하기 위해 설립 및 운영되고 있다는 점을 언급했다. 국립아시아문화전당의 세부 프로그램은 전당 자체의 성공적 기능을 위해 운영되어야 하지만, 보다 더 큰 틀에서 아시아문화중심도시 조성에 어떻게 기여할 수 있을 것인가를 고민하면서 기획되어야 한다. 따라서 국립아시아문화전당의 주요 영역은 서로 연계되면서 동시에 아시아문화중심도시 조정의 관점에서 기획 및 운영되어야 할 것이다. 즉, ① 아시아문화 조사 연구 및 아카이브 구축(아시아문화박물관) ② 국제교류·협력 ③ 전시, 공연, 창·제작 ④ 시민교육 및 전문가 양성 교육 사업 등은 상호연계 및 아시아문화중심도시 조성 측면에서 기획 및 운영해야 한다.

이러한 배경에서 국립아시아문화전당의 ODA 사업이 이상적으로 기획되고 운영되기 위해서 전당 내부 핵심 사업들과 연계되어야 한다. 아시아문화중심도시의 주요 이해관계자이자 파트너인 문화예술기관, 대학(학과, 연구소, BK 사업단, HK 사업단, 링크 사업단) 등과 긴밀한 협력 네트워크를 구축해야 한다. 국립아시아문화전당의 주요 사업이 어떻게 ODA 사업과 연계되어 확장될 수 있는지 고민할 필요가 있다. 이를 위해 국립아시아문화전당 내 핵심 프로그램인 아시아문화박물관의 조사 연구 및 디지털 아카이브 구축, 국제교류·협력, 문화 콘텐츠 창·제작 등에 한정하여 살펴보았다. 또한 국립아시아문화전당의 ODA 사업이 아시아문화중심도시의 주요 파트너인 문화예술기관·단체 및 대학과 어떤 방식으로 네트워크를 구축하고 사업을 확장해 나갈 수 있을지 논의했다.

국립아시아문화전당 내 주요 프로그램 확장 가능성

아시아문화 조사 연구 및 디지털 아카이브 구축 연계 프로그램 개발

국립아시아문화전당의 아시아문화박물관은 아시아문화 조사 연구 및 문화자원 아카이브를 구축하여 서비스하고 아시아문화 관련 전시를 담당하고 있다. 아시아문화박물관이 조사하고 연구·수집한 아시아 문화자원은 전당 내에서 다양한 방식으로 활용된다. 국립아시아문화전당의 아시아 문화 관련 조사 연구는 2005년부터 시작했다. 지역적으로는 주로 동남아시아와 중앙아시아를 중심으로 진행했으며, 남아시아와 서아시아 권역으로 점차 확대하고 있다. 연구의 주제는 생태, 스토리, 문양, 무용, 음악, 소수민족, 축제와 의례, 무형문화유산, 카펫, 음식문화, 공간(쉼터) 등 다양하다. 2015년부터 진행하고 있는 'ACC R Fellow'는 방문학자 초청 프로그램으로, 방문학자들의 연구 성과를 출판하여 널리 공유하고 있다.

한편, 국립아시아문화전당은 아시아문화의 다양성 존중, 가치의 발굴과 보존, 콘텐츠 재생산을 위한 기초자료 제공을 목적으로 '아시아문화 아카이브'를 구축하고 있다. 이를 위해 문화자원의 수집과 보존 및 서비스 업무를 수행한다. 이 아카이브는 국립아시아문화전당 아시

아문화박물관 및 아카이브 홈페이지에서 확인할 수 있다. 이 누리집에는 전문 주제 컬렉션(아시아의 사진, 아시아의 퍼포먼스 아트, 아시아의 근·현대 건축), 기증 컬렉션(아시아의 탑, 지춘상 민속 자료, 정추의 생애 및 음악 자료, 누산타라 컬렉션), 전당 자료 등으로 구분한다.

이중 누산타라 컬렉션은 17~20세기 네덜란드에서 수집한 자료이다. 국립아시아문화전당은 2017년 11월 20일 네덜란드 델프트시와 누산타라 컬렉션Nusantara Collection 수증에 대한 업무협약을 체결하고 2018년 2월부터 4월까지 약 7,500점의 자료를 수증하였다. 2024년을 기준으로 10여 만 건의 아시아 문화 자료를 수집하였다. 아시아문화박물관의 조사 연구 자료 및 아카이브 자료는 문화자원을 활용한 콘텐츠 제작 측면에서 아시아문화박물관 및 문화창조원에서 전시하고 있다.

국립아시아문화전당의 조사 연구 및 아카이브 구축 프로그램은 다음과 같은 방식으로 ODA 프로그램과 연계하여 진행될 수 있을 것이다. 첫째, 신규 ODA 주제, 세부 프로그램 구성, 협력 국가 선정에 관한 조사 연구 진행 및 조사 결과 기반 개별 신규 사업에 대한 방향성 및 구체적인 추진 전략을 제시한다. 둘째, 개도국의 세계문화유산 및 인류무형문화유산 등재 지원 프로그램 ODA, 문화유산 연구 지원 및 인벤토리 작성 지원 ODA 프로그램을 운영한다. 대부분의 아시아 개도국 정부는 문화유산을 기반으로 국민 통합을 추진하고, 이를 통해 국가 정체성 확립을 위한 정책을 수립하고 있다. 그래서 개발도상국 정부는 유네스코 세계유산 등재 및 인류무형유산 등재를 위한 조사 연구 지원을 환영한다. 이 사업은 개별 ODA 프로그램보다는 문화 역량 강화 지원 ODA 프로그램의 한 부분으로 운영할 수 있다.

아시아예술커뮤니티 및 세계기록유산 아태지역위 사업 등 국제협력 연계 프로그램 개발

국립아시아문화전당은 특정 예술 분야(스토리, 전통음악, 무용 등)를 중심으로 아시아 권역별 협력 네트워크를 구축하기 위해 2015년 개관 이전인 아시아문화중심도시 추진단 시절부터 아시아 권역별 한-아시아 국가 문화장관 회의 및 아시아예술커뮤니티를 운영했다. 2009년부터 시작된 아시아예술커뮤니티 사업은 아시아스토리커뮤니티, 아시아전통음악커뮤니티, 아시아무용커뮤니티 등이다. 해당 사업의 효과적인 추진을 위해 여러 차례 권역별 문화장관 회의를 개최했다.

한국과 중앙아시아 5개국인 카자흐스탄, 키르기스스탄, 타지키스탄, 투르크메니스탄, 우즈베키스탄이 모이는 한-중앙아 문화장관 회의는 2012년과 2015년에 개최되었고, 방글라데시, 부탄, 스리랑카 등 남아시아 국가들이 모이는 한-남아시아 문화장관 회의는 2014년과 2016년에 개최되었다. 한국과 아세안 10개국이 모이는 한-동남아 문화장관 회의는 2013년 개최되었다. 국립아시아문화전당 주도의 아시아 권역별 문화장관 회의는 한-중앙아 중심의 아시아스토리텔링위원회, 한-남아시아 중심의 아시아무용위원회, 한-동남아 중심의 아시아전통음악위원회의 설립과 운영에 기여했고, 이를 기반으로 아시아 권역별·주제별 국제협력 사업을 추진했다.

아시아스토리텔링위원회(한-중앙아)는 아시아의 신화, 서사, 이야기를 문화 콘텐츠 제작의 기초인 문화자원으로 보고 조사 연구, 번역, 출판, 시나리오 공모, 이야기 그림책 출판, 이야기 기반 공연 제작 프로그램 등을 지난 10년 동안 운영해 왔다. 아시아전통음악위원회(한-동남

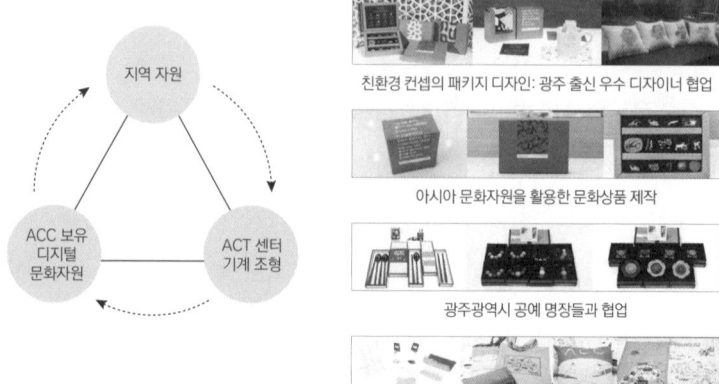

국립아시아문화전당의 지역 자원 활용 문화상품 개발 사례

출처: 2010년 몽골국립박물관 공동조사연구 자료 활용

아)도 지난 10여 년 동안 회원국의 전통악기 및 전통악기 연주자로 '아시아전통오케스트라'를 구성하며 오케스트라와 관련된 각종 프로그램을 운영해왔다. 아시아무용위원회는 한국과 남아시아 국가들이 무용을 주제로 구성하였다. 회원국이 한국과 동남아 10개국 그리고 남아시아 3개국(방글라데시, 부탄, 스리랑카)으로 이루어져, 권역 중심의 협력보다는 무용을 주제로 하는 공연 콘텐츠 기반 협력으로 진행되어 왔으나, 최근에는 콘텐츠 교류 방향으로 전환되고 있는 추세이다.

국립아시아문화전당은 세계기록유산 아시아태평양지역위원MOWCAP, Memory of the World Committee for Asia and the Pacific와 2015년 처음 업무협약을 체결한 후 2016년부터 현재까지 아시아 태평양 지역의 기록유산 보호 및 접근성 강화를 위해 협력 프로그램을 운영한다. 이 사업은 유네스코 본부와 아태지역의 지역 본부 중심으로 아태지역 기록유산의 보호와 접근성 강화를 지원한다. 세부 프로그램으로는 기록유산 보호 활동을 위한 지원 사업Small Grant, 기록유산 관련 출판 지원, 세계기록유산 아태지역위원회 총회 개최 및 의장단 활동 지원 등이 있다. 전당은 3년마다 세계기록유산 아태지역위원회와 업무협약을 갱신하고 있기 때문에 3년을 주기로 이 프로그램 협력 전략을 수립한다.

국립아시아문화전당의 아시아 국가들의 권역별·주제별 정부(문화부)간위원회 협력 사업인 아시아스토리텔링위원회, 아시아전통음악위원회, 아시아무용위원회는 ODA 사업 개발을 위한 국제 협의 및 협상 그리고 추진을 위한 최적의 네트워크이다. 따라서, 개별 사업의 추진과 발전에만 주목할 것이 아니라 문화유산 및 문화자원의 관점에서 전통 음악, 무용, 이야기 자원을 보고, 유네스코 정책 및 각국 대내·외 문화 정책을 구체적으로 살핀 후 협력 국가에 ODA 사업을 제안할 수 있다. 현실적으로 모든 국가와 ODA 사업을 추진할 수 없기 때문에 가장 협력에 적극적이며 성과 도출이 가시적으로 나올 수 있는 국가와 먼저 협력을 추진할 수 있다. 이를 위해서 아시아 국가 문화부 및 소속 문화예술 기관과의 구체적인 실무 협의를 추진해야 한다.

세계기록유산 아시아태평양지역위원회와의 협력 사업도 ODA와 연계하여 확장해 나갈 수 있다. 유네스코의 유산 프로그램 중 세계문화유산(1972년)과 인류무형문화유산(2003년) 보호 활동은 정부 간 협약에 의해 추진되고 있는 반면, 기록유산은 정부 간 협약 기반이 아닌 기록유산지침(1995년) 기반의 프로그램이다. 이는 기록유산의 보호 활동이 세계유산이나 무형유산 프로그램에 비해 재정 지원이나 활동 측면에서 비교적 취약하다는 것을 의미한다. 하지만 활동 지원의 취약성이 문화 및 국가적 활동에 비해 등한시되는 것을 의미하지 않는다. 아시아 개도국들은 자국의 기록유산을 아시아 태평양 지역 기록유산목록과 세계기록유산목록에 등재하기 위해 노력한다. 국립아시아문화전당은 이점을 고려해 유네스코 본부 및 방콕사무소 그리고 아시아 개도국 정부와의 협력을 통해 ODA 사업을 발굴하여 가시적인 효과를 낼 수 있다.

공연·전시 문화 콘텐츠 및 문화상품 연계 프로그램 개발

국립아시아문화전당은 개관 이래 전시, 공연, 창·제작 분야에서 가시적인 성과를 내고 있다. 2019년에 개최된 한-아세안 특별 정상회의 및 한-아세안 특별 문화장관 회의 개최를 기념하여 한국과 아세안의 문화장관들에게 선보인 창·제작 전시는 문화 기술을 활용해 아시아 국가 공동의 문화자원을 응용한 작품이었다. 이 작품은 부산에 설립된 아세안문화원에서 한국과 아세안을 잇는 문화 콘텐츠로 다시 전시되었다.

이외에도 아시아 국가의 문화자원을 활용해 문화 콘텐츠를 제작한 사례는 파키스탄 불탑을 가상현실로 복원한 '탁티바히' 전시, 인류무형문화유산에 등재된 키르기스스탄의 구전 영웅서사시 '마나스'를 소재로 제작한 전시 '마나스', 중앙아시아 5개국·몽골·인도·아제르바이잔의 이야기 자원을 활용해 출판한 아시아 이야기 그림책 시리즈, 아시아의 이야기를 기반으로 제작한 공연 '깔깔나무(카자흐스탄), 작은 악사(우즈베키스탄), 새해는 언제 시작할까(카자흐스탄), 이식쿨 호수의 술루우수우(키르기스스탄)' 등이 있다. 국립아시아문화전당이 아시아 문화자원을 활용해 콘텐츠를 제작한 사례는 수도 없이 많기 때문에 이 글에서는 아시아 국가와의 협력을 기반으로 제작한 콘텐츠 중 몇 가지만 소개한다.

국립아시아문화전당은 한국 및 아시아 국가의 지역 자원을 활용해 문화상품을 개발하고 시장에 유통하는 시도를 여러 차례 진행했다. 몽골의 암각화를 활용해 2018년 아시아문학페스티벌 참가자들을 위한 암각화 초콜릿을 제작한 사례도 있다. 광주 출신 우수 디자이너와 협력하여 개발한 문화상품, 광주광역시 공예 명장들과 협업하여 개발한 문화상품은 시장에 유통되는 등 큰 성과를 거두었다. 아제르바이잔 카펫 장인이 전당의 문화상품 개발 레지던시 프로그램에 참여해 문화상품 개발을 시도한 사례는, 앞으로 전당이 문화상품 개발 ODA를 추진하는 데 필요한 중요한 경험이라고 평가할 수 있다.

이제까지 살펴본 국립아시아문화전당의 경험과 성과는 아시아 문화자원 및 문화유산을 활용해 디지털 문화유산을 공동제작하는 데 기여할 수 있으며, 아시아 국가의 지역 문화자원을 활용하거나 아시아의 장인들이 참여하는 문화상품 개발 프로그램도 ODA 사업으로 충분히 추진할 수 있음을 보여준다.

광주 소재 문화예술 기관 및 대학과의 협력

아시아문화중심도시 조성을 위해서는 한국을 넘어 아시아와 세계 파트너와 협력을 추진해야 하지만, 조성 사업의 지역적 범위가 광주광역시라는 것은 국립아시아문화전당이 프로그램을 진행하는 데 있어서 광주광역시 내에서 활동하는 문화예술 기관 및 단체 그리고 대학들과의 협력을 우선적으로 고려해야 한다는 의미를 갖는다. 이러한 관점에서 국립아시아문화전당은 다른 ODA 시행기관과는 달리, 민관협력 거버넌스 형태로 발전해야 한다. 이를 위해서 간단히 광주문화기관협의회 소속기관 및 광주 소재 대학과의 협력 사업 개발 가능성을 살펴보고자 한다. 광주문화기관협의회는 광주 지역 문화 관련 기관들이 유기적으로 협력하여 아시아문화중심도시 조성 사업을 성공적으로 이끌고 광주의 브랜드 이미지를 높이기 위해 구성되었다. 이 협의회에 소속된 기관은 광주문화재단, 광주디자인센터, 광주전남연구원, 광주비엔날레, 광주시립미술관, 광주정보문화산업진흥원, 광주시청자미디어센터, 아시아문화원, 국립광주박물관, 광주광역시문화예술회관, 김대중컨벤션센터, 광주시립민속박물관, 국립아시아문화전당 등이 있다. 이 협의회는 지역 내 문화 관련 기관들과의 유기적 협력 네트워크 구축, 정책 포럼을 통한 문화정책 개발 및 담론 형성, 대학생 인턴십 프로그램 공동 운영 및 선진지 답사 등 기관별 협력 사업을 정기 회의를 통해 운영한다.

광주문화기관협의회와 협력 사업

광주 지역에 설립되어 운영되고 있는 박물관 및 미술관, 문화예술 진흥 기관, 연구 기관, 공연장, 컨벤션 기관, 시각예술 및 기술 관련 기관 등으로 구성된 광주문화기관협의회의 가장 큰 공동 목표는 아시아문화중심도시의 성공적 조성이다. 필자는 협의회 소속기관을 성격에 따라 세 가지로 분류하였다. 먼저 박물관·미술관·공연장으로 분류되

박물관, 미술관, 공연장:

국립광주박물관, 광주역사민속박물관, 광주시립미술관, 국립광주과학관, 광주비엔날레, 광주광역시문화예술회관

➜ 역량 강화 ODA 사업, 삼각 협력 ODA 사업 등

진흥 및 연구 기관:

광주문화재단, 광주관광재단, 광주디자인진흥원, 광주정보문화산업진흥원, 광주시청자미디어센터, 광주전남연구원

➜ 문화 콘텐츠 개발형, 문화자원 기반 상품 개발형, 문화자원 개발 관광상품 개발형 등

기타:

김대중컨벤션센터, 광주테크노파크 등

는 기관과는 아시아 개도국 문화부 및 지방정부 소속 학예직들이 방문해 연수를 받을 수 있는 문화 분야 역량 강화 ODA 사업을 공동으로 개발해 운영할 수 있다. 또한 해당 기관들이 아시아 국가의 유사 기관들과 국립아시아문화전당을 매개로 삼각 협력 ODA 사업을 운영할 수 있도록 공동 기획을 할 수도 있다. 다음으로 진흥 및 연구 기관 들과의 ODA 사업은 문화 콘텐츠 개발형, 문화자원 기반 상품 개발형, 문화자원의 관광상품 개발형으로 진행할 수 있다. 특히 광주디자인진흥원은 전당과 연계해 개도국 문화상품의 디자인 개발을 추진할 수 있고, 광주전남연구원은 전당의 ODA 전반에 관한 연구개발을 협력해 나갈 수 있을 것이다.

아시아문화중심도시 조성 관점에서 본 지역과의 ODA 협력 방향

아시아문화중심 도시 조성 사업의 방향	국립아시아문화전당 주요 사업 성격	국립아시아문화전당 ODA 사업 성격
아시아문화 중심의 도시 개발을 통한 국가 균형발전 추진	아시아문화 연구 및 콘텐츠 창·제작	아시아 개도국 문화 역량 강화 지원

지역 문화예술기관 및 지역 대학과의 협력 추진

지역 문화예술기관 협력 방안	지역 대학과의 협력 방안
• 아시아 문화자원 기반 콘텐츠, 문화상품, 관광상품 공동개발 • 박물관, 미술관 중심의 연수형 ODA 개발 운영 • 국립아시아문화전당 ODA 전반에 관한 연구개발 협력	• 지역 대학과의 ODA 신규 사업 기획, 운영, 평가 추진 • 지역학 학과, BK 사업단, HK 사업단, 링크 사업단 협력 • 문화 ODA 사업 협력을 통한 지역 인재 양성 추진

광주 소재 대학과의 협력 사업

광주광역시 소재 대학과의 ODA 사업 개발 및 운영은 그 파급 효과가 클 것으로 기대하고 있다. ODA 사업은 아시아 개도국이 지원받지만, 사업의 운영 과정에서 국내의 많은 인력이 필요하다. ODA 사업의 기획 및 개발, 운영, 평가의 과정에서 주제별, 지역별 전문가 집단이 필요하고 최고의 전문가가 참여하는 가운데 교육적 관점에서도 운영될 여지가 충분하다. 따라서 광주를 넘어 전남과 전북에 소재하는 대학과의 협력도 가능하다. 학과, 대학원생 교육과 양성이 중심인 BK(두뇌 한국) 사업단, 인문학 발전이 중심인 HK(인문 한국) 사업단, 산학협력 기반 인력 양성을 추진하는 링크 사업단과 다양한 시도를 할 수 있다.

아시아 문화의 연구 및 조사의 측면에서는 지역 전공 학과, BK 사업단, HK 사업단과 협력이 가능하다. 문화 콘텐츠 제작 및 국제 유통의 측면에서는 보다 실용적인 접근이 가능한 링크 사업단과의 협력이 가능하다. ODA 사업은 기획 발굴 단계에서부터 협력해야 하기 때문에 ODA 사업의 초기에 대학 측이 공동사업을 추진하는 매력을 갖지 못할 가능성이 있다. 그렇지만, 국립아시아문화전당이 ODA 사업에 대한 비전을 가지고 지역 대학과 협력하려는 의지가 중요하다. 전당과 지역 대학의 협력은 자연스럽게 지역의 인력을 양성하는 방향으로 진행될 것이고, 이는 지역의 대학을 살리는 동시에 아시아문화중심도시가 자연스럽게 사람 중심으로 조성되는 방향으로 추진될 것이다.

미얀마 디지털 문화자원 관리 공적개발원조 사업의 성과

국립아시아문화전당은 2018년 미얀마 네피도에서 미얀마 종교문화부 고고학·박물관국과 협의의사록ROD, Record of Discussions을 체결하고 '미얀마 문화예술 활용 역량 강화 지원 ODA'라는 프로젝트형 ODA 사업을 시작하였다. 우리 정부의 ODA 사업은 유형에 따라 프로젝트, 프로그램, 개발 컨설팅, 기술협력(연수 사업, 장학 지원, 봉사단 파견, 기타 기술협력), 민관협력(NGO, 기업), 행정 비용 지원, 기타 순수 다자협력 등으로 구분된다. 이 중 프로젝트 사업의 시행을 위해서는 사업 시행 2년 전(N-2년)에 수원국의 수원 총괄기관(부처)으로부터 수원 요청 공문과 사업 요청서PCP, Project Concept Paper를 수령하고 타당성 조사를 반드시 마쳐야만 사업 시행 1년 전(N-1년)에 우리 정부의 무상원조 시행계획심의를 받을 수 있다. 국립아시아문화전당이 미얀마 종교문화부와 진행한 ODA 사업은 프로젝트형 사업으로 2018년부터 시작되었지만, 사업의 기획 및 개발은 2016년 이전부터 시작되었다.

두 협력 기관이 체결한 합의의사록의 주요 내용에는 해당 ODA 사업 기간을 2018년부터 2020년까지 3개년으로 설정하였고, 프로그램의 주요 과업으로는 1) 미얀마 디지털 문화자원 관리 시스템 공동개발 및 운영 2) 미얀마 문화 발전 마스터플랜 공동개발 3) 문화 콘텐츠 분야 미얀마 종교문화부 관계자 교육 연수 진행 등의 내용이 담겼다. 이 사업의 최종 목표는 세 가지 세부 과업의 달성을 통해 미얀마 문화예술 분야 정책 수립 역량 강화 및 문화 발전 경쟁력 제고이며, 이를 기반으로 미얀마의 문화 분야 지속가능발전에 기여하는 것이었다.

미얀마 디지털 문화자원 관리 시스템 구축

국립아시아문화전당과 미얀마 종교문화부가 공동으로 개발한 '미얀마 문화자원 관리 시스템MCHMS, Myanmar Cultural Heritage Management System'은 미얀마 내 국립박물관이나 연구소뿐만 아니라, 전국 각지에 흩어져 있는 미얀마 문화자원 및 문화유산을 디지털 형태의 정보로 통합 관리하기 위해 기획되었다. 이 시스템의 한국어 명칭은 '미얀마 문화자원 관리 시스템'이고, 영어 명칭은 'Myanmar Culture Heritage Management System'이다. 영어로는 문화유산이라는 표현을 사용하였고, 한국어로는 문화자원이라는 표현이 사용되었는데 이는 번역상의 오류가 아닌 양국 시행기관의 정책적 판단에 따른 것이다.

이 시스템 구축은 미얀마 종교문화부와 진행하는 〈미얀마 문화예술 활용 역량 강화 지원 ODA〉 사업의 핵심 프로그램 중 하나로 기본적으로 고고 유적·기념물과 같은 유형의 문화유산과 전통 지식·의례 등의 무형문화유산의 디지털 기록화 및 정보 제공의 틀에서 준비되었다. 지원 요청 당시 미얀마 정부는 미얀마 내 다양한 민족들의 통합을 국가 발전의 중요한 과정으로 인식하고, 시스템 구축을 통해 전국에 흩어진 문화유산을 디지털 시스템에 등록하여 관리 운영함으로 유네스코 세계문화유산으로 등재에 활용하는 등 다민족 국민 통합 및 국가 발전 과제와 연계하여 계획하였다.

이 관리 시스템 개발은 한국의 선도적인 정보통신기술ICT, Information and Communications Technology을 활용하되, 철저한 상호협력을 기반으로 인문·사회적 관점에서 공동 기획되었다. 이와 유사한 성격의 한국 내 디지털 문화유산 프로젝트로는 국가유산청의 국가문화유산포털, 한국학중앙연구원의 향토문화전자대전, 국립중앙박물관의 이뮤지엄e-Museum 등이 있다. 유사한 성격의 민간 주도 프로젝트로는 무형문화연구원이 20년 동안 추진해온 이치피디아ICHPEDIA, Intangible Cultural Heritage Encyclopedia가 있는데, 이치피디아는 민간 기반의 장기 프로젝트인 동시에 무형문화유산을 중심으로 발달했다는 특징이 있다. 이치피디아는 한국 내 다른 디지털 문화유산 프로젝트보다 미얀마 문화자원 관리 시스템과 유사한 성격을 가지고 있다.

미얀마 문화자원 관리 시스템 구축 설계를 위해 양국은 2018년 하

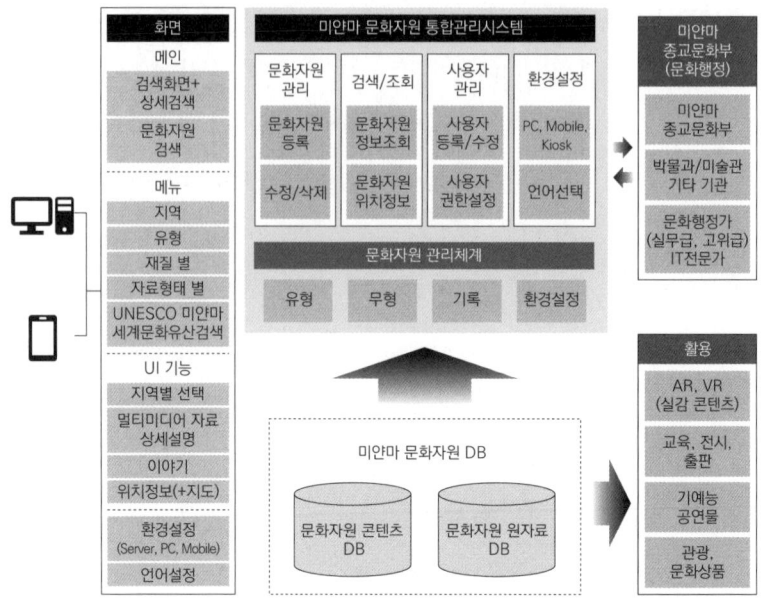

반기에 공동으로 기본실시설계조사 Basic Design Study를 진행하면서, 미얀마 종교문화부 산하 전국의 지방 소재 국립박물관의 문화자원 및 지역에 산재한 문화자원에 대해 사전조사를 실시하기로 합의하였다. 국립박물관(네피도, 양곤), 고고학박물관(바간, 한린, 인와), 문화박물관(친주, 카친주, 카야주, 카인주, 만달레이, 몬주, 파테인, 라킨주, 샨주, 다웅디웡기), 기타 주제 박물관(보족 아웅산 박물관, 국방박물관, 죽음의 철도박물관, 샨 소브와 박물관, 미얀마 보석박물관, 미얀마 영화박물관, 네프도 보석박물관, 네피도 천문관, 양곤 마약 퇴치 박물관, 양곤 천문관 등)에 대한 조사를 추진하려 계획하였으나 내전, 시간 및 예산 등 현실적인 상황으로 인해 박물관과 지역에 대한 조사가 모두 완료되지는 못했다.

'문화 맵핑을 위한 미얀마 문화자원 분포 및 현황 조사'라고 불리는 이 하부 프로그램에는 한국인 및 미얀마인으로 구성된 미얀마 문화 전문가들이 투입되었으며 세 차례에 걸친 현지 조사를 통해 시스템의 기본적인 구성 기획안이 마련되었다. 미얀마 문화자원 관리 시스템 구축을 통해 미얀마 정부는 국가 주도의 편리하고 정확한 정보 관리를 원했고, 국립아시아문화전당은 미얀마 문화자원 관련 정보〈정보 제공형 디지털 문화지도cultural mapping〉를 편리하게 시민들에게 제공하기를 원했다. 다만 이 두 가지 방향이 상충되는 것이 아니었기 때문에 미얀마 종교문화부와 국립아시아문화전당의 정책 방향은 상호 간 협의를 통해 조정되었으며, 문화자원 조사가 진행되는 과정에서 시스템의 이름을 미얀마 문화자원 관리 시스템으로 합의하였다.

문화자원 관리 시스템은 미얀마 양곤, 네피도, 만달레이 등 전국 박물관 및 문화유산 관련 연구소 직원들이 국립아시아문화전당에서 제공한 컴퓨터를 입력 도구로 활용해 소장 자료를 문화자원 데이터베이스에 유형별 및 지역별로 입력·저장하고 한국 및 미얀마의 IT팀이 공동 제작한 시스템에서 구현될 수 있도록 조직되었다. 시스템 개발 과정에서 미얀마와 한국에서 동시에 접속하여 쉽게 관리하기 위해 클라우드 서버를 사용했으며, 해당 사업이 완료된 이후에도 지속가능한 관리를 위해 클라우드 서버를 활용할 계획을 세워 두었다.

미얀마 종교문화부와 국립아시아문화전당은 시스템 구축 및 운영 방식에서 수원국인 미얀마 측의 입장을 최대한 반영한다는 생각을 공유하고 있다. 다만 국립아시아문화진딩 기술진은 클리우드 시스템 활용이 종료되고 미얀마에 위치하는 서버로 입력된 자료가 완전히 이전된 후, 서버 관리가 제대로 이루어지지 않을 가능성에 대해 대비했다. 서버 관리의 지속가능성 확보가 어려울 경우, 입력된 자료를 활용하지 못하는 상황이 벌어질 수 있기 때문에 이에 대해 국립아시아문화전당과 종교문화부는 동일한 문제의식을 가지고 해당 ODA 사업 종료 이후의 후속 조치에 대해 논의해 왔다. 사업 종료 이후 미얀마 문화자원 관리 시스템의 지속가능성은 한국의 문화 ODA에서 문제시되는 일회성 극복 및 지속가능성 확보(사업 종료 후 수원국의 시스템 유지)의 좋은 사례가 될 수도 있다.

양국은 미얀마의 무선통신 상황을 고려하여 모바일로도 활용 가능한 시스템을 구성하였다. 미얀마 종교문화부 소속 직원 30여 명이 입력한 약 1만 8,000건의 자료들이 시스템에 업로드되었으며, 이는 필요에 따라 카탈로그 출판, 세계유산 및 인류무형문화유산 등재를 위한 첨부자료, 실감형 Virtual reality 문화 콘텐츠 제작을 위한 기초 자료, 박물관 및 미술관에서 관람객을 위한 검색 서비스 등으로 다양하게 활용될 예정이다.

미얀마 종교문화부는 미얀마 바간 지역이 유네스코 세계문화유산으로 등재(2019년 7월 6일, 아제르바이잔 바쿠에서 결정)된 이후 라카인주州 마우웃 지역을 유네스코 세계문화유산으로 등재하기 위해 노력하고 있다. 해당 지역의 문화유산 관리에 대한 정부의 노력 및 국제사회의 지원과 관련해서 국립아시아문화전당이 구축한'미얀마 문화자원 관리 시스템'을 활용하고 있다. 이러한 맥락에서 국립아시아문화전당이 미얀마 종교문화부와 함께 구축한 시스템은 문화유산의 효과적인 보호와 활용의 1차적인 목적을 넘어, 세계유산 등재에 따라 관광산업이

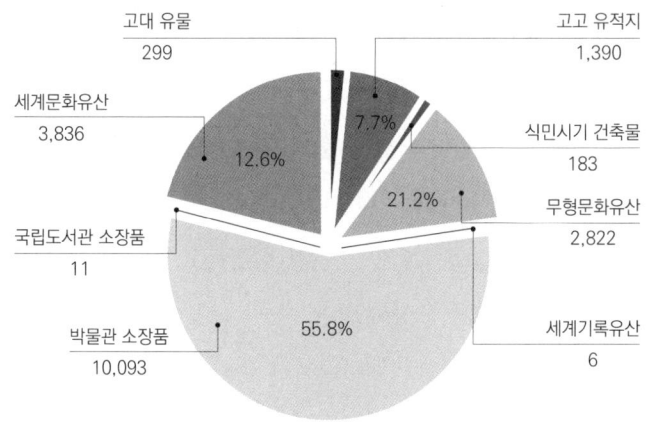

발전하여 문화 경제적 성과를 낼 것으로 예상된다. 때문에 이 사업은 한국의 ODA가 산업 및 경제 효과와 간접적으로도 연결되지 못한다는 한계를 극복하는 사례인 동시에 성공적 문화외교의 사례로 평가될 수 있다. 다만, 2021년 2월 군부 정권의 등장으로 세계유산 등재는 불투명한 상태이다.

미얀마 문화자원 관리 시스템에 업로드된 자료의 대부분은 종교문화부 소속 박물관의 소장 자료이며 세계유산 관련 자료, 무형문화유산 자료 그리고 고고 유적지 관련 자료가 그 뒤를 잇고 있다. 시스템에 입력하는 자료의 메타데이터 항목은 더블린 코어Dublin Core를 기본으로 하되, 미얀마 인문 사회의 환경에 맞게 조정하여 결정하였다.

하나의 문화자원을 입력하기 위해서는 기본적으로 17개 항목(Classification, Title, Period, Location, Place of Origin, Material, Serial

Number, Latitude, Longitude, Department, Registrant, Registration date, Image, Remarks(En. and My.), Reference(En. and My.))을 입력하게 되어 있으며, 입력자의 선택에 따라 입력 내용을 조정할 수 있다. 시스템 구축을 위한 국립아시아문화전당 인문사회팀은 미얀마 종교문화부 연구자들과 논의를 통해 미얀마 문화를 8개의 대분류(Archaeological Site, World Heritage Site, Museum, Colonial Building, Memorial of the World, National Library, Antiquities, ICH) 주제를 설정하고 대분류 아래 중분류(90개)와 소분류(99개)를 구성하였다.

국립아시아문화전당은 미얀마 디지털 문화자원 관리 시스템 구축이 완료되는 시기에 종교문화부와 해당 시스템을 'ACC 디지털 아카이브'에 연계하는 업무협약을 체결할 예정이었다. 이 연계로 미얀마 문화에 관심 있는 시민들은 누구나 자료에 접근할 수 있다. 하지만 2021년 2월 미얀마 상황이 급변해 시스템 사용 권한이 미얀마 종교문화부에게 완전하게 이양되지 못했다. 이 시스템이 시민들에게 서비스되기 시작했다면, 국립아시아문화전당의 이러한 노력은 아시아문화 연구자와 지역 연구 전문가에게 그 어디에서도 쉽게 찾아볼 수 없는 문화 정보에 접근할 기회를 제공했을 것이고, 미얀마에게는 자국의 문화적 가치를 널리 알리는 기회가 되었을 것이다.

2019년 상반기 이후 국립아시아문화전당 IT팀과 인문사회팀 그리고 미얀마 종교문화부 소속 연구자들은 문화자원 관리 시스템 구축을 위한 실무 그룹을 구성하여 협력을 추진해왔다. 문화자원 관리 시스템의 기획 단계에서 구축 완료 단계에 이르기까지 이들은 코로나19가 발생하기 전부터 온라인 회의를 주기적으로 개최하면서 입력 자원의 메

자료 입력 체계 및 메타데이터와 자료 입력 시 분류

대분류	중분류	소분류 1	소분류 2
고대 유적지	31		
세계문화유산	29		
박물관 소장품	6	18	41
식민시기 건축물	4	5	
세계기록유산	13		
국립도서관 소장품	1		
고대 유물	1		
무형문화유산	5	35	
총계	90	58	41

타데이터 구성, 분류표(대분류, 중분류, 소분류) 구성, 지역을 기준으로 보여주는 서비스 화면의 인터페이스 구성, 기본 검색과 상세 검색 방법 구성, 입력 이후 에러 수정 등 다양한 주제를 가지고 토론하면서 시스템을 개발했다. 2019년 12월 미얀마 기술진 2명이 한국을 찾아 약 2주 동안 국립아시아문화전당 기술팀 및 인문사회팀과 지내면서 기술연수를 받았다. 이 경험은 한 가지 목표를 가지고 문화 분야 ODA 사업을 진행하는 데 있어 문화적 존중이 매우 중요함을 인식하는 계기였다. 문화 ODA의 실천 전략에서 가장 중요한 것은 ODA 사업의 영역이 문화가 아니라 문화적 방식으로 협력국 파트너를 대하는 것이라는 점이다. 특히 ICT 기반 문화 ODA는 기술을 개발하고 연수를 진행함에 있어서 공감적인 인간관계 형성이 매우 중요하며, 이러한 과정이 성과

← 시스템 개발·운영 워크숍(만달레이)
→ 시스템 개발·운영 워크숍(양곤)

를 달성하는 데 큰 영향을 미친다는 경험으로 이어졌다.

　국립아시아문화전당의 IT 기술팀과 인문사회팀이 2020년 초에 미얀마 양곤과 만달레이 등을 방문해 약 10일간의 일정으로 미얀마 종교문화부 연구자들과 함께 여러 차례의 시스템 개발 워크숍을 개최했다. 이 워크숍에서 미얀마 종교문화부 연구자들은 주로 업로드 문화자원의 시리얼넘버 구성, 입력 체계 구성, 시스템 내 입력자 중심 기능 추가(입력자 개인이 입력한 데이터 수와 리스트를 한눈에 볼 수 있도록 정보를 제공하는 등) 등 시스템에 자료를 입력하여 데이터베이스를 구축하는 관점에서 필요한 요구를 했다. 반면, 한국 측 파트너들은 미얀마의 풍부한 무형문화유산 관련 정보자원의 중요성을 강조하고, 미얀마 문화자원 관리 시스템 구축 이후 시스템을 기반으로 확장할 전자 문화지도 및 전자 박물관e-Museum 개발의 비전 등을 주제로 논의를 이끌었다.

　미얀마 측은 한국 전문가들이 미얀마의 역사 문화적 특성에 대한 이해를 기반으로 시스템 구축을 추진해 주길 기대했기 때문에 미얀마의 역사·문화 도시인 바간의 문화적 특성을 소개하고 시스템 안에서 어떻게 구현할 수 있을지 고민하는 내용을 발표했다. 2018년 이후 문화자원 관리 시스템의 구축을 위해 진행된 여러 차례의 대면 워크숍을 통해 한국 전문가들은 미얀마 문화에 대한 심층 조사 연구와 기술 환경 조사를 기반으로 미얀마에 적합한 문화자원 관리 시스템을 구축하기 위해 노력했고, 미얀마 전문가들은 시스템이 개발되는 과정에서 준비된 업로드 자료를 정기적으로 업로드하면서 나타나는 기술적 문제들을 제기하는 동시에 시스템의 구조(입력 데이터 구조와 서비스 인터페이스 화면 등)에서 미얀마 문화의 특성을 최대한 반영할 수 있도록 미얀마 문화에 대한 이해를 제공하였다. 이러한 노력은 한국이 아시아 개도국과 진행하는 연구개발 프로젝트형 문화 ODA를 추진함에 있어서 상호존중과 협력으로 진행되어야 함을 보여준다.

문화 분야 중장기 발전계획(마스터플랜) 공동개발 및 정책 수립

문화 발전 마스터플랜 공동개발 프로그램은 국립아시아문화전당이 미얀마 종교문화부와 진행한 문화 역량 강화 지원 ODA의 두 번째 핵심 과업이다. 이 과업의 성공적 수행을 위해 양측은 지난 2019년 초부터 약 2년 동안 6명의 미얀마인 전문가와 5명의 한국인 전문가로 공동연구진을 구성하고 미얀마 중장기(2021~2030년) 문화 발전 전략을 개발했다. 미얀마인 전문가는 미얀마 정부의 요청에 따라 주로 종교문화부 및 국립대학교 소속 연구자들이었다. 한국인 전문가는 문화정책, 문화 콘텐츠, 불교문화유산, 문화예술 진흥, 전통문화 및 지역문화, 미얀마문화 등을 전공하였다.

한-미얀마 공동연구진은 '조화롭고 다양하며 번영하는 미얀마' 및 '평화롭고 번영하며 민주적인 미얀마'라는 정책 비전을 설정하고 미얀마의 문화자원을 검토하고 주요 이슈를 분석하였다. 이를 통해 6개의 핵심 가치를 도출한 후, 5개 주제의 전략적 방향과 연계된 47개 프로그램을 개발하였다. 각 주제 영역 및 개별 프로그램을 발굴 및 개발하는 부분적 업무는 각 연구자들의 역할이었으나, 6개의 핵심 이행 가치 ①지속가능성Sustainability ② 문화 융성Enrichment ③권한 부여Empowerment ④통합 문화Integration ⑤문화다양성Cultural Diversity ⑥민주적 거버넌스 및 공공 참여Democratic Governance and Public Participation를 구성하는 것은 한-미얀마 공동연구진의 긴밀한 협력이 요구되는 일이었다.

한-미얀마 공동연구진은 미얀마의 정치적 상황 및 문화예술정책·역사문화적 상황에 대한 연구 결과를 기반으로 여러 차례의 열띤 논의를 거쳐 핵심 이행 가치를 설정하였다. 6대의 핵심 이행 가치 설정 과정에서 미얀마 종교문화부는 미얀마의 문화와 관련된 정책적 수요에 대해 한국 측 연구자들에게 적극적으로 설명 및 제안하였고, 이를 기반으로 47개 프로그램의 기본방향이 될 수 있는 5대 전략 프로그램이 수립되었다. 미얀마는 버마 민족을 포함한 136개 민족으로 구성되어 있고, 성공적인 민주국가를 구축하고 국민 통합을 기반으로 고소득 국가로 발전하기 위해 지속적인 국민 화합과 문화 융성이 필요하다는 특수한 사회 환경을 가지고 있다. 이러한 점이 6대 핵심 이행 가치를 설정한 이유다.

이렇게 구성된 전략 프로그램은 ①국가 정체성 및 문화 인식 강화, ②문화유산 보호 및 국제협력, ③문화다양성 및 지역 전통 증진, ④순수예술 및 문화산업 진흥, ⑤민주적 거버넌스 및 공공 참여 등 5개로 구성되었고 전략 프로그램의 주요 개념은 다음과 같다.

5대 전략 프로그램 구성

국가 정체성 및 문화 인식 강화: 14개 주, 136개의 다양한 민족이 공존하는 상황에서 영국 식민통치 이후 내란을 경험함. 다양한 민족들을 응집된 연합 사회로 만들고 국가의 정치적 안정과 경제적 발전을 추진하기 위해 문화적 측면의 '하나의 정신'이 필요

문화유산 보호 및 국제협력: 전국적으로 산재해 있는 문화유산을 보호하고 문화재를 보전 및 관리하기 위해 관련법을 제정하고 프로그램을 운영하는 것이 시급함. 무형문화유산을 유네스코 인류무형문화유산에, 유형문화유산을 유네스코 세계문화유산에 등재하는 것도 동시에 추진

문화다양성 및 지역 전통 증진: 문화다양성 보호를 위해 다양한 문화유산을 종류별로 인벤토리 사업을 추진하고, 지역문화 활성화를 위해 지역 축제 및 공예 시장 활성화 등을 추진

순수예술 및 문화산업 진흥: 문화 콘텐츠 산업 및 창조 생태계 조성의 진흥을 위해 스토리텔링 기반 미디어 신입 발전을 지원. 미얀미 도시가 유네스코 창조도시 네트워크에 진입하기 위해 프로그램을 지원

민주적 거버넌스 및 공공 참여: 미얀마 문화예술 지원 추진체계를 확립하고, 문화 인프라 구축을 위해 법과 제도 등을 정비하는 동시에 문화정책 추진 기구 구축을 지원

미얀마 문화 발전 마스터플랜 구축을 위한 47개 주제

전략적 추진사업	번호	프로그램명	문화발전 마스터플랜 1기(2021~2025)					문화발전 마스터플랜 2기(2026~2030)				
			2021	2022	2023	2024	2025	2026	2027	2028	2029	2030
국가 정체성 및 문화 인식 강화	1	문화 기본법 제정										
	2	연방의 날 축제 재개										
	3	토착문화상품시장										
	4	미얀마 민속 박물관										
	5	역사기록물 디지털 도서관										
	6	바간 불교벽화 디지털 아카이브 구축										
	7	역사기록물 디지털 번역 프로젝트										
	8	무형문화유산 아카이브										
문화다양성 및 지역 전통 증진	9	미얀마 문화예술의 보호정책 수립										
	10	무형문화유산 보호법 제정										
	11	인벤토리 사업										
	12	문화예술 활성화를 위한 역량 강화 사업										
	13	축제를 활용한 공예 및 민속 예술 활성화 사업										
	14	예술가 및 수공업자를 위한 시장 설립										
	15	미얀마 문화예술을 활용한 관광 활성화 사업										
	16	문화예술 교육 증진 사업										
	17	국제 콘퍼런스, 포럼 및 워크숍(네트워크 구축)										
	18	디지털 헤리티지 프로젝트										
	19	헤리티지와 함께하는 청년봉사단										
문화유산 보존 및 국제협력	20	국립박물관 법 제정										
	21	주별 문화유적 분포지도 제작 사업										
	22	전국 사찰 문화재 일제 조사 사업										
	23	문화유산 관련 전문인력 양성 및 역량 강화 사업 -박물관 큐레이터 인증 국가면허제도										
	24	세계유산 등재 및 관리 전문인력 양성 및 역량 강화 사업										
	25	국공립박물관의 도록 발간 사업										
	26	전국 주요 고고학 유적의 발굴 조사 및 관리 사업										
	27	각 지역 불교 사원 박물관의 개선 및 관리 사업										
	28	어린이 박물관 설립 사업										
	29	전국 유적 및 박물관 자원봉사자 육성 및 관리 사업										
	30	현지 문화유적 및 문화유산에 대한 공공 교육 강화 사업										

전략적 추진사업	번호	프로그램명	문화발전 마스터플랜 1기(2021~2025)					문화발전 마스터플랜 2기(2026~2030)				
			2021	2022	2023	2024	2025	2026	2027	2028	2029	2030
창조산업 및 지역문화 콘텐츠 개발	31	국립미술관 법 제정	■									
	32	미얀마 대학 내 창조산업 관련 학과 개설		■								
	33	미얀마 대학 내 창조산업 연구 개발을 위한 연구소 구축		■								
	34	중앙·지방 정부의 창조산업 전문가 채용 및 활용 강화 사업			■	■	■					
	35	중앙·지방 정부의 이야기 DB 구축 사업						■	■			
	36	중앙·지방 정부의 스토리텔링 공모전을 통한 대학 및 관계 시민의 창작 참여 활성화							■	■	■	■
	37	미얀마 전역 축제에 대한 문화지도 구축과 체계적 활성화 및 홍보				■	■	■	■	■	■	■
	38	미얀마의 도시 하나를 선정해 야외무대 구축 및 예술 공연 상설 운영					■	■	■	■	■	■
	39	미얀마의 도시 하나를 선정해 유네스코 창조도시 네트워크에 지원						■	■	■	■	■
민주적 거버넌스 및 공공 참여	40	문화예술진흥법 제정	■									
	41	지역문화 증진법 제정		■								
	42	문화부 조직 구성	■	■								
	43	문화예술위원회 또는 문화예술진흥원 설립		■	■							
	44	국립현대미술관 건립				■	■	■	■	■		
	45	예술의 전당(국립극장) 건립					■	■	■	■	■	■
	46	지역문화재단 설립(광역·기초 자치단체)				■	■	■	■	■	■	■
	47	지역문화 관련 기관 건립: 문예회관, 지방문화원, 생활문화 센터				■	■	■	■	■	■	■

한-미얀마 공동연구진에 의해 개발된 47개 세부 프로그램은 미얀마 종교문화부에 전달되었고, 미얀마 측은 정책화 추진을 위해 44개 프로그램으로 재구성하였다. 한-미얀마 전문가들에 의해 구성된 미얀마 문화 발전 마스터플랜은 2020년 11월 미얀마 총선 이후 새롭게 구성될 정부의 문화정책으로 준비되었다. 국립아시아문화전당과 미얀마 종교문화부는 한-미얀마 공동연구진의 구성에서부터 6대 핵심 이행

가치 설정의 과정을 거쳐 47개의 구체적인 프로젝트가 미얀마 측의 사정에 따라 44개 프로젝트로 다시 정리되는 결과에 이르기까지 문화다양성 존중과 문화를 기반으로 한 지속가능한 국가 발전을 추구하는 입장을 공유하면서 상호협력을 추진해왔다.

문화 발전 역량 강화 프로그램 운영

역량 강화 프로그램은 교육의 성격에 따라 문화 발전 마스터플랜의 구현을 위한 정책 관계자 연수 프로그램과 문화자원 관리 시스템의 개발 및 운영을 위한 조사 연구 실무자 교육 프로그램으로 나누어져 진행되었다. 미얀마 측은 일관되게 ODA 수원요청서 Project Request Form, ODA 사업의 추진을 위한 기본 실시 설계 공동 조사 그리고 협의의사록 체결 과정에서 종교문화부 소속 관계자들의 정책 수립 및 정책 수행 역량 강화와 문화자원 관리 시스템의 기술적 운영 역량 강화를 위한 교육 프로그램 운영을 요청했다. 이에 따라, 한국 측의 교육 프로그램 운영 계획 수립은 미얀마 측의 수요를 세밀하게 파악하는 데서부터 시작되었으며, 교육 프로그램에 참여하는 공무원들의 직급과 업무 성격에 맞게 준비되었다.

국립아시아문화전당은 2019년과 2020년에 총 여섯 차례의 교육 연수 프로그램을 운영했다. 2019년 5월에는 미얀마 종교문화부 국장급 간부 및 국립대학교 총장급 인사들을 초청하여 미얀마 문화자원의 보호와 전승, 문화예술의 진흥, 문화산업 발전을 위해 비전을 제시할 수 있는 국내 문화예술 기관 투어를 진행하였다. 미얀마 종교문화부 고위

미얀마 종교문화부 관계자 대상 교육 연수 프로그램

구분	교육연수 프로그램명	대상지	목적	대상자	주요내용
1	미얀마 종교문화부 고위급 초청연수	한국 서울, 전주, 광주	미얀마 문화자원의 보존, 문화예술의 진흥, 문화사업 발전을 위한 비전, 전략 수립을 위한 인사이트 제공	종교문화부 고위급 10명	• 한국 문화예술 공공기관 방문 • 한국의 문화예술 현황 및 전망 소개 • 문화자원 관리 및 대국민 문화자원 정보 공유의 중요성
2	마스터플랜 현지역량 강화 교육 프로그램	미얀마 네피도	미얀마 문화예술 발전문화유산 연구, 보존, 활용과 관련된 전문인력의 양성	종교문화부 실무급 22명	• 유형문화유산, 문화재 보존 관리 방안 • 자원봉사자 체계 및 박물관 관련 사례 • 문화 콘텐츠와 창조산업 정책에 대한 거·미시적 이해 • 미얀마 현지 사례 분석
3	마스터플랜 온라인 연수교육 프로그램	온라인	미얀마 문화, 예술 발전을 위한 마스터플랜 기반 유무형유산, 문화 콘텐츠 문화유산 보존 관리 분야 관련 역량 강화	종교문화부 실무급 22명	• 문화 유적지 관리 방안 • 유물 보존 관리 • 큐레이터십의 이해 및 박물관 경영 관리 • 무형문화유산 보호 관리, 법 및 관련 체계 • 문화창조산업(문화다양성, 스토리텔링)
4	문화자원관리 시스템 자료구축 초청연수	한국 전주	미얀마 GIS 실무자 초청을 통한 MCHMS 자료 업로드, 시리얼 넘버 생성 등 시스템 입력 교육	종교문화부 실무급 2명	• 매뉴얼 기반 MCHMS에 메타데이터 업로드 • 전주 한옥마을, 국립무형유산원, 국립전주박물관 답사 • 미얀마 ICH 역량 강화 프로그램 제언 • 기 업로드 된 자료의 분석과 우수사례 선정 진행
5	문화자원관리 시스템 현지교육	미얀마 양곤, 만달레이	MCHMS 업로드 자료 성격 파악 및 시스템 및 문화지도 발전 방향 모색	종교문화부 실무급 25명	• MCHMS 미얀마 문화지도 구축을 위한 비전 제시 • MCHMS 시스템 설명 및 교육 • MCHMS 입력 시연 및 입력 • 플랫폼을 통한 문화유산 네트워크 구축 비전 제시
6	문화자원관리 시스템 온라인 연수교육	온라인	MCHMS 시스템 안정화를 위한 시스템 매뉴얼 기반 사용·관리자 온라인 교육	종교문화부 실무급 20명	• 시스템 운영 관리방안 • 시스템 DB 구조, 개발자 매뉴얼, 관리개발자 측면 의견 제언

미얀마 종교문화부 고위급 초청연수(광주)

급 간부들이 양측의 ODA 사업 개시 이후 처음으로 국립아시아문화전당을 찾아 한국 측 파트너 기관의 아시아 문화 조사 연구·아카이브 구축, 문화자원 기반 상품 및 콘텐츠 제작·유통의 진행 현장을 두 눈으로 볼 수 있었던 기회였다. ODA 사업 추진에 대한 협의의사록 체결이 미얀마에서 진행되었기 때문에 미얀마 측 고위급 관계자들은 초청연수를 통해 국립아시아문화전당의 파트너십과 사업 추진에 대한 의지를 확인할 수 있는 기회가 되었다.

　미얀마 종교문화부 고위급 관계자들의 국립아시아문화전당 방문 연수 이후 문화자원 관리 시스템 개발 관련 미얀마 측 실무 인력 2명이 2019년 말 한국 측의 초청으로 국립아시아문화전당 IT팀에 합류해 시스템을 공동개발하는 워크숍이 2주 동안 진행되었다. 이 워크숍은 미얀마 기술 스텝과 한국 IT팀 및 인문사회팀이 처음으로 공동 작업을 할 수 있는 기회였는데, 이 워크숍을 통해 미얀마 기술진들은 문화자원 관리 시스템의 운영 구조를 거의 완벽하게 이해하였고, 한국 측 파트너들은 미얀마 기술진의 IT 수준과 미얀마 현지의 조사 연구 과정

미얀마 종교문화부 실무급 연수(네피도)

및 문화자원 관리 과정을 명확히 이해할 수 있었다. 이 워크숍이 진행된 기간은 12월 말의 겨울이었기 때문에 미얀마에서 온 기술진은 이제까지 경험해보지 못한 추위를 체험할 수밖에 없었지만, 문화인류학 전공자로 구성된 한국 측 인문사회팀의 배려로 성과 있는 워크숍이 진행될 수 있었다.

코로나19의 세계적 확산 이전인 2020년 1월 말부터 2월 초까지 미얀마 양곤, 만달레이, 네피도 등지에서 마스터플랜 실현을 위한 실무자 연수 및 문화자원 관리 시스템 운영을 위한 실무자 교육 등이 진행되었다. 이때는 이미 미얀마 문화 발전 마스터플랜의 초안이 확정된 시기였기 때문에, 미얀마 종교문학부 실무진들이 5대 저략 프로그램에 대한 주제 의식을 가지고 연수에 참여할 수 있었다. 또한 미얀마 문화자원 관리 시스템도 거의 완성된 상태에서 문화자원의 입력 테스트를 통해 에러를 발견하고 이를 통해 미얀마 측 수요를 정밀하게 확인해야 하는 시기였기 때문에, 현장 교육은 두 파트너의 요구를 정확하게 채울 수 있는 상황이었다.

요약하자면, 미얀마 종교문화부 관계자들을 위한 여섯 차례의 역량강화 교육 연수 프로그램은 현지 맞춤형으로 추진했다. 여러 단계의 공식 협의(수원 요청, 기본 실시 설계, 합의의사록 서명) 및 실무 협의를 통해 수원국의 필요성을 정확하게 파악하고 세부 프로그램에 참여하는 고위급 및 실무진들을 위한 프로그램을 기획했다. 더불어 한국 측 파트너들은 미얀마 측 파트너들이 환경적 변화 및 문화적 차이에서 나타나는 불편함에 대해 현지 입장을 최대한 고려하면서 사업을 진행하였고, 보다 상대를 배려하는 방식으로 연수를 진행할 수 있었다.

키르기스스탄 디지털 문화자원 관리 시스템 공적개발원조 사업의 성과

"이 영화는 이탈리아 로마에서 전 과정이 촬영되고 녹음되었습니다". 고전 명화 '로마의 휴일' 첫 장면이다. 영화 제작자가 세계적으로 유명해진 이 영화의 첫 장면에 굳이 촬영지와 녹음 장소를 명확하게 해두고 싶었던 이유는 바로 미국의 원조 사업으로 영화가 제작되었고 이탈리아에서 지출되었음을 알리고 싶었기 때문이다. 미국은 제2차 세계대전 이후 유럽을 복구하고 경제적으로 지원하기 위해 '마셜플랜'이라는 국제원조 프로그램을 운영했다. 공식적으로 유럽부흥계획 ERP, European Recovery Program이라 불린 이 국제원조는 유럽의 재건, 미국 경제의 복구, 공산주의 비확산(미국 중심의 반공 체제 구축)이 주요 목적이었다. 유럽 동맹 국가에 대한 미국의 경제적 원조는 영화 제작과 같은 문화 분야에서도 시행되었다.

미국 정부는 수원국 경제 지원을 위해 해당 국가 내에서 촬영하고 녹음하는 조건을 제작사에 요구하였다. 쿠오바디스, 벤허와 같은 영화 등이 마셜플랜을 통해 제작되었다. 이렇게 제작된 영화 '로마의 휴일'에 나온 대부분의 장소가 유명한 관광지가 되었고, 영화 개봉 이후 이 영화에 등장한 스쿠터가 10만 대 판매되었다는 설이 인구에 회자될 정도로 원조의 효과는 성공적이었다.

오늘날 미국은 문화 분야에 원조를 하지 않는 나라로 알려졌지만, 마셜플랜의 틀에서 지원된 유럽의 영화제작 원조는 현대적 의미의 문화 분야 공적개발원조ODA, Official development assistance의 시초였다. 영화제작 분야에 대한 미국의 원조는 인프라 구축 등에 비하면 비교적 적은 비용을 투자해 큰 효과를 거둬 유럽의 경제적 호황에 기여한 것으로 평가된다. 미국의 문화 분야 원조는 이탈리아 국민들의 문화 자긍심과 국민소득 증대에 긍정적 효과를 주었다. 아울러 국립아시아문화전당이 키르기스스탄과 협력해 시행 중인 문화 ODA 사업에 시사점을 주고 있다.

실크로드 유목국가 키르기스스탄의 문화 정체성

국립아시아문화전당은 2012년과 2015년에 개최된 한-중앙아시아 문화장관 회의 합의 사항을 기반으로 여러 논의 과정을 거쳐 비교적 늦은 2022년부터 키르기스스탄 문화부와 ODA 사업을 시행했다. 실크로드의 중간에 위치한 키르기스스탄은 1991년 구소련으로부터 독

키르기스스탄 수도 비슈케크 중심부의 알라토 광장에 위치한 마나스 동상과 국립역사박물관-알라토 광장의 대형 국기와 영웅 마나스 동상 그리고 국립역사박물관은 구소련 해체 이후 독립 국가로서 키르기스스탄 국가 정체성을 이루는 핵심 요소라 할 수 있다.

립한 이후 유목, 알타이, 영웅서사시 마나스를 중요한 문화 키워드로 삼아 국가 정체성을 만들고 있다.

　키르기스스탄 영토의 90% 이상이 산지이다. 전통적으로 산악 유목민이었던 키르기스 사람들은 추운 겨울에는 계곡 아래의 마을에서, 더운 여름에는 산 위로 이동해 더위에 취약한 동물들에게 신선한 풀을 먹이며 키웠다. 그래서 계절과 풀 그리고 동물에 대한 전통 지식은 이들 삶의 전부였다. 또한 이렇게 동물을 키우며 사는 개인과 집단에 대한 상호예절은 유목민이 서로를 보호하며 살아가는 중요한 규율이었다. 기록보다 구전 서사를 통해 자신들의 역사를 전해왔던 키르기스스탄 사람들이 목숨보다 소중하게 여겨온 서사시 〈마나스〉에는 이 모든 것이 담겨 있다. 키르기스인 문학가 칭기스 아이트마토프는 마나스 구연자 사야크바이 카랄라예프를 인터뷰하고 그의 판본을 채록하면서 마나스 3부작 서사시를 "키르기스인과 동의어이며, 그들의 삶을 담은 백과사전과 같다"라고 강조했다.

국립아시아문화전당은 유목문화를 중심으로 발전해왔던 키르기스스탄과 협력해 문화 발전을 지원하는 ODA 사업을 기획하면서, 구전문화와 다양한 선주민이 남긴 땅의 역사에 주목했다. 또한 북부의 유목문화와 남부의 정주문화가 서로 다르게 발전해왔던 점에 주목하면서 ODA 사업을 착수하였다.

키르기스스탄 디지털 문화자원 관리 시스템 구축과 문화 발전

키르기스스탄은 1991년 독립 이후 레닌기념관 키르기스스탄 지부 건물(이 건물은 흰색의 큰 묘지처럼 생겼다)을 국립역사박물관으로 바꾸고, 레닌기념관 앞에 있던 레닌 동상을 뒤로 옮겼다. 그리고 레닌 동상이 있던 자리에 민족 영웅 마나스의 동상을 세웠다. 소련의 잔재를 없애기보다는 뒤뜰로 보내고, 수도 비슈케크의 중앙광장인 알라토 광장이 키르기스 민족의 위대함으로 새롭게 구성되었다. 이렇게 만들어진 키르기스스탄 국립역사박물관은 소련식 유물 관리·전시 방법을 활용해 땅의 역사를 중심으로 시기를 나누어 시민들에게 공개되었다.

키르기스스탄은 국가 내 다수 민족인 키르기스인의 문화를 중심으로 국민 정신교육의 산실인 국립역사박물관의 전시를 구성하고 싶었으나, 키르기스인이 시베리아 알타이 지역의 예니세이강 상류에서 오

↑ 키르기스스탄 국립역사박물관에 전시 중인 네스토리안 십자가. 십자가 모양이 새겨진 이 점토는 키르기스스탄 북부의 추이 계곡 거주지에서 발견되었다.
→ 키르기스스탄 유목민문명센터에 전시 중인 황금가면 복사본. 1958년 키르기스스탄 북부 샴시 마을 인근에서 발견되었으며 기원후 5세기경에 망자의 마스크로 사용된 것으로 추정된다.

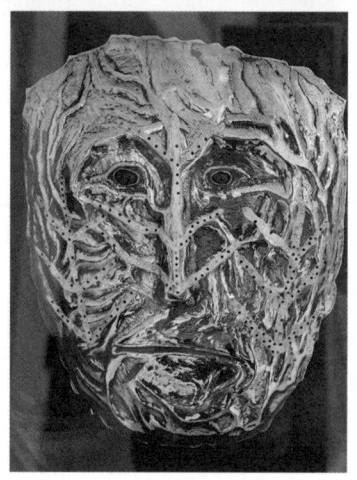

늘날 키르기스스탄으로 이주했다는 역사적 사실 때문에 박물관 내 전시 구성은 땅의 역사를 시기에 따라 표현할 수밖에 없었다. 따라서 국립역사박물관은 전국에서 출토된 수십만 점에 이르는 유물 중 일부를 전시하였는데, 실크로드와 연계 지어서 설명되는 상징적인 유물이 바로 네스토리안(경교景教) 십자가와 황금 가면이다.

국립아시아문화전당은 키르기스스탄 국립역사박물관을 비롯한 다양한 국립박물관에 문화자원 등록 및 활용이 가능한 통합디지털 관리 시스템을 구축하는 것과 문화자원의 디지털 아카이빙을 지원하고 있다. 아날로그 관리대장과 정보 카드로 관리되고 있는 수십만 점의 문화자원이 유목 전통 스토리텔링을 만나 2025년 이후 세계시민들에게 다양한 형태로 서비스될 것이다. 국립아시아문화전당의 노력의 결과가 명화 '로마의 휴일'처럼 극적일 수는 없지만, 키르기스스탄 사람들의 문화적 자긍심이 높아지고 이 땅을 찾는 사람들의 수가 많아져, 선도적인 관광 국가가 되길 희망하는 키르기스스탄에 도움이 되길 기대한다.

국립아시아문화전당 공적개발원조 모델 과제

이제까지 우리는 국립아시아문화전당의 설립과 운영 그리고 국립아시아문화전당의 ODA 사업이 아시아문화중심도시 조성의 관점에서 이해되어야 할 필요성이 있다는 관점에서 첫째, 아시아문화중심도시 내 문화예술 기관 및 지역 대학과 협력해 구체적으로 어떻게 ODA를 진행했으며, 어떤 효과를 기대하는지 살펴보았다. 둘째, 국립아시아문화전당의 ODA 사업이 전당 내부의 주요 프로그램과 연계되어 확장될 수 있는 가능성을 검토해보았다. 셋째, 국립아시아문화전당이 추진해 온 미얀마 문화 역량 강화 지원 ODA 사업의 성과 및 키르기스스탄 디지털 문화자원 관리 구축 사업 등을 살펴보았다.

국립아시아문화전당의 ODA 경험과 아시아문화중심도시 조성의 관점에서 본 지역 협력 가능성의 구체적인 검토를 통해 'ACC형 ODA

모델'이라 부를 수 있는 국립아시아문화전당의 ODA의 성격과 확장 가능성을 다음의 몇 가지로 정리했다.

첫째, 국립아시아문화전당이 추진하고 있는 프로젝트형 ODA 사업의 성격상 협력 국가 파트너와 사업 발굴 초기부터 긴밀한 협력을 해야 한다. 프로젝트형 문화 ODA 사업은 문화자원 관리 시스템 개발과 같이 협력국의 문화 영역 중 특정한 부분의 발전을 목표로 추진되는 바, 사업 발굴의 초기 단계인 수원요청서 작성, 타당성 검토, 기본 실시 설계 및 합의의사록 체결 등 사업 형성 초기부터 협력 국가 파트너와 긴밀한 협력이 매우 중요하다.

둘째, ODA 사업의 시작은 협력 국가 문화 분야에 대한 연구개발의 관점에서 준비해야 한다. 미얀마 사업의 사례에서 볼 수 있듯이, 문화자원 관리 시스템 개발과 문화 발전 마스터플랜 개발은 처음부터 미얀마 문화의 특수성에 대한 이해가 필요했다. 미얀마의 역사와 국민 통합이 필요한 국가적 상황에 대한 깊은 이해를 바탕으로 하는 사업 기획은 연구개발의 관점에서부터 시작될 수 있었다.

셋째, 국립아시아문화전당 주요 핵심 사업과 연계 추진되어야 한다. 국립아시아문화전당은 아시아 문화에 대한 조사 연구 및 아카이브 구축 이후 문화 콘텐츠 창·제작이라는 선순환 구조를 기반으로 운영되고 있다. 국립아시아문화전당의 ODA 사업이 내부 주요 프로그램과 연계 및 연동되도록 개발되어야만 내부 프로그램이 발전하는 동시에, 성공적 모델을 가지고 개도국을 안정적으로 지원할 수 있다.

넷째, 국립아시아문화전당의 ODA 사업이 '아시아문화중심도시의 성공적 조성'이라는 관점에서 시작되었다는 점을 고려하여 광주·전남 등 지역 내 문화예술 기관 및 대학과의 협력을 통해 ODA 사업의 확장 가능성을 확보해야 한다.

국립아시아문화전당이 추진하고 있는 문화 ODA의 진정한 성공 여부는 세부 과업 및 사업 목적의 달성을 통해 협력 국가가 만족하는 데 있다는 점은 분명하다. 이를 위해서는 ODA 사업이 진행 과정과 방법도 문화적인 측면을 고려해야 한다. 문화 ODA는 프로그램의 주제와 영역이 문화이어서가 아니라 그 방법이 문화다양성의 존중이라는 가장 중요한 원칙을 따르기 때문이다.

참고문헌

1_ 지속가능한 발전과 문화유산

국가유산청(2024), 2024년 주요업무추진계획.
국제개발협력기본법, 국가법령정보센터(2024.7.31. 검색).
국제개발협력센터(2023), ODA 전주시 기후주류화 선진사례 조사 국외출장 결과보고서.
국제개발협력위원회(2023), 『국제개발협력 평가메뉴얼』.
_____ (2024), 『2024년 국제개발협력 종합시행계획』.
글로벌발전연구원(2022), 『문화유산 ODA 추진전략 마련 및 사업모델 개발 연구용역』, 문화재청.
김석우(2021), 「관광과 국제개발협력」, 『국제개발협력』, 제13권 1호.
문화재보호법, 국가법령정보센터(2024.4.20. 검색).
문화체육관광부(2020), 『개도국 지속가능한 발전을 위한 문화 ODA의 역할과 신규사업 발굴연구』.
_____ (2023), 『2022 관광동향에 관한 연차보고서』.
송지선, 중국 개발협력과 글로벌 발전 이니셔티브(GDI), 중국전문가포럼 칼럼, 2023.8.16. (https://csf.kiep.go.kr/issueInfoView.es?article_id=51239&mid=a20200000000&board_id=4).
유네스코(2019), 『문화: 2030 지표』, 유네스코한국위원회 역.
유네스코한국위원회(2022), 『대유네스코 자발적 기여 사례조사』.
유재은(2016), 「아시아 문화유산의 지속가능성을 위한 ODA 현황과 과제」, 『헤리티지: 역사와 과학』, 제49집 3호.
이성우·이영우(2021), 「한국 국제개발협력과 문화ODA」, 『문화정책논총』, 제35집 1호.
이현경·손오달·이나연(2019), '문화재에서 문화유산으로: 한국의 문화재 개념 및 역할에 대한 역사적 고찰 및 비판', 『문화정책논총』 제33집 3호.
_____ (2018), 『유네스코 세계유산 지속가능한 관광 교육자료』, 유네스코한국위원회 역.

장지순(2021), 「지속가능발전시대의 문화유산 ODA 활용 연구」, 『문화정책논총』, 제34집 2호.

장호수(2015), 「문화창의산업에서 문화유산의 가치와 활성화 방안」, 『문화재』, 제48집 2호.

정환문·정다전(2014), 「한국문화유산 ODA문제와 나아가야 할 방향」, 『문화산업연구』 제14권 1호.

한국국제협력단(2019), 『사회적 경제를 통한 국제개발협력 프로젝트 성과지표 활용 방안』.

한국문화관광연구원(2023), 『2022 문화예술정책백서』.

한국콘텐츠진흥원(2024), 『2022년 콘텐츠산업백서』.

해외문화홍보원(2024), 『2023국가이미지조사보고서』.

환경부(2018), 『유엔 지속가능발전목표』.

국가유산청, 미래가치 품은 국가유산 시대 개막, '국가유산청' 출범(5.17.), 국가유산청 보도자료, 2024.5.16. (https://www.khs.go.kr/newsBbz/selectNewsBbzView.do;jsessionid=QsaVoHLhfXF8Uir2yfv181fNcVZAP75zNqqB3ZatvkKLETu7vcb9vOPkHGK3X3GS.cha-was01_servlet_engine1?newsItemId=155704794&sectionId=b_sec_1&pageIndex=15&mn=NS_01_02&strWhere=&strValue=&sdate=&edate=)

주 스웨덴 대사관, 스웨덴 정부 신규 개발원조 정책 방향 발표, 스웨덴 정치, 2023.12.14. (https://overseas.mofa.go.kr/se-ko/brd/m_7987/view.do?seq=1345564&page=1)

정우탁, 미국의 유네스코 재가입 의미: 상호존중 통한 '합의의 리더십' 기대, 유네스코 뉴스, 2023.7.25.(https://unescokor.cafe24.com/data/unesco_news/view/806/1574/page/0)

UNCTAD·UNDP(2013), 『UNCTAD 창조경제보고서 2010』, 기획재정부 역.

UNESCO(1972), Recommendation concerning the Protection, at National Level, of the Cultural and Natural Heritage.

_____ (1997), France-UNESCO Co-operation Agreement: Putting French Expertise to Work for the World's Heritage.

_____ (2003), Convention for the Safeguarding of the Intangible Cultural Heritage.

_____ (2008), The Jodhpur Initiatives: a Strategy for the 21st Century.

_____ (2015), Recommendation Concerning the Preservation of, and Access to, Documentary Heritage Including in Digital Form.

_____ (2024), Member States' assessed contributions to UNESCO's regular budget for 2024.

UNESCO Multisectoral Regional Office for East Asia(2023), CHINA: UNESCO Country Strategy 2022-2025.

UNESCO 통계국(2009), 『The 2009 UNESCO Framework for Cultural Statistics』.

UN Tourism(2012), *Study on tourism and intangible Cultural Heritage*.

Xinhua, China demonstrates great commitment in world heritage protection: UNESCO, 2021.7.18.(http://www.xinhuanet.com/english/2021-07/18/c_1310068788.htm).

국립아시아문화전당 홈페이지(www.acc.go.kr)(2024.8.1. 검색).

대유네스코 자발적 기여 홈페이지(https://vc.unesco.or.kr/open/main)(2024.1.21. 검색).

대유네스코 자발적 기여 홈페이지(https://vc.unesco.or.kr/open/main)(2024.7.31. 검색).

문화유산 ODA(공적개발원조), 국가유산진흥원 홈페이지(2024.7.31. 검색).

유네스코아태무형유산센터 홈페이지(www.unesco-ichcap.org)(2024.8.1. 검색).

유네스코한국위원회 홈페이지(www.unesco.or.kr)(2024.7.30. 검색).

한국국제협력단 홈페이지(www.koica.go.kr/)(2024.8.1.).

한국전통문화대학교 산학협력단 홈페이지(https://knuh.ac.kr/knuheia/main.do) (2024.8.1. 검색).

OECD 홈페이지(www.oecd.org/)(2024.7.30. 검색).

UNESCO 홈페이지(www.unesco.org)(2024.8.1. 검색).

World Heritage Centre 홈페이지(whc.unesco.org)(2024.7.31. 검색).

World Travel & Tourism Council 홈페이지(https://wttc.org/)(2024.8.1. 검색).

2_ 세계유산 보존을 위한 유네스코의 국제원조

경기문화재단(2018), 『경기 문화유산 세계화 기초조사 연구 보존관리 및 활용 가이드라인 편』.

김숙진(2016), 「국제개발협력에서 문화와 발전 논의의 전개와 한계, 그리고 관계적 장소 개념의 필요성」, 『대한지리학회지』, 제51집, 6호.

노경민(2021), 「국제문화유산 교육프로그램 개발 방안 연구: '문화유산활용' 교육 콘텐츠 적용을 중심으로」, 『문화예술교육연구』, 제16집, 5호.

박은하, 외교부 내년도 예산안 확정…ODA 예산 40% 증가, 경향신문 2023.12.21. (https://www.khan.co.kr/politics/defense-diplomacy/article/202312211935001).

배민욱, 2011년 지구촌 강타한 10대 기상재해는?-①, 뉴시스, 2012.2.4.(https://n.news.naver.com/mnews/article/003/0004323140?sid=102).

이나연(2020), 「문화유산 해석 연구의 통시적 발전과 유산 해석(interpretation)의 개념」, 『문화재』, 제53집, 3호.

이종호, 유네스코 세계문화유산, 행정신문, 2019.2.8.(http://www.adtimes.co.kr/news/articleView.html?idxno=11758).

조민재(2021), 『전쟁, 협력, 산업의 키워드로 본 유네스코 세계유산 이야기』, 서울: 통독원.

최병하(2012), 「아테네 헌장(1931)의 재고」, 『건축역사연구』, 제21집, 4호.

헤럴드 칼먼·마르퀴스 R. 레투르노(2023), 『문화유산 관리학: 유산 플래닝의 원칙과 과정』(정상철·김수민·이현정·이나연 역), 서울: 한울아카데미.

Aurélie Elisa Gfeller and Jaci Eisenberg(2016), UNESCO and the Shaping of Global Heritage in Poul Duedahl(ed.), *A History of UNESCO: Global Actions and Impacts*, Hampshire & New York: Palgrave Macmillan.

ICOMOS(1931), *The Athens Charter for the Restoration of Historic Monuments*.

International Assistance Request(ref: 2124) Adaptation and publication in Vietnamese of the "World Heritage in Young Hands" kit to be used for extra curriculum activity in primary and middle schools in Viet Nam.

_____ (ref: 2191) Training Program about Biology, Fisheries and Conservation of Pelagic Fishes that live or visit the Cocos Island National Park.

_____ (ref: 2546) Conservation of mosaic floors at the World Heritage Sites of Quseir Amra.

Marie-Theres Albert, et al, 2022, Introduction into the Overall Message of the Book: Destruction of Heritage Is Destroying Identity - Shared Responsibility Is Therefore Our Common Task for the Future, in Marie-Theres Albert, et al(eds.), *50 Years World Heritage Convention: Shared Responsibility-Conflict & Reconciliation*, Cham: Springer.

Simon C. Woodward & Louise Cooke(2023), *World Heritage*: Concepts, Management, and Conservation, Abingdon: Routledge.

UNESCO(1972), *Convention Concerning the Protection of the World Cultural and Natural Heritage*.

_____ (1995), Our Creative Diversity.

_____ (2017), Audit of the UNESCO's Management Framework for Category 2 Institutes/Centres.

_____ (2023), The Operational Guidelines for the Implementation of the World Heritage Convention.

KOREA ODA 홈페이지(https://www.odakorea.go.kr/kor/Main)(2023.12.27. 검색).

World Heritage Centre 홈페이지(whc.unesco.org)(2022.10.19. 검색).

대유네스코 자발적 기여 홈페이지(https://vc.unesco.or.kr/open/main)(2024.1.21. 검색).

대한민국 국가조정관 유네스코학교네트워크 홈페이지(https://asp.unesco.or.kr/)(2022.10.19. 검색).

세계유산센터 홈페이지(whc.unesco.org.)(2022.10.19. 검색).

유네스코학교네트워크 홈페이지(https://asp.unesco.or.kr/)(2022.10.19. 검색).

3_ 세계유산에서의 공적개발원조

국제개발협력위원회(2020), 제3차 국제개발협력종합계획.

김지서(2021), 「캄보디아 프레아피투 사업을 통해 본 문화유산 ODA 사업」, 『콘크리트학회지』, 제33집 4호.

대한무역투자진흥공사(2023), 2024 라오스 진출전략.

_____ (2023), 2024 캄보디아 진출전략.

문화재청(2021), 문화유산 ODA 추진전략 마련 및 사업모델 개발.

외교부(2021), 메콩개황.

장지순(2021), 「지속가능발전시대의 문화유산 ODA 활용 연구」, 『문화정책논총』, 제34집 2호.

한국문화재재단(2019), 『문화유산 ODA 중장기 비전과 추진전략』.

한국국제협력단(2015), 캄보디아 앙코르 프레아피투 사원 복원정비사업 실시협의보고서.

_____ (2018), 캄보디아 앙코르 유적 프레아피투 사원과 코끼리 테라스 보존

및 복원 사업(2차 사업) 심층기획조사 결과보고서.
한국문화재재단(2018), 라오스 홍낭시다 유적 보존복원사업 자체평가 결과보고서.
_____ (2018), 캄보디아 앙코르 유적 프레아피투 복원 정비사업 설명자료.
_____ (2020), 『라오스 왓푸-참파삭 세계문화유산 가이드북』.
ODA18인(2020), 『난생 처음 떠나는 문화유산 ODA 여행』, 서울: 문보재.
국가유산진흥원 홈페이지(https://www.kh.or.kr)(2024.7.15. 검색).
국무조정실·국무총리비서실 홈페이지(https://www.opm.go.kr/opm/index.do)
    (2024.6.30. 검색).
대한민국 ODA 홈페이지(https://www.odakorea.go.kr/).

4_ 무형유산 제도 보급을 통한 국제개발협력

이 글에서 몽골 인간문화재 제도 구축을 위한 협력 사업 관련 내용은 한국몽골학회 발행 『몽골학』 제66호(2021.8)에, 국가목록 작성을 위한 중앙아시아 다자협력 사업 관련 내용은 동 학술지 제79호(2024.11)에 게재된 것을 국제개발협력의 관점에서 다시 정리하여 재구성하였음을 밝혀둔다.

아태무형유산센터 설립기획단(2008), '유네스코 아태무형유산센터 설립 및 운영 계획서'.
유네스코아태무형유산센터(2008), 『아태무형유산센터 타당성조사 자료집』.
외교부(2022), 『유네스코 개황』.
임돈희, Roger L. Janelli(2019), 「한국의 무형문화재 제도와 유네스코 무형문화유산 정책의 비교와 담론」, 『학술원논문집』 (인문사회과학편) 제58집 1호.
Abdulayev, Rustanbek etc.(2015), *Safeguarding the Creative Value of Intangible Cultural Heritage in Central Asia: Focusing on Oral Traditions and Epics*, Interantional Institute for Central Asian Studies.
_____ etc.(2016), *List of Intangible Cultural Heritage of Uzbekistan*, National Commission of the Republic of Uzbekistan for UNESCO.
_____ etc.(2009), *Intangible Cultural Heritage of Uzbekistan*, National Commission of Uzbekistan for UNESCO & Interantional Institute for Central Asian Studies.
Abdulloeva, Gularo(2014), *The final report of a three-year project to assist in*

carrying out an inventory of the Intangible Cultural Heritage and the use of online tools for safeguarding intangible cultural heritage in the Central Asian region.

Azizi, Faroghat(2014), *The report on the results of implemented three phases of the Project of Safeguarding the Intangible Cultural Heritage in Tajikistan.*

ICHCAP(2008), *2008 Korea-Mongolia Joint Cooperation Project Report: Introducing the UNESCO Living Human Treasures System in Mongolia.*

_____ (2009), *2009 Korea-Mongolia Joint Cooperation Project Report: Establishing a Safeguarding System for Intangible Cultural Heritage in Mongolia.*

_____ (2010), *2010 Korea-Mongolia Joint Cooperation Project Report: Publishing the Guidebook on the Intangible Cultural Heritage of Mongolia.*

_____ (2011), *Action Plan on Cooperation between the International Information and Networking Centre for Intangible Cultural Heritage in the Asia-Pacific Region(ICHCAP) and Central Asian Countries on the Utilisation of Online Tools for the Safeguarding Intagible Cultural Heritage*, Dushanbe, Tajikistan, 29 July 2011.

_____ (2012), *2011/2012 Mongolia-ICHCAP Joint Cooperation Project Report: Safeguarding Intangible Cultural Heritage by Utilising Information Technology.*

_____ (2015), *Outcome Document of the Sixth Central Asia Sub-regional Network Meeting on the Safeguarding of Intangible Cultural Heritage and Plan for Three-Year(Medium-Term) Cooperative Project to Raise the Visibility of Intangible Cultural Heritage in Central Asia*, Jeonju, Republic of Korea, 1 May 2015.

Kazakhstan National Federation of UNESCO Clubs(2012), *2012 Field Survey Report: Intangible Cultural Heritage Safeguarding Efforts in Kazakhstan*, ICHCAP.

KOICA ODA 교육원(2022), 『국제개발협력 입문편: 더불어 사는 세상을 위한 소중한 첫걸음(개정판)』

Khabibulla, Bota(2014), *Report on the outcomes of the three-year project and suggestions on the future collaboration.*

Korchueva, Elnura(2016), *Intangible Cultural Heritage of Kyrgyzstan*, National

Commission of the Kyrgyz Republic of UNESCO.

_____ ed.(2016), *Short Booklet on Intangible Cultural Heritage of Tajiks*, Odam va Olam.

Mazhitov, Sattar F.(2016), *The Intangible Cultural Heritage of Republic of Kazakhstan*, National Committee of Republic of Kazakhstan for the Safeguarding of the Intangible Cultural Hertage.

Mongolian National Commission for UNESCO(2009), *2009 Field Survey Report: Intangible Cultural Heritage Safeguarding Efforts in Mongolia*, ICHCAP.

National Academy of Sciences & American University of Central Asia(2011), *2011 Field Survey Report: Intangible Cultural Heritage Safeguarding Efforts in Kyrgyzstan*, ICHCAP.

National Commission of Uzbekistan for UNESCO & Interantional Institute for Central Asian Studies(2009), *2009 Field Survey Report: Intangible Cultural Heritage Safeguarding Efforts in Uzbekistan*, ICHCAP.

_____ (2014), *2014 Field Survey Report(updated from 2009): Intangible Cultural Heritage Safeguarding Efforts in Uzbekistan*, 2014 edition, ICHCAP.

Norov, Urtnasan etc.(2010), *Intangible Cultrual Heritage of the Mongolia*, Foundation for the Protection of Natural and Cultural Heritage.

_____ etc.(2012), 'Sound from Mongoian Grasslands', CD1-10, Foundation for the Protection of Natural and Cultural Heritage.

Park, Weonmo(2019), 'ICH Safeguarding in the Asia-Packfic Using Information Technology', Hyeseung Shim ed., *Protecting the Past for the Future: Digital Documentation as an Imerative Tool for Safeguarding Cultural Hertage*. ICHCAP & KAIST.

_____ etc.(2019), *Intangible Cultural Heritage of the Kyrgyz Republic*., National Commission of the Kyrgyz Republic for UNESCO.

Odam va Olam(2010), *2010 Field Survey Report: Intangible Cultural Heritage Safeguarding Efforts in Tajikistan*, ICHCAP.

_____ (2014), *2014 Field Survey Report(updated from 2010): Intangible Cultural Heritage Safeguarding Efforts in Tajikistan*, ICHCAP.

Rahimov, Dilshod etc.(2017), *Intangible Cultural Heritage in Tajikistan*, Research Institute of Culture and Information in Tajikistan.

Soltongeldieva, Sabira(2015), 'Report on the project Promotion of the inventory of ICH and the use of online tools for the conservation of ICH in Central Asia'.

UNESCO(1945), *The Constitution of UNESCO*

_____ (2002), *Guidelines for the Establishment of Living Human Treasures Systems*.

_____ (2003), *The Convention for the Safeguarding of the Intangible Cultural Heritage*.

_____ (2019), *Strategy for category 2 institutes and centres under the auspices of UNESCO*(40 C/79).

_____ (2023), *Report on International Assistance from the International Cultural Heritage Fund and proposal for related amendments to the Operational Directives*(LHE/23/18.COM/10)

_____ 홈페이지(https://ich.unesco.org/en/lists).

5_ 무형문화유산으로서의 전통무예와 국제개발협력

곽낙현(2019),「유네스코 국제무예센터의 현황과 과제」,『동양고전연구』, 제76집, 111-139쪽.

나영일(1994),「인문·사회과학편: 전통무예의 현황과 과제에 관한 연구」,『한국체육학회지』, 제33집 2호, 64-86쪽.

대한체육회(2018),『전통무예백서』.

심승구(2019),「인류무형유산 씨름의 남북 공동등재 의미와 과제」,『비교민속학』, 제69집, 153-173쪽.

허건식(2019),「우리 무예의 진흥과 세계화 방안」,『대한무도학회 학술대회자료집』, 제2019집 1호, 53-54쪽.

홍일한(2018),「전통무예의 무형유산적 가치에 대한 인식 확장」,『무형유산학』, 제3집 2호, 197-224쪽.

유네스코 국제무예센터(2018),『제2회 무예열린학교 최종 사업 보고서』.

_____ (2019),『제3회 무예열린학교 최종 사업 보고서』.

_____ (2020),『제4회 무예열린학교 최종 사업 보고서』.

_____ (2021),『제5회 무예열린학교 최종 사업 보고서』.

_____ (2022),『제6회 무예열린학교 최종 사업 보고서』.

_____(2018), 『제1회 아프리카 무예 회의 최종 사업 보고서』.
_____(2019), 『제2회 아프리카 무예 회의 최종 사업 보고서』.
_____(2020), 『제3회 아프리카 무예 회의 최종 사업 보고서』.
_____(2021), 『제4회 아프리카 무예 회의 최종 사업 보고서』.
_____(2022), 『제5회 아프리카 무예 회의 최종 사업 보고서』.
Bowman, P., Green, T. A., & Svinth, J. R.(2010). The globalization of martial arts. Martial arts of the world: An encyclopedia of history and innovation, 435-520.
Heritage, A. I. C.(2021). Traditional Martial Arts.
Safeguarding our living heritage, UNESCO Intangible Heritage 홈페이지 (2024.3.13. 검색).
유네스코 국제무예센터 홈페이지(https://unescoicm.org/)(2024.5.6. 검색).

6_ 디지털 문화자원 관리와 공적개발원조

이 글은 2021년에 호남대 사회과학연구에 출간된 논문 〈아시아문화중심도시 조성의 관점에서 본 국립아시아문화전당의 문화 ODA 추진전략에 대한 일고〉 및 2023년에 광남일보에 기고한 칼럼 〈ACC가 키르기스스탄에 문화 원조를 시작한 이유〉를 바탕으로 일반 독자들을 위해 다시 구성하였다.

고삼석(2013). 문화 ODA의 글로벌 트렌드 및 한국형 문화 ODA 사업의 추진방향. 문화 ODA 개념 및 한국형 문화 ODA 사업 활성화 방안. 문화체육관광부·국제문화협력지원센터.
글로벌발전연구원(이태주 외)(2015). 아시아문화전당 국제개발협력사업(ODA)을 위한 타당성 조사 사업(보고서).
_____(이태주 외)(2018). 아시아문화전당 미얀마 문화활용 역량 강화 지원(ODA) 사업 BDS 최종보고서.
경희대문화예술경영연구소(박신 외)(2020). 국립아시아문화전당 콘텐츠 개발 5개년 계획 연구용역 최종보고서.
국립아시아문화전당(2017). 2016년 책임운영기관 자체사업평가보고서.
_____(2018). 2017년 책임운영기관 자체사업평가보고서.
_____(2019). 2018년 책임운영기관 자체사업평가보고서.

_____ (2020). 2019년 책임운영기관 자체사업평가보고서.
_____ (2020). 미얀마 문화 발전 마스터플랜 2021-2030.
문화체육관광부(2018). 아시아문화중심도시 종합계획 수정계획 2018-2023.
_____ (2020).『2019 아시아문화중심도시백서』.
백소연·박경철(2016). '문화분야 ODA의 문화예술교육 프로그램 현황 연구: 문화체육관광부와 KOICA 중심으로'.『한국콘텐츠학회논문지』 16(2): 57-67.
이강복·장기영(2007). '아시아문화중심도시 조성의 주요쟁점 분석과 추진 전략에 관한 연구'.『한국동북아논총』 45: 219-239.
이경희(2016). '중앙아시아 개발협력의 변화와 전략 : 문화 ODA를 중심으로'.『글로벌문화연구』 7 (1): 31-47.
이태주(2014). '문화와 발전을 위한 ODA 구상'.『국제개발협력』 2014(1): 138-157.
정성미(2020). '디지털 문화유산 ODA 적용에 관한 시론적 연구'.『문화재』 53(4):198-215.
정정숙(2019). '개발도상국의 문화분야 ODA 선호와 정책적 대응'.『2019년 문화 ODA 관계기관 워크숍 자료집』. 문화체육관광부.
정환문(2014). '공적개발원조(ODA) 문화 분야의 현황과 필요성'.『한국사회학회 사회학대회 논문집』 219-224.
조계수·정연내(2019). '한국 문화 ODA 실행 전략 연구: 우즈베키스탄을 중심으로'.『국제지역연구』 23(3): 27-59.
국립아시아문화전당 아시아문화 아카이브(http://archive.acc.go.kr).
광주문화재단 홈페이지(http://www.gjcf.or.kr/cf/culture/communicate/conference.do).
미얀마 문화자원관리시스템 홈페이지(ttp://www.mchms.net/).
법제처국가법령정보센터(https://www.law.go.kr/아시아문화중심도시조성에관한특별법(13218).
부산시보. '아세안의 빛 하나의 공동체' 2020.5.31.(https://www.busan.go.kr/news/storyreport/view?dataNo=64312&curPage=5).
이치피디아 홈페이지(http://www.ichpedia.org/).
무등일보. 'ACC 미얀마 국제개발협력 협약 체결'(http://honam.co.kr/detail/SexeuZ/556612).
전남일보. 'ACC 미얀마 문화예술분야 고위급 10인 초청 연수'. 2019.5.23.(https://jnilbo.com/view/media/view?code=20190523160090139933).
_____ '풍등, 백열전구로 하나의 아시아를 표현하다. 2020.10.24.(https://

jnilbo.com/view/media/view?code=2019102417414232932).
중앙일보. 2020.6.3.(https://news.joins.com/article/23792041).

찾아보기

5.18민주화운동 285
ICC-Angkor 155

ㄱ

개발도상국 6, 7, 11, 19, 27, 42, 47, 79, 81, 82, 98, 104, 124, 130, 170, 172, 179, 241, 249, 259, 260, 272, 286, 290, 337
거버넌스 47, 48, 74, 75, 120, 124, 296, 310, 311, 313
경제협력개발기구(OECD) 7, 21, 23~25, 31, 32, 36, 38, 43, 46~49, 55, 58, 88, 137, 170
경제협력개발기구 개발원조위원회(DAC) 21, 23, 24, 32, 36, 38, 43, 46, 47, 55
공산주의 54, 318
공여국 통계 보고체계 24
공적개발원조(ODA) 4, 6~10, 19, 21, 23, 25~34, 36, 37, 39~45, 47, 50, 51, 53, 55~59, 61, 65, 68, 69, 72, 73, 75, 77, 82, 83, 85, 95, 129, 130, 144, 154, 157, 160, 169, 170, 172, 240, 247, 249, 283, 285, 288, 299, 318, 319, 323, 331, 335~337
광주광역시 283, 292, 295~298
구소련 319, 320

구전전통 22, 174, 194, 195, 197, 210, 214, 217, 218, 239, 240
국가목록 해설집 212, 242
국가무형유산(국가무형문화재) 186, 215
국가유산기본법 20, 21
국가유산진흥원(구 한국문화재재단) 26, 27, 56, 57, 60, 62, 64, 65, 68, 71, 72, 82, 83, 144, 150, 154, 157, 158, 160, 162, 172, 327, 331
국가유산청(구 문화재청) 8, 9, 21, 26, 30, 56, 57, 59~69, 71, 76, 77, 82~85, 88, 134, 138, 144, 149, 154, 157, 160~163, 166, 171, 172, 256, 301, 326, 327
국립무형유산원 177, 223, 227, 237, 315
국립문화유산연구원(구 국립문화재연구소) 83, 183, 199
국립박물관 11, 26, 65, 72, 292, 300, 302, 312, 322
국립아시아문화전당 5, 8, 11, 12, 26, 57, 60, 70, 233, 235, 237, 283~300, 302~304, 306~309, 313, 314, 316, 319, 321~325, 327, 336, 337
국제개발부흥은행(IBRD) 169, 338
국제개발협력기본계획 138, 163, 338
국제개발협력기본법 27, 28, 56, 84, 138, 167, 170
국제개발협력선진화방안(2010년) 137

국제개발협력 평가지침 84
국제개발협회(IDA) 169
국제기념물유적협의회(ICOMOS) 44, 46, 92
국제무예센터 5, 8, 11, 58, 61, 66, 68, 83, 132, 249, 259~261, 263~265, 267, 271~275, 278~281, 335, 336
국제연합(UN) 169, 175
국제연합개발계획(UNDP) 175
국제원조(International Assistance) 10, 89, 94, 95, 99~108, 113, 116~119, 122~127, 174, 175, 318
국제통화기금(IMF) 169
글로벌 발전 이니셔티브 47, 48, 326
기본실시설계조사 302
긴급보호목록 174, 181, 194, 196

ㄴ

네덜란드 신탁기금 35
네스토리안 322
네피도 299, 302, 303, 315, 317
누산타라 290

ㄷ

다자협력 130, 173, 205~207, 213, 214, 223, 299, 331
대메콩지역(GMS) 140, 338
대표목록 22, 23, 181, 194, 215, 216, 222, 239, 251, 253~255
델프트시 290
동남아시아 10, 36, 67, 84, 139, 141, 149, 152, 182, 208, 289

디지털 문화지도 303

ㄹ

라카인주 304
루앙프라방, 라오스 38, 142, 164

ㅁ

마나스 234, 294, 320, 321
마셜플랜 318, 319
마스터플랜 163, 287, 300, 309, 312~315, 317, 324, 336
마우슟 304
만달레이 302, 303, 308, 315, 317
메콩강 133, 139, 140~142, 144, 152, 164~166
목록 작성 11, 23, 26, 49, 66, 172, 173, 175, 179, 182, 190, 198, 207~215, 217, 219, 220, 222~224, 243, 244, 331, 332
몽골 11, 26, 66, 115~117, 161, 172, 173, 179~187, 189~203, 205, 206, 210, 223~225, 227, 228, 230, 235, 236, 238, 240~242, 244~247, 254, 257, 292, 294, 295, 331, 332
몽골국영방송 205, 236
몽골문화유산센터 180, 191, 193, 196, 198
몽골 언어문학연구소 201
몽골자연문화유산보호재단 205
무상원조 43, 54, 55, 64, 169, 170, 300
무형문화연구원 301
무형문화유산기금 107, 175

무형문화유산 보호 국제협약 22, 132
무형문화유산보호협약 172~181, 186, 191, 193, 208, 213, 220, 225, 236, 241, 242
무형문화재 20, 76, 169~172, 183, 184, 186, 189, 190, 193, 194, 199, 241, 251, 332
무형문화유산보호국가위원회 214~216
무형유산의 보전 및 진흥에 관한 법률 20, 177
문화다양성 24, 28, 29, 32, 34, 46, 49, 53, 55, 77, 79, 110, 136, 176, 233, 252, 258, 259, 267, 279, 286, 310~312, 314, 315, 325
문화다양성 선언 28, 53
문화 맵핑 303
문화예술기관 288, 289, 298
문화와 발전 국제회의(WCCD) 135
문화유산 공적개발원조 협의체 82, 83, 85
문화유산국제협력 컨소시엄 43, 83
문화유산법 20, 180, 326
문화장관 회의 291, 294, 319
문화재관리국 20, 171, 172
문화적 지속가능한 발전 132
문화적 표현의 다양성 보호와 증진 협약 53
문화지표 2030 53, 85, 160
문화체육관광부 8, 9, 19, 26, 37, 39, 41, 44, 57~60, 62, 64, 66, 70, 71, 76, 83, 86, 161, 283, 285, 326, 327, 336, 337
미얀마 12, 26, 44, 58, 62, 65, 66, 70, 72, 139, 146, 161, 286, 287, 299~318, 323, 324, 336, 337
미얀마 문화자원 관리 시스템(MCHMS) 300, 301, 303~305, 308, 317

미얀마 종교문화부 287, 299~304, 306, 308~310, 313~318
민주적 거버넌스 310, 311

ㅂ

바간, 미얀마 26, 58, 65, 72, 302, 304, 309, 312
방글라데시 26, 65, 66, 72, 269, 291, 292
부탄 26, 66, 118, 172, 291, 292
분담금 9, 35, 36, 47, 49, 56, 58~61, 63, 100, 102, 107, 124, 125, 175, 176
비정부기구 174, 185, 187, 191, 197, 216, 218, 219

ㅅ

사야크바이 카랄라예프 321
사업 요청서 300
사회적 관습 193~195, 239
산타 크루스 데 몸포스 역사지구 108, 109
생태학적 지속가능한 발전 132
세계기록유산 23, 34, 60, 63, 64, 160, 291~294, 307
세계여행관광협의회 73
세계유산 국제해석설명센터 5, 8, 10, 57, 58, 67, 68, 83, 89, 118, 119, 121, 132
세계기록유산 아시아태평양지역위원(MOWCAP) 292
세계유산기금 92, 100~102, 104, 107, 111, 113, 121, 124, 125, 127
세계유산목록 30, 48, 90~95, 100~106, 108, 110, 115, 121, 123, 124, 127

세계유산협약 10, 28, 30, 35, 40, 60,
    89~95, 98~100, 103, 111, 116,
    120~124, 132, 135, 136
세계은행 55, 85, 104, 136, 160, 166, 170
세계통계포털 74
수원요청서 314, 324
스리랑카 26, 66, 69, 118, 291, 292
스토리텔링 202~204, 291, 293, 311, 313,
    315, 323
스톡홀름 134
시베리아 283, 321
시엠립, 캄보디아 71, 133, 134, 144, 147,
    148, 153, 158, 159
신탁기금 35, 38, 40, 44, 49, 56, 58, 68,
    70, 176, 180, 338
실크로드 118, 319, 322
씨름 196, 253, 256, 257, 260, 273, 335
씨엥쾅, 라오스 142

ㅇ

아마르티야 센(Amartya Sen) 134
아시아개발은행(ADB) 129, 140
아시아무용위원회 291~293
아시아무용커뮤니티 291
아시아문화도시법 283~285
아시아문화박물관 288~290
아시아문화중심도시 조성에 관한 특별법
    (아시아문화도시법) 283
아시아 산림협력기구(AFoCo) 158
아시아스토리커뮤니티 291
아시아스토리텔링위원회 291, 293
아시아예술커뮤니티 291
아시아전통오케스트라 292
아시아전통음악위원회 291, 293

아시아전통음악커뮤니티 291
아시아태평양지역위원회 293
아제르바이잔 255, 294, 295, 304
아테네 헌장 93, 94, 99, 100, 330
아프리카 무예 263, 271~278, 282, 335,
    336,
알타이 116, 200, 320, 321
암각화 121, 295
압사라(APSARA) 155, 158
앙코르 제국 133
앙코르 톰(Angkor Thom) 133, 155, 340
양곤 302, 303, 308, 315, 317
양성평등 133, 259, 261~264, 276, 282
양자협력 130, 172, 173, 227, 238, 331,
    340
연행 예술 188, 189, 193~195, 197, 203,
    204, 218, 221, 222, 231, 239
영웅서사시 146, 202, 234, 294, 320
오각전략, 캄보디아(Pentagonal Strategy)
    152
오디오 CD 선집 204
왓푸 세계유산사무소 150
우즈베키스탄 26, 35, 61, 63~66, 84, 146,
    161, 172, 205, 207, 209, 210, 213,
    220, 222~225, 227, 228, 232, 233,
    238, 239, 265, 268, 291, 294, 337
유네스코 8, 9, 10, 19~23, 28, 36, 38,
    40, 43, 44, 46~48, 51, 53, 55~59,
    61, 62, 64~68, 70, 74, 79, 82, 85,
    87~91, 96, 98, 100, 110, 111,
    120, 124, 127, 131, 132, 136, 142,
    146, 155, 160, 166, 168, 170~178,
    180, 181, 184, 186, 190, 194, 197,
    209, 216, 233, 240~242, 246, 253,
    259~264, 271~273, 275, 277, 278,
    280, 282, 292~294, 327, 329, 332

유네스코몽골위원회 183, 185, 191, 192
유네스코아태무형유산센터 11, 26, 62, 66, 83, 169, 171, 172, 177~179, 181, 199, 204, 207, 208, 213, 225, 227, 233, 235, 241, 283, 327
유네스코우즈베키스탄위원회 209, 210, 220
유네스코카자흐스탄위원회 209
유네스코 카테고리Ⅱ 센터 56, 59, 120, 160
유네스코키르기스스탄위원회 217, 224
유네스코타지키스탄위원회 224
유네스코 푸저우 선언 48
유네스코한국위원회 26, 30, 35, 47, 55, 57, 58, 60, 62, 64, 74, 83, 171, 172, 182, 183, 326, 327
유네스코 항저우 선언 53
유럽부흥계획(ERP) 318
유목 179, 195, 218, 233, 234, 319~323
유목국가 319
유목문화 321
유엔관광기구 74, 88
유엔무역개발회의 77, 78
이식쿨 호수 294
이집트 누비아 유적군 구조를 위한 국제 캠페인 95
이치피디아(ICHPEDIA) 301, 337
인간문화재 제도 11, 170~173, 177, 179, 182, 184~186, 189~192, 240~242, 331, 332
인도 27, 30, 35, 42, 44, 46, 54, 56, 66, 87, 98, 99, 118, 121, 137, 139, 140, 148, 149, 151, 154, 161, 171, 255, 257, 262, 265, 268, 269, 279, 294
인류 구전 및 무형유산 걸작 선언 181
인류무형문화유산 22, 181, 197, 205, 215, 222, 239, 250, 251, 253, 255, 257,
264, 267, 273, 290, 293, 294, 304, 311

ㅈ

자문화중심주의 286
자연유산법 20
잠정목록 95, 102~104, 106, 115~117, 123, 211, 212, 215
저개발국 69, 73, 75, 76, 104, 172, 241
전통공예 22, 26, 60, 64, 68, 132, 193, 194, 196, 197, 218, 230, 239, 240
전통무예 11, 61, 68, 130, 249, 250, 252, 254, 255, 257~260, 262, 264, 266, 267, 269, 272, 273, 276~280, 282, 335
전통문화 및 민속 보호에 관한 유네스코의 권고 22
정부간위원회 178, 224, 225, 236, 246, 253
정주문화 321
젠네의 옛 시가지 104~106
조드푸르 이니셔티브 79
중앙아시아 11, 35, 63, 67, 84, 172, 173, 178~180, 182, 205~214, 222~227, 229, 233~237, 241, 242, 244~247, 279, 283, 289, 291, 294, 319, 331, 332, 337
중요무형문화재 169, 186, 189, 199
지속가능개발의제 5P 56
지속가능발전교육(ESD) 136
지속가능발전목표 7, 26, 28, 29, 42, 47, 48, 53, 55, 74, 85, 123, 134, 160, 166, 259, 260, 262~264, 327

ㅊ

창조산업 9, 29, 55, 77~79, 81, 85, 313, 315
천년개발목표(MDGs) 134
청소년과 함께하는 세계유산 교육 키트 110
청소년무예체력인증 270, 271
초원을 달리는 소리 203, 204
칭기스 아이트마토프 321

ㅋ

카자흐스탄 26, 172, 205, 207, 209, 213~216, 224, 227, 230, 231, 234, 240, 254, 257, 291, 294, 340
카잔액션플랜(Kazan Action Plan) 263
코코스섬 국립공원 112
쿠세이르 암라 113, 114
크메르 제국 142, 147, 153, 154, 159, 331
키르기스스탄 12, 26, 57, 64, 68, 70, 84, 118, 172, 205~207, 209, 213, 215~218, 224, 225, 227, 229, 233, 234, 238, 240, 247, 254, 265, 268, 283, 291, 294, 318, 319~323, 336, 340

ㅌ

타지키스탄 172, 205, 207, 209, 213, 218, 219, 224, 225, 227, 228, 231, 233, 238, 291
타 프놈(Ta Phnom) 133
탁월한 보편적 가치 90, 95, 104, 112, 122, 123
태권도 170, 260, 268, 269, 279, 281
택견 251, 253, 256, 257, 260, 264, 267~269, 273, 277~279
톤레삽(Tonele Sap) 152

ㅍ

팍세, 라오스 143, 164, 165
포컬 포인트 211, 227~229, 233, 235, 236, 272, 278
프랑스 극동학원(EFEO) 148, 154
핏포라이프(Fit For Life) 263

ㅎ

한국교육방송 205, 224, 233~237
한국국제협력단 8, 30, 53~57, 59~61, 64, 71, 72, 125, 149, 154, 160, 161, 166, 326, 327, 331
한·몽 협력 173, 187, 190, 193, 194, 197, 199, 205
항아리 평원(Plain of Jars) 142
협력과 문화행동 네트워크 37, 50, 82
협의의사록 154, 299, 314, 316
환경 및 사회지표(ESSs) 85, 136, 160
황금가면 322

문화유산과 국제개발협력

초판 발행   2024년 12월 20일

지은이   금기형 박원모 이나연 장지순 전봉수 한창희
펴낸이   박해진
펴낸곳   도서출판 학고재
등록   2013년 6월 18일 제2023-000037호
주소   서울시 영등포구 경인로 775 에이스하이테크시티 2-804
전화   02-745-1722(편집) 070-7404-2782(마케팅)
팩스   02-3210-2775
전자우편   hakgojae@gmail.com
페이스북   www.facebook.com/hakgojae

ⓒ 금기형 박원모 이나연 장지순 전봉수 한창희

ISBN   978-89-5625-470-8 (93340)
값   22,000원

이 책은 저작권법에 의해 한국 내에서 보호를 받는 저작물이므로 무단전재와 복제를 금합니다.